去俄罗斯

终极实用版

"去旅行"编辑部◎主编

中国农业出版社

图书在版编目（CIP）数据

去俄罗斯终极实用版／"去旅行"编辑部主编．
-- 北京：中国农业出版社，2014.4

ISBN 978-7-109-18671-2

Ⅰ．①去… Ⅱ．①去… Ⅲ．①旅游指南－俄罗斯Ⅳ．①K951.29

中国版本图书馆CIP数据核字（2013）第288102号

中国农业出版社出版

（北京市朝阳区麦子店街18号）

（邮政编码：100125）

策划编辑：李梅

责任编辑：李梅

———————————————

北京中科印刷有限公司印刷   新华书店北京发行所发行

2014年4月第1版   2014年4月第1次印刷

———————————————

开本：710mm×1000mm   1/16   印张：18

字数：330千字

定价：49.90元

（凡本版图书出现印刷、装订错误，请向出版社发行部调换）

圣彼得堡的圣以撒大教堂

俄罗斯是一个幅员辽阔、横跨亚欧大陆的国家，也是一个承载着厚重历史的文明古国。也许，在很多人眼中，俄罗斯的代名词是寒冷至极、地广人稀、伏特加酒，但真正踏入这片土地的时候，你会发现，俄罗斯五颜六色，非常美丽，雍容华贵。

这里有世界之都莫斯科，这里有历史悠久的圣彼得堡，这里有神秘迷人的贝加尔湖……这些都是俄罗斯引以为傲的旅游名胜。在俄罗斯旅行，你可以从遥远的远东地区出发，沿着最壮观的铁路线——西伯利亚铁路一路前行，探知俄罗斯的深不可测；也可到遥远的加里宁格勒地区，去看看波罗的海柔软的海滩；抑或是到北极区边缘，去探访一下美丽的索洛韦斯基群岛。

假如你感觉这一切太遥不可及，那么，美丽的金环，一定会让你倍感亲切。耐人寻味的艺术与历史，令人眼前一亮的大教堂、精致的宫殿、独具特色的林荫道，都是如此的引人入胜。在这里，没有喧嚣，没有流光溢彩，你就像是进入了一个纯洁的童话世界，充满了欢乐与自在，所有的烦恼与忧愁都烟消云散。与金环的宁静古朴不同，俄罗斯众多的高山、湖泊、白桦林等自然美景，为这个国家平添了几分令人惊叹的雄伟气势。

在这个历史悠久、幅员辽阔的国度中旅行，千万不要匆匆而过。不妨留出一些时间，看一场著名的芭蕾舞，品味一场经典的戏剧表演，或者看一场有趣的马戏表演，都将是令人难忘的体验。在匆匆游乐之余，更不要忽视味蕾的享受，美味的罗宋汤、正宗的鱼子酱、香醇的伏特加……都能给你一种难忘的美食体验。结束旅程前，不如找一家商场，逛一逛购物街，为身在家乡的朋友带一份礼物，也为自己买些特产留作纪念。

如果你打算前往俄罗斯的话，我想你会需要一本考虑周到的旅行指南。不妨拿起眼前的这本书，它以经典的旅行线路，独特的人文视角，将俄罗斯的著名景点串联起来，并且从交通、游玩、美食、娱乐这几个方面深入介绍了俄罗斯的各种旅行攻略。可让你更加深刻地了解俄罗斯，更加轻松地畅游俄罗斯……此外，值得一提的是，书中的文前部分细致地阐述了进入俄罗斯旅游的一切相关事宜，能使你在最短的时间内，了解最全面的俄罗斯，最经典的俄罗斯！

现在，就让我们跟随本书，开启你的俄罗斯之旅吧！

P R E F A C E

目 录 CONTENTS

 写在前面：旅游达人侃俄罗斯

001 / Ⓐ 吃：大快朵颐有说法

1.俄罗斯特色美食/001

2.俄罗斯人的饮食习惯/002

3.在餐厅如何点餐、用餐/002

4.在哪儿可以吃到便宜的食物/003

5.鱼子酱如何辨、如何吃、如何买/003

004 / Ⓑ 住："安乐窝"哪里找

1.青年旅舍很实惠/004

2.星级酒店更舒适/005

3..经济住宿能省钱/006

4.旅游营Turbaza、休闲别墅、疗养院也可住宿/006

5.住宿注意事项提前知/006

007 / Ⓒ 行：俄罗斯"自由行"

1.往返城市间,飞机最快捷/007

2.乘火车可赏风景/008

3.乘地铁,一票通全程/008

4.市内乘电车很方便/009

5.出租车可以"讨价还价"/009

6.乘渡船出行很惬意/009

011 / Ⓓ 游：独家探访看这里

1.教堂、宫殿欣赏价值高/011

2.到新西伯利亚去探险/011

3.俄罗斯母亲河——伏尔加河/012

013 / Ⓔ 购：疯狂"血拼"

1.俄罗斯有哪些特色商品/013

2.不可错过的俄罗斯购物地/014

3.俄罗斯的打折季别错过/015

4.购物小知识/015

016 / Ⓕ 娱：娱乐"嗨翻天"

1.俄罗斯桑拿浴——独一无二的享受/016

2.看一场正式的芭蕾舞/017

3.冬季滑雪,体验惊险刺激/018

4.观看大马戏/019

020 / Ⓖ 知：俄罗斯旅行必知的6大细节

1.去俄罗斯人家做客有讲究/020

2.饮酒须知的礼仪/020

3.去剧院看演出需着正装/020　　5.切勿打翻盐罐/021
4.善待小动物/021　　6.在俄罗斯，男士要有绅士风度/021

✈ PART 1 去俄罗斯前　　　✈ PART 2 到达俄罗斯后

026 / ❶ 俄罗斯零距离
历史/026
文化/027
经济/029
地理/029
习俗/030
时差/031

032 / ❷ 出发前的准备
护照/032
签证/033
费用/034
机票/035
行李/035
电话/036
保险/037

038 / ❸ 入境那些事
入境检查/038
行李提取/038
下榻酒店/039

042 / ❶ 在俄罗斯游玩计划
一家人的游玩线路/042
情侣族的游玩线路/044
背包族的游玩线路/046

048 / ❷ 俄罗斯名片上的10大风景
贝加尔湖/048
红场/048
克里姆林宫/048
冬宫/049
夏宫/049
莫斯科国家大剧院/049
滴血大教堂/050
彼得堡要塞/050
普希金城/050
涅瓦大街/050

051 / ❸ 意外情况的应对
护照丢失了怎么办/051
生病了如何求诊/052
要记住的紧急电话/052

✈ PART 3 莫斯科→图拉→伏尔加格勒→索契

056 / ❶ 莫斯科

莫斯科交通/056

莫斯科市区景点/062

红场/062

圣瓦西里大教堂/063

列宁墓/063

国家历史博物馆/064

克里姆林宫/064

莫斯科地铁/066

莫斯科凯旋门/066

基督救世主大教堂/067

普希金艺术博物馆/067

托尔斯泰庄园博物馆/067

奥斯坦金诺电视塔/068

喀山圣母教堂/068

亚历山大公园/069

新圣女公墓/069

驯马场广场/069

剧院广场/069

特列季亚科夫美术馆/070

高尔基公园/070

莫斯科周边景点/071

麻雀山/071

全俄展览中心/071

奥斯坦金诺宫/072

察里津宫/072

莫斯科国立大学/072

梅里霍沃庄园/072

最容易让人忽略的景点/073

卢日尼基体育场/073

兵器博物馆/073

古拉格历史博物馆/074

宇航博物馆/074

阿布拉姆采沃庄园/074

科洛缅斯科耶庄园/075

库斯科沃庄园/075

莫斯科柴可夫斯基音乐学院/075

莫斯科美食/076

莫斯科购物/082

莫斯科娱乐/086

莫斯科住宿/092

094 / ❷ 莫斯科→图拉

图拉交通/094

图拉市区景点/096

图拉克里姆林宫/096

列宁广场/096

武器博物馆/097

俄式茶炊博物馆/097

托尔斯泰庄园/097

图拉异域动物馆/098

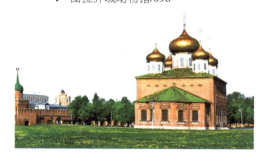

蜂蜜蛋糕博物馆/098
文物展览中心/098
图拉美食/100
图拉购物/103
图拉娱乐/105
图拉住宿/107

108 / ❸ **图拉→伏尔加格勒**

伏尔加格勒交通/108
伏尔加格勒景点/110
马马耶夫岗/110
伏尔加格勒历史博物馆/111
斯大林格勒保卫战全景图博物馆/111
伏尔加河—顿河运河/112
州立乡土博物馆/112
伏尔加格勒美食/113
伏尔加格勒购物/115
伏尔加格勒娱乐/117
伏尔加格勒住宿/118

120 / ❹ **伏尔加格勒→索契**

索契交通/120
索契市区景点/121
索契艺术博物馆/121
三十三瀑布群/121
城镇历史博物馆/122
索契植物园/122
索契周边景点/122
阿古拉峡谷/122
泽廖纳亚罗夏/123
Vorontsovskaya岩洞/123
索契美食/124
索契购物/125
索契娱乐/126
索契住宿/127

✈ PART 4 金环

130 / 金环

金环交通/130
金环景点/134
雅罗斯拉夫尔/134
弗拉基米尔/136
科斯特罗马/137
苏兹达尔/138
乌格利奇/139
大罗斯托夫/140
谢尔吉耶夫镇/141
金环美食/142
金环购物/146
金环娱乐/148
金环住宿/149

✈ PART 5 圣彼得堡→普斯科夫→加里宁格勒

154 / ① 圣彼得堡

圣彼得堡交通/154
圣彼得堡市区景点/158
冬宫/158
滴血教堂/159
圣以撒大教堂/159
冬宫广场/160
艺术广场/160
十二月党人广场/160
涅瓦大街/161
俄罗斯博物馆/161
俄罗斯国家图书馆/162
斯特罗加诺夫宫/162
喀山大教堂/163

圣彼得堡国立博物馆戏剧与音乐分馆/163
海军部大楼/163
普希金大街10号/164
普希金故居博物馆/164
亚历山大涅夫斯基修道院/164
动物学博物馆/165
中央海军博物馆/165
彼得保罗要塞/166
鲁缅采夫宅邸/166
尼古拉教堂/167
斯莫尔尼大教堂/167
圣彼得堡周边景点/168
夏宫/168
普希金城/169

巴甫洛夫斯克/170

科特林岛/170

最容易让人忽略的景点/171

战神广场/171

主显圣容大教堂/171

大理石宫/172

俄罗斯民俗学博物馆/172

俄罗斯米哈伊洛夫城堡/172

奥斯特洛夫斯基广场/172

圣彼得堡美食/173

圣彼得堡购物/180

圣彼得堡娱乐/184

圣彼得堡住宿/190

192 / **②圣彼得堡→普斯科夫**

普斯科夫交通/192

普斯科夫市区景点/194

普斯科夫国立博物馆/194

克里姆林宫/194

圣三一大教堂/195

米罗日斯基修道院/195

巴干克内大屋/196

普斯科夫周边景点/196

古伊兹博尔斯克/196

米哈伊洛夫斯克/197

佩乔雷修道院/197

普斯科夫美食/198

普斯科夫购物/200

普斯科夫娱乐/200

普斯科夫住宿/201

202 / **③普斯科夫→加里宁格勒**

加里宁格勒交通/202

加里宁格勒市区景点/203

大教堂/203

琥珀博物馆/203

甜蜜桥/204

苏维埃之家/204

腓特烈门/204

海洋博物馆/204

王门/205

地壕博物馆/205

加里宁格勒周边景点/206

斯韦特洛戈尔斯克/206

阿马利纳乌地区/207

库尔斯沙嘴/207

加里宁格勒美食/208

加里宁格勒购物/211

加里宁格勒娱乐/212

加里宁格勒住宿/213

✈ PART 6 符拉迪沃斯托克→伊尔库茨克→新西伯利亚→叶卡捷琳堡

218 / ❶ 符拉迪沃斯托克
　符拉迪沃斯托克交通/218
　符拉迪沃斯托克市区景点/220
　斯维特兰那大街/220
　红旗舰队战斗光荣纪念广场/220
　远东苏维埃政权战士纪念碑/220
　阿尔谢尼耶夫地区博物馆/221
　涅维尔斯基将军纪念碑/221
　符拉迪沃斯托克要塞博物馆/221
　滨海艺术馆/222
　索道铁轨/222
　符拉迪沃斯托克火车站/222
　符拉迪沃斯托克周边景点/223
　俄罗斯岛大桥/223
　金角湾/223
　俄罗斯岛/223
　符拉迪沃斯托克美食/224
　符拉迪沃斯托克购物/228
　符拉迪沃斯托克娱乐/229
　符拉迪沃斯托克住宿/231

233 / ❷ 符拉迪沃斯托克→伊尔库茨克
　伊尔库茨克交通/233
　伊尔库茨克市区景点/235
　地区博物馆/235
　白宫/235
　救世主教堂/236
　喀山圣母教堂/236
　兹那曼斯基修道院/236

　安加拉河/237
　美术馆/237
　滨河公园/237
　十二月党人革命博物馆/237
　伊尔库茨克周边景点/238
　贝加尔湖/238
　露天博物馆/239
　伊尔库茨克美食/240
　伊尔库茨克购物/243
　伊尔库茨克娱乐/244
　伊尔库茨克住宿/245

248 / ❸ 伊尔库茨克→新西伯利亚
　新西伯利亚交通/248
　新西伯利亚景点/250
　国立艺术博物馆/250
　地方志博物馆/250
　圣尼古拉礼拜堂/251
　耶稣升天教堂/251
　新西伯利亚动物园/251
　新西伯利亚美食/252
　新西伯利亚购物/256

新西伯利亚娱乐/257
新西伯利亚住宿/259

261 / **4** **新西伯利亚→叶卡捷琳堡**
叶卡捷琳堡交通/261
叶卡捷琳堡市区景点/263
叶卡捷琳堡市政府大楼/263
叶卡捷琳堡艺术博物馆/263
乌拉尔矿物博物馆/263
叶卡捷琳堡奠基人纪念碑/264
叶卡捷琳堡滴血教堂/264

伊谢季河/264
耶稣升天教堂/264
叶卡捷琳堡周边景点/265
涅维扬斯克/265
欧亚分界线碑/265
叶卡捷琳堡美食/266
叶卡捷琳堡购物/270
叶卡捷琳堡娱乐/271
叶卡捷琳堡住宿/272

伊塞克谢里夫清真寺

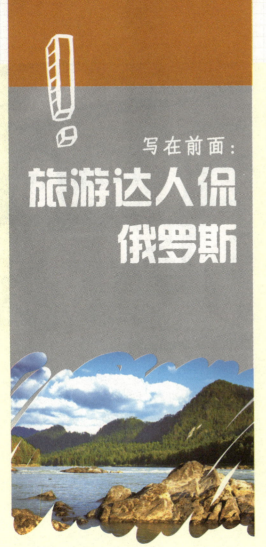

写在前面：

旅游达人侃俄罗斯

A

吃：大快朵颐有说法

1.俄罗斯**特色美食**

　　在国内，要问起俄罗斯有哪些美食，可能有的人并不熟悉。事实上，俄罗斯的"俄式西餐"在国际上很有名气，鱼子酱、罗宋汤、伏特加酒、俄罗斯大咧巴（黑面包）、西伯利亚饺子、俄式酸黄瓜等都是俄罗斯的特色美食。

　　俄罗斯的鱼子酱是闻名天下的美食，种类多样，最好的是鲟鱼鱼子酱，但价格很贵。罗宋汤是俄罗斯最具代表性的传统汤品，主要成分是甜菜，再加上圆白菜和土豆等蔬菜。罗宋汤的特点是又酸又甜，淋上酸奶油一起享用，能更好地体会出罗宋汤的美味。伏特加是俄罗斯的国酒，著名的有螺丝钻、黑俄罗斯、血玛丽等。大咧巴（黑面包）是俄罗斯的经典主食，口味酸、咸，极富营养，又易于消化。饺子算不上是俄罗斯的特产，但西伯利亚饺子是俄罗斯的特色美食之一。西伯利亚饺子馅料独特，有蘑菇饺、白菜

饺、羊肉饺等，地道西伯利亚饺子一定先要冷冻，然后再煮——正是煮前的冷冻让西伯利亚饺子汁多味美。俄式酸黄瓜集酸、辣、香、咸于一体，是很多凉菜的配菜，虽说是配菜，但其清爽可口、开胃解腻的口感让很多人对它青睐有加。另外，俄罗斯最经典的肉类美食就是红肠，很受国人喜爱的哈尔滨红肠就起源自俄罗斯，因此来到俄罗斯，品尝一下正宗的红肠很有必要。在俄罗斯，还有一种饮料也是非尝不可，那就是格瓦斯，它盛行于俄罗斯、乌克兰和其他东欧国家，是一种含低度酒精的饮料，用面包干发酵酿制而成，颜色近似啤酒而略呈红色，酸甜适度，口感清香。

俄罗斯美食还有一些特别的称号，如"五大领袖"、"四大金刚"及"三剑客"。其中"五大领袖"指面包、牛奶、土豆、奶酪和香肠，"四大金刚"指圆白菜、葱头、胡萝卜和甜菜，而"三剑客"则指黑面包、伏特加和鱼子酱。

2.俄罗斯人的饮食习惯

俄罗斯人一般每天用餐3~4次，除了早餐、午餐和晚餐外，在午餐后还有一餐是喝茶或牛奶，吃各种糕点。通常情况下，俄罗斯人的早餐时间是8:00~10:00，午餐时间是13:00~16:00，晚餐时间则在19:00以后。俄罗斯人的早餐较为简单，一般是几片黑面包或火腿三明治，搭配茶、咖啡或牛奶；对于午餐和晚餐，俄罗斯人颇为讲究，一般包括冷盘、汤、鱼、肉、配菜以及茶、咖啡、果汁或蛋糕、点心等。

口味上，俄罗斯人一般以咸、酸、辣、油多为主；俄罗斯菜肴注重量大、实惠，喜欢用

油，制作方法较为简单；俄罗斯人的主食普遍为面食，因为地处高寒地区，故肉饼、牛排、烤鸡等高脂肪类食品也深受他们喜爱；俄罗斯人还爱吃生西红柿、生洋葱、酸黄瓜等。俄罗斯人喜欢喝烈性酒，如伏特加，他们也喜欢喝一些温和的红酒或茶，尤其是红茶；乌贼、海蜇、海参和木耳等食品，俄罗斯人一般不吃。

3.在餐厅如何点餐、用餐

去俄罗斯餐厅，最头疼的问题是点餐，因为俄罗斯的很多餐厅提供的都是俄文菜单。所以，在你选择一家餐厅的时候，最好先咨询是否有英文菜单。如果没有的话，就需要先了解一下俄文菜单的顺序。俄文菜单一般都按照标准排序：首先是开胃菜，沙拉、鱼子酱、鹅肝酱等；其次是汤，有俄式罗宋汤、杂拌汤等；后面是主菜，最后是甜品。如果看不懂或不知

道吃什么，可以留意身边的客人都吃什么，然后把喜欢的指给服务员。除了一些高档的餐厅会收服务费外，其他场所一般不收，但19:00以后会收取一些小费。

点完餐后，接着是用餐的问题。按照菜单的顺序，俄罗斯人在餐前通常会吃开胃菜，其种类从各式沙拉到鱼子酱、煎饼，不一而足；第二道菜是汤，有罗宋汤、杂拌汤等，第三道就是主菜，如牛排、烤鸡、肉饼等，也有土豆炒蘑菇、芦笋等素菜；第四道为甜品，如甜点、冰淇淋等，有时还会有餐后水果。整个用餐过程中，俄罗斯人吃开胃菜时间较长，约占全部用餐时间的1/3。配餐饮料多是伏特加和格瓦斯。

另外，俄罗斯人用餐还有一些礼仪需要熟知。如：用餐时，不要把手腕靠在桌子边缘，也不要放在膝盖上，左手拿叉，右手拿刀；吃面包时，直接用手拿；不要将伏特加酒与其他饮料混着喝，喝伏特加酒的间隙不要吃点心；喝完酒后的空瓶子不要放桌子上，要放地上；忌讳用餐时发出声响；喝茶时不能把勺放在茶杯里，喝完茶后不能将勺

留在杯中，应放在茶碟上。

4. 在哪儿可以吃到**便宜的食物**

俄罗斯是一个消费比较高的国家，预算比较紧张的游客有必要制订一个比较合理的消费计划。饮食方面，一般来说，小餐馆、快餐店、自助餐厅会比高档餐厅便宜很多。俄罗斯的高档餐厅每人一餐的价格在1500卢布以上（2013年7月2日汇率：1卢布=0.1856元人民币），普通餐馆一餐的价格在300～1000卢布，一顿简餐的价格约为300卢布。

俄罗斯有很多快餐店，如麦当劳、肯德基和一些中式快餐店，这些地方的消费情况和国内差不多。另外，俄罗斯还有十分朴实的便利餐饮店，像Poznaya，这种餐饮店多分布在俄罗斯东部地区，主要供应中亚食品，最有名的是蒸饺，非常美味。俄罗斯比较平民的便利餐饮店被称为小卖部，它们通常位于火车站附近或大学附近，在这样的小卖部就餐，需要拿着餐盘去柜台点食物，虽然这样的就餐形式让人觉得有些老套，但所提供的可口食物绝对能填饱你的肚子。游客还有一种选择就是自助餐餐厅，在俄罗斯的车站可以找到，这些餐厅通常供应比较简单的快餐，像三明治、沙拉、煮鸡蛋、酥皮糕点等。

如果条件允许的话，游客还可以选择在超市里买食物，自己做饭，吃得舒服，还能省钱。

5. **鱼子酱**如何辨、如何吃、如何买

鱼子酱之所以能受到绝大部分人的喜爱，除了美味外，还和其含有皮肤所需的微量元

素、矿物盐、蛋白质、氨基酸和重组基本脂肪酸有关。这些元素能够有效地滋润皮肤，使皮肤变得更加细腻和光洁。

　　鱼子酱有三六九等之分，严格来说，只有用鲟鱼卵制成的酱才能叫鱼子酱，其口感和品质都是一流的。上等鱼子酱可以通过看外观来辨别，颗粒饱满圆滑无破损、色泽透明清亮的鱼子酱必定不错。鱼子酱颜色有多种，从淡灰到灰黑色、灰棕色，并闪着黑金色光泽的都有。

　　吃鱼子酱最好的方法是直接入口。一匙入口时，先轻轻铺在舌上，以舌尖将鱼子酱一粒粒缓缓碾碎，这时美味汁液爆涌，整个口腔都是鲜美的味道；若要倒在盘子里面吃，盘子要先冰镇一下；若要直接就着瓶罐吃，那就把瓶罐放在碎冰里面。配饮方面，伏特加或香槟是品味鱼子酱的上选，它们能更好地激发鱼子的

鲜味。还要注意的是，如果打开的鱼子酱未吃完，最好在24小时内解决掉。

　　购买鱼子酱，最好去商店里买罐装的，街上和市场里的鱼子酱不建议购买。购买鱼子酱时，要确保罐子上带有CITES（濒危野生动植物物种国际贸易公约）的字样。另外，国际法规定，每位旅行者只能携带250克鱼子酱。

俄罗斯就餐常用俄语

俄文	中文
Что у вас бывает на обед?	➡ 你们的午饭一般有什么？
Принесите нам пива, пожалуйста.	➡ 请给我们拿几杯啤酒。
Девушка, у вас есть пельмени?	➡ 服务员，你们这儿有饺子吗？
У вас в баре дают ли чаевые или нет?	➡ 在你们酒吧间就餐要付小费吗？
Скажите, пожалуйста, где находится китайский ресторан?	➡ 请问哪有中餐馆？

B

住："安乐窝"哪里找

1.青年旅舍很实惠

　　对于预算比较紧张的游客来说，青年旅舍是一个不错的住宿选择。俄罗斯青年旅舍并没有全境普及，但在莫斯科、圣彼得堡、伊尔库茨克、诺夫哥罗德、苏兹达尔等大城市都能找到青年旅舍。

莫斯科和圣彼得堡的青年旅舍，一张床位的费用约为70～120元人民币/天，一般包含了第二天的早餐。

青年旅社的房间大多是多人间，每间可以住4～8人，房间内也有上下铺的床位。洗手间和浴室是公用的。多人居住在一个房间的好处是可以结识到世界各地的朋友。

如果在旅游旺季，床位会比较紧张，建议提前预订。游客可以办理一张国际青年旅舍会员卡，这样不仅能更方便地预订床位，也能享受一定的优惠。办理国际青年旅舍会员卡一般有3种方式，一是在网上办理，二可以到各家青年旅舍前台办理，还有一种就是到各代理商处办理，办理当日即可生效。在中国可登录国际青年旅舍联盟中国网站（www.yhachina.com），申请办理国际青年旅舍会员卡。

2.星级酒店更舒适

俄罗斯的住宿业不是很发达，酒店内的设施及服务要比国际标准差一些，其三星级酒店相当于国内的二星级酒店，四星级酒店相当于国内的三星级酒店。

俄罗斯的五星级酒店，双人间面积约26平方米，单人间约16平方米。除有无线网络酒吧、餐厅、健身房等配套设施外，五星级酒店还提供迷你酒吧或者昼夜送达饮品和食物到客房、衣服熨烫及擦鞋等服务。另外，房间内还提供小包装的洗浴用品、保险箱等。四星级酒店单人间约16平方米，双人间约22平方米，房间内有电脑以及网络宽带。三星级酒店双人间约18平方米，单人间约14平方米，提供电话、网络等服务，并有服务人员24小时值班。

3.经济住宿能省钱

除了青年旅舍和星级酒店外，俄罗斯还有不少经济型住宿，像家庭旅馆、休息室等。这些住宿场所在价格上比星级酒店便宜很多，在设施上，又比青年旅舍更齐全。

家庭旅馆是一种由俄罗斯当地人提供的家庭式旅馆，房间不是很大，但很干净，且提供早餐。住在这种旅馆内，游客可以更真切地体验俄罗斯人的生活。这类旅馆的价格和普通旅馆差不多。此类家庭旅馆可通过HOFA(www.hofa.ru)、International Homestay Agency(www.homestayagency.com)预订。

休息室是俄罗斯最为简单的住宿地，一般设于火车站内，比较适合等夜车的旅行者入住。休息室提供简易的带公用水池和卫生间的房间，也有提供淋浴的房间，只是需要另外收费。休息室还有单人间和双人间之分，价格有按小时付费和按天付费之分，床位通常是50卢布/小时、600卢布/天。

4.旅游营Turbaza、休闲别墅、疗养院也可住宿

在俄罗斯，还可以选择Turbaza旅游营以及休闲别墅和疗养院来住宿。Turbaza旅游营就是那种针对户外的提供基本服务的露营地，便宜的住宿只是一间简陋的木制平房或小棚屋，不提供水，且比较破旧。Turbaza旅游营住宿条件比较简陋，但好处是可以参加划船、滑雪、登山等户外活动。休闲别墅和Turbaza旅游营很类似，但是住宿条件却比它豪华很多。俄罗斯有不少提供住宿的疗养院，这些疗养院多设在环境比较好的乡间或海边，有的称为温泉疗养所，有的称为海边度假胜地。俄罗斯的索契就拥有超过140个疗养院，是个很好的疗养胜地。

5.住宿注意事项提前知

在俄罗斯住宿，有很多方面需要注意，比如：入住酒店办理登记手续时，需向酒店提供护照和出入境登记表，因为酒店要在48小时内向警察局申请办理入住客人的滞留登记；登记一般会收取手续费，如你的出入境登记表上盖上了印有酒店名字和具体日期的印章，就表示已经登记完毕了；俄罗斯的酒店一般不会提供毛巾、牙具、拖鞋等私人日常用品，最好自己提前准备；俄罗斯有些酒店会供应开水，但需要入住者自己去指定的地方打水，你可自己携带一个水杯或者直接购买瓶装纯净水；一些酒店不允许将房间钥匙带出宾馆，每次出入都要用钥匙在楼层服务员处换取房卡；俄罗斯的部分酒店看电视需要收费，这点在入住酒店时最好问清楚，以免产生不必要的费用；酒店内的电话收费很高，不建议使用；在酒店内洗澡的时候，要站在澡盆里并拉上遮水帘，千万不要站在澡盆外洗澡，否则水浸湿地毯，酒店会向你索取赔偿费。

俄罗斯住宿常用俄语

俄文	中文
Можете ли вы помочь мне найти гостиницу?	➡ 可以帮我找个酒店吗？
Здравствуйте,я хочу оформить документы для проживания.	➡ 你好，我要办住宿。
Можете ли вы помочь мне заполнять регистрацию?	➡ 你能帮我填住房登记表吗？
Сколько стоит номер в сутки,Входит ли в стоимость завтрак или нет?	➡ 房费多少？包括早餐在内吗？
Скажите,пожалуйста,какой номер? Будьте добры, проводите меня?	➡ 请问是几号房？可以带我过去吗？
Могу ли я посмотреть соседнюю комнату?	➡ 我能看一下旁边那间吗？

C

行：俄罗斯"自由行"

1.往返城市间，飞机最快捷

行程比较紧凑的话，乘飞机往返于城市间是最快捷的方式。俄罗斯的大多数城市都有自己的机场，最主要的机场有谢列梅杰沃1号国际机场、谢列梅杰沃2号国际机场、伏努科沃1号国际机场、圣彼得堡国际机场、新西伯利亚机场、叶卡捷琳堡机场等。主要的航空公司有俄罗斯国际航空、圣彼得堡航空、西伯利亚航空公司等。其中，俄罗斯国际航空是俄罗斯最大的航空公司，具有最密集的航空网络，定期航线数目达100多个。

俄罗斯的大部分机票可以从网上或折扣代理商处订购。有很多网站专门致力于机票订购的服务，有时它们所提供的机票价格很便宜。而旅行社所提供的机票一般也会很便宜，甚至比网站上的还便宜。

飞机票购买网站推荐	
网址	备注
www.russia-travel.com	俄罗斯旅游局英文网站，有专门的机票票务专栏
www.cheapflights.com	提供一些最便宜的航班，需要抢购
www.lastminute.com	主要提供欧洲航班的机票，也有世界各地的航班机票，大部分为往返票
www.expedia.com	在该网站可以查询到世界各地航班机票价格
www.skyauction.com	空中拍卖网，可以在该网站上找到一些经济机票

2.乘火车可赏风景

俄罗斯的铁路网络十分发达，以莫斯科为中心向外呈放射状，其闻名世界的西伯利亚大铁路，横跨亚欧大陆，连接了俄罗斯各地。可以说，火车是俄罗斯主要的交通工具。在俄罗斯乘火车旅行，不仅能方便快捷地到达目的地，还能欣赏到不同城市沿途的美丽风光，体验火车旅行的乐趣。

俄罗斯的火车按旅程的远近分为：近程列车（行车时间小于8小时）、远程列车（行车时间超过8小时）。只有近程列车为坐席，只要超过8小时的，全部都是卧铺。卧铺车又分为多种类型：通厢（相当于我国的硬卧）、四人间（相当于我国的软卧，但是没有软床）、软卧（相当于我国的软卧）、豪华型二人间和豪华型包房（单人带洗手间）。

在俄罗斯，购买火车票有两种方式：网上预订、到火车站购买。无论选择哪种方式，都需要提前订票，最早可以提前45天订票。

网上预订车票，可以去俄罗斯铁路官网（rzd.ru），俄罗斯铁路官网有俄语版，也有英语版，但实际上订票只能使用俄语版，且订票

系统上默认的时间是莫斯科时间。进入俄罗斯铁路官网后，首先进入购票页面，注册用户后进入系统，然后选择出发地、目的地、车次、车票种类、座位等，最后完成支付。付款后会出现订单详情，有车票信息，打印出来。打印出来的车票一般不是正式车票，需要到火车站窗口兑换。

如果打算去火车站购买车票，可以先请酒店人员帮你用俄语写清楚目的地、车次、车厢等信息，这样你就可以拿着纸条去车站窗口直接订票，省去了与售票人员用俄语对话的麻烦。

3.乘地铁，一票通全程

俄罗斯的地铁系统并不是很发达，拥有比较完善的地铁系统的也只有莫斯科和圣彼得堡两座城市，喀山、新西伯利亚、下诺夫哥罗德等城市只有较小型的地铁系统。在莫斯科、圣彼得堡，地铁是人们出行最为方便的交通工具，乘坐方式和国内相似，采取进站收费、一票通全程的方式，即只要不出站，可以任意换乘。

在几个地铁系统中，尤以莫斯科地铁最为

壮观。莫斯科地铁几乎贯通莫斯科任何一个角落，甚至远到城市边缘地区，而在郊区的地铁终点站往往就是城际小火车的始发站。此外，莫斯科地铁速度快，发车频率也很高，每天早上的客运高峰时期，平均每40秒就有一趟列车从月台进站或者出站。此外，莫斯科地铁还有"地下艺术殿堂"的美誉。每个车站的形式、布局和风格都不尽相同，索科尔站的苍穹顶、斯摩棱斯克站的圆柱式大厅、基辅站的巨大拱门大厅……每个车站都美轮美奂。

地铁站口有一个霓虹灯字母"M"，各地的颜色并不一样，莫斯科的标志为红色，圣彼得堡的标志为蓝色。

4.市内乘电车**很方便**

俄罗斯的各大城市都有电车，电车分为有轨电车和无轨电车，比较多的是无轨电车。乘坐电车购票有两种方式，一种是上车后向司机直接购票，不过这种方式在乘客多的时候，很不方便；另一种就是上车之前在地铁站旁边的售票厅购买车票，上车后在自动打票机上打孔即可。需要注意的是，乘坐电车一定要准备好车票，如果查到无票乘车，会被重罚。

5.出租车**可以"讨价还价"**

俄罗斯有两种出租车，一种是正规出租车，一种是"私人"出租车（类似于国内的黑车）。正规出租车一般为黄色，标志为圆圈内有一个"T"字，顶灯亮着代表车内无人。正规的出租车可以电话预约，也可以在街道上拦到。正规的出租车一般都会打表，但也可以和司机讨价还价。打电话叫出租车或是晚间叫出租车，都会额外收费。豪华酒店外的出租车收费也会相对较高。

私人出租车很普遍，价格也很便宜，比正规出租车便宜一半，只不过乘坐私人出租车需要注意安全，在乘车前也需要和司机谈好价格。

6.乘渡船**出行很惬意**

在俄罗斯旅行，还有一种较为舒适的交通方式就是乘渡船。俄罗斯的东欧地区水运交通很发达，很多城市都可以选择坐船前往。在莫斯科和圣彼得堡之间就穿梭着数量众多的观光船，这些船在中途会停靠在金环城。此外，莫斯科和圣彼得堡还有发至北方的俄罗斯远东地区及沿伏尔加河南下的长途观光游船。

游船运营商推荐		
公司名称	电话	网址
Cruise Company Orthodox	499–9438560	www.cruise.ru
Infoflot	495–6849188	www. infoflot.com
Mosturflot	495–2117222	www. msturflot.ru
Rechflot	495–3639628	www.rechflot.ru

俄罗斯交通常用俄语

俄文	中文
Скажите, пожалуйста, где контроль входа посадки?	➡ 请问检票口在哪?
Давайте мне карту города.	➡ 我要一张交通地图。
Скажите, пожалуйста, откуда мне пройти на самолёт?	➡ 请问我在哪个登机口登机?
скажите,где мне можно партиковать машину?	➡ 请问我可以在哪里停车?
Я заблудился(лась), мне нужно идти на аэропорт (пароход\поезд).	➡ 我迷路了，我要去机场（码头/车站）。

索契市滨海

D
游：独家探访看这里

1.教堂、宫殿欣赏价值高

　　豪华的宫殿、螺旋式尖顶的教堂……恐怕很多人对俄罗斯的印象就是如此吧！是的，俄罗斯有太多金碧辉煌的宫殿或教堂，它们闪耀着五彩的光芒、装载着历史的沧桑、散发着非凡的魅力，"不费吹灰之力"地让一批又一批的游客拜倒在它们的"石榴裙下"。俄罗斯著名的克里姆林宫、冬宫、夏宫、喀山大教堂、圣瓦西里升天教堂等都是你在俄罗斯不可错过的建筑。

教堂和宫殿推荐		
名称	地址	旅游达人印象
克里姆林宫	莫斯科市中心	不愧是俄罗斯的历史瑰宝，克里姆林宫高大坚固的围墙和钟楼，给人以气势磅礴之感。其内部金顶的教堂、古老的楼阁，被装饰得金碧辉煌，更是让人"大开眼界"
喀山大教堂	位于莫斯科红场东北角	喀山大教堂的内部不大像一般的教堂，而更像一座宫殿，给人明亮、轻快的感觉。中央穹顶辉煌华丽，仰视可见一幅圣母图，周边饰以圣经人物雕刻和水彩壁画
圣瓦西里升天教堂	位于红场南侧	精美的建筑、美丽的装饰及内部浓郁的艺术氛围，你很难不被吸引
冬宫	圣彼得堡宫殿滨海路	首先，气势恢宏的冬宫广场已经让我们折服。但等真正进入宫殿的时候，我们才算明白什么叫作"富丽堂皇和精美绝伦"，似乎全世界的奇异珍宝都积聚在这里了
夏宫	距圣彼得堡市约30千米	这应该是俄罗斯最美、最值得去的地方，宫内金碧辉煌，宫外晶莹剔透，夏宫两大花园的喷泉美景更是令人称奇

2.到新西伯利亚去探险

　　在繁华的大都市观光，在博物馆或是宫殿寻求艺术的真谛，在教堂感受信仰的力量，在餐厅享受美食的滋味，在购物天堂疯狂"血拼"……或许我们的旅游不该这么单一，或许我们需要一种更有态度的旅行，去发现地球本身的魅力、去看别人不曾看过的风景——新西伯利亚，这个俄罗斯北亚地区的一片广阔地带，来到这里，需要你的勇气，但在你无所畏惧后会得到意想不到的回报：秋天的新西伯利亚收获了一地的金黄，放眼望去，美丽动人；

喀山大教堂

跑马河边策马奔腾，尽情放飞自己的心情；贝加尔湖畔漫步，感受绝美的自然环境和神秘的风光。

新西伯利亚亮点	
名称	特色
跑马河边	跑马河边的景色给人一种乡村山野的感觉，空气中弥漫着大自然的芬芳，淡绿的草地上，骏马奔驰，远处是蓝天、白云、山脉，以及清澈的河水。在这里游玩会有种身在画中的感觉
贝加尔湖	3月的贝加尔湖最美，这个时候的风景纯朴清新。游客来到这里可以乘坐出租车穿越湖泊，充满了挑战性。而皮船、摩托车、高山自行车、冰山徒步旅行都是需要勇气的项目
Ergaki 山脉	Ergaki山脉耸立于森林和湖泊上面壮观的角状山峰上方，没有道路的Ergaki山区被人认为是整个西伯利亚最美的地区之一

3. 俄罗斯母亲河——伏尔加河

我们对伏尔加河的印象就是那幅《伏尔加河上的纤夫》，阳光酷烈，沙滩荒芜，穿着破烂衣衫的纤夫拉着货船，步履沉重地向前行进……然而，今天的伏尔加河早已没有了这般令人感到悲伤的场景，有的是一片迷人的风光。伏尔加河是欧洲最长的内流河，也被称为俄罗斯的母亲河，是很多游客来到俄罗斯必游的风光。想要领略伏尔加河的风光，当然是要乘游船了。游客可以选择乘游船畅行在俄罗斯两大都市莫斯科与圣彼得堡之间，这样可以抵达伏尔加河两岸的俄罗斯小镇，感受伏尔加河两岸广大的俄罗斯田园乡村风光，体验俄罗斯的风土人情。

伏尔加河

伏尔加河所经过的"经典"处	
名称	特色
莫斯科	俄罗斯的首都，有数不尽的风光。庄严凝重的红场、蜚声海内外的圣瓦西里升天大教堂、雄伟的克里姆林宫……都是不容错过的经典
圣彼得堡	有"北方威尼斯之称"，这里有大气磅礴的冬宫宫殿、金碧辉煌的夏宫庭院，还有闻名世界的喀山大教堂、滴血教堂
基日岛	世界文化与自然遗产之一，俄罗斯著名的风景保护区，保存有世界著名的全木结构教堂、民居、风车等，还有野趣天成的乡野景色
戈里茨	这里有保存完好的基里洛夫古城，美丽的白湖圣吉基里修道院，可以体会清新自然的异国风情
乌格里奇	两岸林木葱茏，宫殿金碧辉煌，此地出产俄罗斯著名的"海鸥"女表
绿站（曼德洛基）	风景如画的乡村小镇，在这里可以享受到北国的"森林浴"，还可以穿越森林的羊肠小道、沼泽地和小溪中的独木桥，体验惊险刺激的感觉

俄罗斯旅游常用俄语

俄文		中文
Я только был на Красную площадь.	➡	我只去过红场。
Вот какие достопримечательности можно посетить здесь?	➡	这里有什么景点儿可以参观?
Кроме этого, еще Какие достопримечательности здесь?	➡	除此之外还有什么名胜古迹?
Какие у вас самые известные места для туристов?	➡	哪些旅游胜地最有名?
Советую суббота и воскресенье мы ходим в походы.	➡	星期六和星期天我们去徒步旅行吧。
Где я могу купить билет?	➡	到哪儿买票?

E

购：疯狂"血拼"

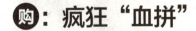

1.俄罗斯有哪些**特色商品**

俄罗斯与欧洲很多国家相比，并不是一个理想的"购物天堂"，但是俄罗斯却有很多极具当地风情的商品，如俄罗斯套娃、琥珀、俄罗斯彩蛋、俄式茶具等。来到俄罗斯，购买些当地特色商品作为留念或是送人，绝对是一件有意义的事。

特色商品推荐	
名称	**特色**
套娃	套娃是俄罗斯传统工艺品的象征。传统的俄罗斯套娃被雕塑成一个圆脸的农村姑娘形象，她身穿绣花衬衣和长马甲，系着围裙，头上扎一块花头巾，怀里还抱着一只黑公鸡。套娃可以拆开，里面装一个小一些的，也可以打开，这样一个套一个，共有8个，不仅大小不一，色彩图案也不尽相同。现在的套娃素材已经越来越多样化，有童话人物、历史人物，甚至身边的人和物都会被作为创作的对象
琥珀	俄罗斯的琥珀非常有名，尤其是被称为"琥珀之都"的加里宁格勒州，那里集中了世界藏量90%以上的琥珀。俄罗斯的很多商店内都售有用琥珀制作的工艺品，玲珑剔透，十分漂亮。上好的琥珀工艺品价格很贵，有的高达上万元
俄罗斯彩蛋	俄罗斯人认为彩蛋可以带来健康、美貌、力量和富足。这是由于彩蛋与俄罗斯传统的宗教习俗有关，它是一些宗教节日的必备之物，尤其是复活节时教徒们的重要庆典器具。而对于游客来说，彩蛋是一个极具俄罗斯特色的纪念品
俄式茶具	传统的俄式茶具是一种内胆填充着热木炭的金属水壶，而现代的俄式茶具带有电子元件，类似电水壶。俄罗斯的很多手工艺品店出售传统的俄式茶具，喜欢饮茶的游客不妨买套带回家

2.不可错过的**俄罗斯购物地**

　　俄罗斯有多种多样的购物地，既有高档的百货商店、超级市场，也有大众化的跳蚤市场、特色小店等。想要买一些高档货的游客，可以选择古姆百货商场、楚姆百货商场这样的大商场；想要淘宝，则可以去像Izmailovsky市场这样的跳蚤市场，在那里，游客不仅能淘到小商品，还能体验更纯粹的俄罗斯风情，更深入地感受俄罗斯人的生活。在跳蚤市场，还有很多出售旧货的小摊，像昔日贵族为生活所迫出售的祖传用品，如银餐具等。若是你"独具慧眼"，还能淘到不少好东西。

购物场所推荐	
名称	特色
古姆百货商场	位于红场东侧，是欧洲最大的百货商场之一。出售俄罗斯特色工艺品、服装、百货等商品。商场极具欧洲古典风格，规模很大，集购物、娱乐、餐饮于一体
楚姆中央百货商场	楚姆中央百货商场紧邻莫斯科大剧院。该商场是当今莫斯科档次最高的大商场之一，销售各种名牌及奢侈品
Izmailovsky跳蚤市场	Izmailovsky跳蚤市场是莫斯科最大的跳蚤市场，这里出售的物品除了一部分是旅游纪念品外，也有不少老百姓的私人珍藏，不乏高价值的。市场内出售的纪念品很丰富，一般都能挑到比较满意的商品
阿尔伯特大街	阿尔伯特的街道两旁分布着各式各样的商店，售卖纪念品的摊档甚至摆到了街道中央，这里从早晨一直到晚上都熙熙攘攘，十分热闹。这里的货品，种类多、齐全，但价钱较贵
列宁山	莫斯科的制高点——莫斯科大学坐落在这里。这里有许多流动摊档，主要贩卖军表、子母公仔等纪念品。价钱虽然很便宜，但货品种类不是很多，选择性不大，质量也参差不齐，需要游客好好挑选
韦尔尼萨日	这里聚集了很多手工艺品店，是购买纪念品的好去处。无数的店铺供你选择套娃、手表等。乘坐地铁3号线到游击队站（原为伊兹梅洛公园站）下车即到。此外，这里还是一个旅游观光地
莫斯科伊兹梅洛夫市场	周末营业，圣像、手工制作的珠宝首饰、传统服饰都能在这里买到

3.俄罗斯的打折季别错过

　　7月是俄罗斯的名牌打折季，这个时候，一般一线品牌都是打对折。到了7月下旬打折季快结束的时候，有的品牌甚至能享受到2.5折的优惠。不过若是没有熟人带路，想要找到这些打折品牌的商场，可能有些困难，这些商场一般在比较幽静的街道。俄罗斯的商店都有个特点，门面不大，有时甚至不起眼，但进入后视野会非常开阔。想要购买酒、巧克力、鱼子酱、香烟等商品的游客，建议选择24小时的大型超市，那里选择多，而且香烟比机场免税店的便宜。

4.购物小知识

　　在俄罗斯商店购物，所有商品基本都是明码标价，一般不接受讲价。但是如果在景点、景区内或是小摊上购物，则可以和商贩进行讨价还价。购物时，需要注意的是，尽量不要与商贩兑换钱币；俄罗斯的商店一般不提供购物袋，购物时最好自己随身携带；俄罗斯的商店大体分为两类，一种是可以接受硬通货和信用卡的商店，另一种是只能用卢布排队付款；俄罗斯政府规定，每位游客最多只可携带250克鱼子酱出境，邮票、油画、珍贵文物等禁止携带出境。

俄罗斯购物常用俄语

俄文	中文
есть ли у вас подешвле□	➡ 你们这里有便宜一点的吗？
у вас есть или нет других моделей□	➡ 你们有没有别的式样啊？
этот фасон мне не подойдёт.	➡ 这个款不适合我。
Хорошо, я беру.	➡ 好吧，我买下了。
Будьте добры, покажите, пожалуйста, это.	➡ 劳驾，请给我拿这个看看。
Извините, этого мне не надо.	➡ 对不起，我不要这个了。

F

娱：娱乐"嗨翻天"

1.俄罗斯桑拿浴——独一无二的享受

　　俄罗斯的桑拿浴又称蒸汽浴，是指在一间具有特殊结构的房屋里将蒸汽加热，人在弥漫的蒸汽里沐浴。蒸汽浴分为干热蒸汽浴和湿热蒸汽浴两种。俄罗斯人喜欢湿热蒸汽浴，浴室温度为40～50℃，相对湿度较高，甚至可以达到100%。在俄式蒸汽室内，人们用炉子一直为岩石加热，并用长柄的勺子往烧热的岩石上泼水从而产生蒸汽，让温度和湿度达到一定的程度。通常人们还会在水中加入几滴桉树和松树油（有时甚至加入啤酒），使整个蒸汽室内弥漫着一股清香。随着身体各个部位的均匀受热，人们会拿出桦树条轻轻地鞭打自己，或是互相鞭打，这样做可以使肌肤表面血脉更加流

通，且桦树条有清理皮肤毒素的功效。沐浴时，体质差的可以时间短些，一般7～8分钟；身体强壮的可坚持15分钟。在蒸汽室蒸完后，可进入降温室，等身体慢慢恢复正常体温后，可继续到蒸汽室内，这样反复3～4次。一些蒸汽浴室会提供休息室，供应食物和茶点。蒸汽浴后，人会感觉神清气爽，全身心放松。这个时候在休息室内，喝喝茶、吃些美食，绝对是一个独一无二的享受。

桑拿浴室推荐			
名称	费用	电话	特色
Banya on Presnya	700～800卢布	495-2538690	是一个比较高级的桑拿浴室，有独立的蒸汽浴室，同时有SPA服务，提供现磨咖啡
Sanduny Baths	单人浴室每小时1300卢布，公共浴室每2小时600～800卢布	495-6254631	是莫斯科最古老、最豪华的蒸汽浴室，哥特式风格的房间里挂满了木雕，其中最奢华的沐浴房更是充满了古罗马的贵族气息
Second Courtyard	公用每人300卢布，私人 每小时1100卢布	812-3216441	位于圣彼得堡瓦西列夫斯基岛，浴室不大，但提供芬兰浴和俄罗斯蒸汽浴。房间内的设计像是瀑布下的小水潭。另外，该浴室公用的俄罗斯浴场白天营业，到晚上，顾客可以预订整个浴场举行私人聚会（最多可以容纳8个人）
Mitninskaya Bani	110卢布	812-2745455	圣彼得堡少有的一家用木制火炉加热的浴场，环境很好，有点乡村的感觉

2.看一场正式的芭蕾舞

　　如同京剧是中国的国粹一样，芭蕾舞是俄罗斯的国粹。在俄罗斯的每个城市都有大大小小的剧院、剧团，每天都有数不清的芭蕾舞剧上演。但凡看过一次俄罗斯芭蕾舞，都会被它的魅力所征服，从而爱上这项艺术。柴可夫斯基写出的三出芭蕾舞音乐《天鹅湖》、《睡美人》和《胡桃夹子》是世界芭蕾舞的经典之作，来俄罗斯一定要从中选一出芭蕾舞欣赏一番。想要观看一场优质芭蕾舞的表演，可前往莫斯科国家模范大剧院，这是俄罗斯最顶级的剧院，其内部装饰极尽华丽。在这里演出的，都是俄罗斯一流的舞蹈家和剧团。购买国家模范大剧院门票，可前往驻酒店的Intourist办事处联络。

剧院推荐			
名称	所属城市	电话	门票/交通
国家模范大剧院	莫斯科	495-455555	600～800卢布，乘地铁2号线在红场站下
玛丽亚剧院	圣彼得堡	812-7141211	乘地铁在干草广场地铁站下，或从涅夫斯基大街乘坐3、27路公交车可到
埃尔米塔日剧院	圣彼得堡	812-2790226	乘地铁在涅夫斯基大街、商场地铁站下车可到
歌剧和芭蕾舞剧院	新西伯利亚	383-2271537	90～2000卢布
音乐剧院	伊尔库茨克	395-2277795	500卢布起
歌剧和芭蕾舞剧院	叶卡捷琳堡	343-3508057	500卢布起

3.冬季滑雪，体验惊险刺激

俄罗斯是一个冬季降水量十分充足的国家，利用这样的优势，俄罗斯人在冬季会举行各种各样的冬季运动，如乘雪橇、滑冰、北极探险、驾车越野、滑雪等。在这些冬季运动中，尤以滑雪最为普遍，也最受人喜爱。俄罗斯的厄尔布鲁士山是一个非常有名的滑雪胜地，这里全年有一大半的时间被大雪覆盖，很多游客会将这里作为滑雪旅程的第一站。这里的雪道长度大约有5万米，游客在这里可以体验到各种滑雪活动。对于初学者，这里有专业的教练提供指导。此外，这里也是很好的度假之地，周围咖啡馆、酒吧等应有尽有。除了厄尔布鲁士山，位于莫斯科西南部的麻雀山也是一个非常受青睐的滑雪场，这里完全按照国际滑雪联合会的标准建造，滑雪道落差达60多米，是滑雪高手挑战自己、体验刺激的好地方。当然，这里也有许多小型的天然滑雪场提供给初学者和小孩子。不得不说的是，这里的环境十分不错，周围有很多白桦林、森林围绕，让游客在滑雪的同时，能欣赏到优美的风光。

俄罗斯的滑雪场大多在郊区，如果自驾出行的话，开车大约30分钟，从公路转进森林道路，绕过一片森林就能找到滑雪场。滑雪场面积通常都很大，依山势而建，通常有各种不同坡度的滑雪道，适合不同水平的滑雪者。想要刺激一点，可以乘缆车到山顶，山体四面都能滑雪，山麓上还会有滑雪高台，可进行高台滑雪表演。若是时间不紧，建议在俄罗斯滑雪场提供的木屋风情别墅住一晚，这种别墅适合一家大小或者三五知己一起居住。在茫茫大雪包围的别墅里住上一晚，品尝美食、谈天说地，绝对是一件十分温馨的事。

📷 旅游达人游玩攻略

1.滑雪前，先了解滑雪场的大概情况，熟悉滑雪场的分布位置、出事获救情况、滑雪场的有关安全管理规定。在选择滑道时，要根据自己的水平，切勿逞强。若打算乘坐缆车，需注意索道开放时间，在无人看守时切勿乘坐。

2.初学滑雪者，要循序渐进，不得私自到有技术要求的雪区滑雪，以免发生意外。

3.滑雪时，与人保持一定距离。人很多的时候，调整滑雪速度，不宜过快过猛。

4.滑雪镜一定要带。在雪地上待久了，若不保护好眼睛，严重者会患上雪盲。而且雪地上的冷风对眼睛刺激也会很大。最好选择全封闭性的滑雪镜，能将眼睛全部罩住。

5.选择较好的羊绒制品或化纤制品对手、脚、耳朵等部位进行保温，否则很容易冻伤。

6.滑雪过程中感觉到累，想休息的时候，要停在滑雪道边上，且注意避开从上面滑下来的人。

7.感觉自己快要摔倒的时候，不要随意挣扎，尽量将重心后移，可举起双手双臂，任其向下滑动，避免头部向下，更要避免翻滚。

4.观看**大马戏**

　　俄罗斯的大马戏表演历史十分悠久，从18世纪起，每一位沙皇都有自己专属的皇家马戏表演者，这些表演者以马戏、驯兽为家族事业，世代相传，形成了许多今天仍然活跃在世界马戏表演舞台的著名马戏世家。俄罗斯国家大马戏团中有众多闻名于世界的优秀演员，他们是俄罗斯马戏杂技界的精英，也是马戏界闻名于天下的巨星。伏尔尚斯基的高空钢丝、明尔德诺夫的快速马技、依格纳多夫的杂技等都是精彩绝伦的特技。"俄罗斯国家大马戏"曾在中国进行过声势浩大的全国巡演，特别是在北京工人体育馆的演出，成为当时北京街头巷尾的热门话题，同时还出现了一票难求的现象。由此可见，俄罗斯大马戏的无穷魅力。所以，来到俄罗斯旅行的外国游客若不看一场马戏表演，那真是一大憾事。

马戏团推荐			
名称	所属城市	电话	门票/交通
新马戏团	莫斯科	495-1302815	600～800卢布，乘坐地铁1号线在莫斯科大学站下
旧马戏团	莫斯科	495-2000668	600～800卢布，乘坐地铁9号线在Tsvetnoy bul'var站下
尼库林马戏团	莫斯科	495-6258970	250～2000卢布
圣彼得堡国立马戏团	圣彼得堡	812-5705390	200～600卢布

俄罗斯娱乐常用俄语

英文	中文
Где находится самый лучший концертный зал в Москве?	➡ 请问莫斯科最好的音乐厅在哪？
У этого бара есть живая музыка или нет?	➡ 这个酒吧有现场音乐表演吗？
В этом театре «Лебединое озеро» показать или нет?	➡ 这个剧院有《天鹅湖》表演吗？
Вот несколько часов будет спектакли?	➡ 这里几点有演出？
Какие мероприятия будет здесь сегодня вечером?	➡ 今晚这里有什么活动？

G

知：俄罗斯旅行必知的6大细节

1.去俄罗斯人家做客有讲究

如果你受邀去俄罗斯人家做客，首先应该准时赴约，如果有急事不能去或推迟，一定提前告知，并说明原因恳请谅解。去做客的时候，通常要带一份礼物，如葡萄酒或蛋糕，也可以给女主人带一束花，送花的话，忌送双数，并且不要送黄色和三色以上混杂的花束。俄罗斯人还忌讳收到十字架、手绢等物品。到了客人家里，横跨门槛时握手被认为是不祥之举，应在完全进门后再握手。进门后，要脱掉外套、摘掉帽子和手套等。

2.饮酒须知的礼仪

俄罗斯人大多爱饮酒，如果你能陪他喝上一大杯伏特加，那必然会提升好感。俄罗斯人喝伏特加具有"梁山好汉之气魄"，通常是一口闷，随后紧握拳头，"哈"的一声吐出酒气，且每次喝酒举杯的时候，都要为这次干杯说点祝酒词，

为爱情、友谊等，总之一定会有什么理由。如果是去俄罗斯人家里做客，俄罗斯人的祝酒词一般第一杯为相聚，第二杯祝愿健康，第三杯给女主人，对她的厨艺表示赞赏，对她辛勤的劳动表示感谢。另外，俄罗斯人从不劝酒，而是习惯于自斟自饮，他们很讨厌在喝酒时作弊，你能喝就喝，不能喝也不要勉强上，若被当地人发现你弄虚作假会引来很大麻烦。在用餐快要结束的时候，俄罗斯人习惯将剩下的酒一饮而尽，餐桌上剩酒也是忌讳。

3.去剧院看演出需着正装

俄罗斯人很注重仪表，这在他们所穿的服饰上表现得尤为明显。在城市中，俄罗斯的男人们多穿西装，妇女往往还要穿一条连衣裙；而在俄罗斯乡村，已婚妇女必须戴头巾，并以白色的为主，未婚姑娘不戴头巾，但常戴帽

子。俄罗斯人去高档餐厅或是去剧院等正式场所时，也需要穿正装。在剧院看演出时，不可交头接耳或者吃东西，更不能接听电话。

4.善待小动物

俄罗斯人都很喜欢动物，尤其是狗。在俄罗斯城市里会看到许多野猫野狗，长得都挺肥的。另外，在公园里也会有很多鸽子，很多老人喜欢在晴天的时候在公园里坐着喂鸽子。所以，如果碰到野猫野狗，切勿用脚踢。即使是碰上拦路狗，也只能呼喝将它赶走。在俄罗斯，法律禁止伤害动物。

5.切勿打翻盐罐

俄罗斯人对盐十分崇拜，并视盐为珍宝和祭祀用的供品。俄罗斯人认为盐具有驱邪除灾的力量。如果有人不慎打翻了盐罐，或是把盐撒在地上，会被认为是家庭不和的预兆。为了摆脱这种凶兆，他们总习惯将打翻在地的盐拾起来撒在自己的头上。在俄罗斯，对盐罐的使用曾有非常严格的规定：不能拿面包到盐罐中蘸盐、不能用手从盐罐中取盐；传递装着盐的盐罐时，应保持微笑，意在避免争吵。

6.在俄罗斯，男士要有绅士风度

尊重女士是俄罗斯的社会风尚，俄罗斯人一向把尊重女士当作衡量一个人素质高、修养好的标志。在公共场合，俄罗斯男士都持着"女士优先"的态度，如：为女士开门、让座、先行等。如果男女同行，男士应在女士的左侧。男女一同上楼时，女士应走前边，男士跟后，下楼时则相反，这样走的目的是为了让男士在必要的时候扶女士一下。男士吸烟时，若有女士在场，要先征得女士们的同意。

贝加尔湖

俄罗斯的冬季

PART 1

去俄罗斯前

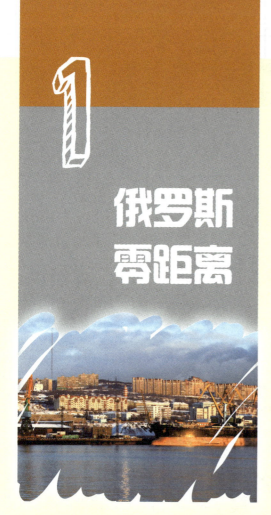

1

俄罗斯
零距离

📖 历史

　　说起俄罗斯的历史，不得不提东欧草原上的东斯拉夫人，也就是后来的俄罗斯人、乌克兰人和白俄罗斯人的共同祖先。东斯拉夫人是欧洲最为古老和最为庞大的部族集团——斯拉夫人的一个支系。现在的俄罗斯民族是东斯拉夫人的一支，"俄罗斯"一词，即起源于一个东斯拉夫部落之名"罗斯"（POC）或"鲁斯"（PYCB）。从公元988年开始，东正教从拜占庭帝国传入基辅罗斯，并最终形成了历史悠久的俄罗斯文化。随后，俄罗斯大致经历了莫斯科大公国、罗曼诺夫王朝、帝国时代、苏联时期、联邦时代这几个历史阶段。

· 基辅罗斯

　　862年，以留里克为首的瓦朗几亚人征服东斯拉夫人，建立留里克王朝。882年，建立了基辅罗斯。但随着封建关系的加剧，封建主们维护自己利益政权的意识也逐渐加强，这就加速了基辅罗斯的解体。12世纪，基辅罗斯分裂为若干个独立公国。1237年，来自于亚洲东部的蒙古军队向俄罗斯进攻，几乎征服了俄罗斯全境。之后，建立了"金帐汗国"。俄罗斯其他各个公国与"金帐汗国"保持联系，形成藩属

关系。从1240—1480年，蒙古鞑靼人统治俄罗斯各公国达240年之久。

·莫斯科大公国

1328—1341年，伊万·卡利达被金账汗册封为大公，随后他迁居到莫斯科，并修建克里姆林宫。在他统治的时期，莫斯科发展迅猛。后来伊万·卡利达的孙子季米特里大公逐渐将莫斯科指定为俄罗斯国家的中心，蒙古人对莫斯科的统治也逐渐走向衰落。

·罗曼诺夫王朝

1613年，罗曼诺夫王朝建立。这个王朝经历了18个沙皇的统治，末代沙皇尼古拉二世在1917年发生的俄国二月革命中被推翻。

·俄罗斯帝国时代

18~20世纪初是俄罗斯的帝国时代。1721年，彼得一世宣布俄罗斯为帝国。叶卡捷琳娜二世时期，领土空前膨胀，被称为"帝国的黄金时期"。1812年，俄罗斯击退了入侵的拿破仑军队，此即俄罗斯的"卫国战争"。1825年，十二月党人起义被镇压。1861年，沙皇亚历山大二世推行改革，同年2月俄国废除农奴制。

·十月革命

1917年11月7日，列宁和托洛茨基领导布尔什维克武装起义，建立苏维埃政权和人类历史上第一个社会主义国家。

·苏联时期

1922年，苏维埃社会主义共和国联盟正式成立，俄罗斯联邦同乌克兰、白俄罗斯和外高加索联邦（包括阿塞拜疆、亚美尼亚和格鲁吉亚）一起加入，后扩至15个加盟共和国。1990年，《俄罗斯联邦国家主权宣言》宣布俄罗斯

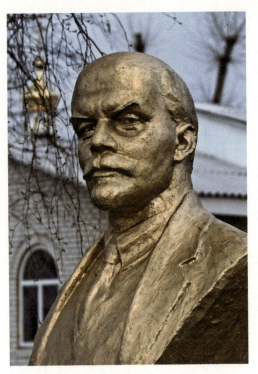

联邦在其境内拥有"绝对主权"。1991年12月26日，苏联解体，俄罗斯联邦成为完全独立的国家。

·现代俄罗斯

苏联解体后，俄罗斯国名为"俄罗斯联邦"，实行自由市场经济和总统制。叶利钦为首任总统，普京为第二任总统，第三任总统由梅德韦杰夫担任，而普京则担任总理。2012年普京再次担任总统（第四任），而梅德韦杰夫则改任总理。

📖 文化

辽阔的疆土、悠久的历史、多样的民族使俄罗斯孕育了非常深厚且多元的文化。俄罗斯文化的发展更是经历了一个漫长的过程，从基辅罗斯、莫斯科公国、俄罗斯帝国、苏联到当

代，俄罗斯文化在不断汲取、创新和沉淀之下，具有世界水准，并极具民族特色。

· 建筑

无论是肃穆的葱头顶教堂，还是巍峨的摩天大楼，俄罗斯的建筑都给人留下了深刻的印象。

俄国建筑史发端于10~13世纪，古代城市——基辅、诺夫哥罗德就产生了一批俄国建筑艺术杰作，如基辅和诺夫哥罗德的索菲亚教堂。推翻鞑靼蒙古压迫后，莫斯科建筑繁荣发展，修建了莫斯科克里姆林宫，16世纪修建了圆锥形石造教堂——红场上的瓦西里·勃拉仁教堂。彼得一世时期，圣彼得堡修筑了巴洛克式的宫殿，它们分别是圣彼得堡的冬宫、彼得戈夫的大宫殿、皇村的叶卡捷琳娜宫。斯大林时代修建了七座莫斯科"摩天大楼"

俄罗斯的教堂朴拙、美丽而多样，莫斯科地铁堪称"地下宫殿"，林间木屋温暖、朴素，整洁而有气质，现代建筑壮丽华美，无处不体现出俄罗斯建筑特有的美感。

· 芭蕾舞

20世纪初，俄国的芭蕾在世界芭蕾艺术中居领先地位，《胡桃夹子》的雪花舞和《天鹅湖》的众天鹅舞是我们经常在各类演出中看到的片段，就产生于19世纪90年代的圣彼得堡。俄罗斯有许多芭蕾舞团和数所芭蕾学校，其中最著名的是莫斯科大剧院芭蕾舞团和圣彼得堡马林剧院芭蕾舞团，这两个舞团拥有一大批世界一流的芭蕾舞演员和芭蕾舞编导。俄罗斯的芭蕾以思想性、深刻的内容和鲜明的人道主义倾向见长，从1969年开始莫斯科每四年举行一次国际芭蕾舞竞赛。俄罗斯的芭蕾在世界芭蕾艺术中居领先地位，对世界各国芭蕾艺术的发展产生了巨大影响。

· 古典音乐

俄国古典民族音乐的创始人是米哈伊尔·格林卡。他的歌剧《效忠沙皇》（《伊万·苏萨宁》）和《鲁斯兰与柳德米拉》奠定了俄国古典歌剧两个流派——讴歌英雄的民间音乐剧和童话歌剧的基础。其交响乐作品则为俄国交响乐打下了基础。俄国所有大作曲家都视自己为格林卡的继承者。俄罗斯作曲家辈出，最著名的是为俄国和全人类留下了丰富的音乐遗产的柴可夫斯基，其传世之作有芭蕾舞曲《天鹅湖》、歌剧《叶弗盖尼·奥涅金》、抒情钢琴组曲《四季》等。

· 文学

俄国文学在世界文学史上占据重要地位，最光辉的时期是19世纪。这一时期，俄国文学语言之父亚历山大·普希金创作了自己的作品《叶甫盖尼·奥涅金》、《大尉的女儿》等，其他享誉世界的文学作品还有：果戈理的《死魂灵》，奥斯特洛夫斯基的《钢铁是怎样炼成的》，陀思妥耶夫斯基《罪与罚》，列夫·托尔斯泰的《战争与和平》、《安娜·卡列尼娜》等，此外，契诃夫的《套中人》，高尔基《海燕》、《母亲》，鲍里斯·帕斯捷尔纳克的《日瓦戈医生》，米哈伊尔·肖洛霍夫的《静静的顿河》等著作也在俄罗斯和世界文学史上留下自己的印迹。

经济

俄罗斯是世界上面积最大的国家，在世界政治上也占有很重要的地位。虽然俄罗斯的经济仍处于停滞状态，但俄罗斯依然是一个经济大国。

俄罗斯的经济收入绝大部分来自于资源行业，其中国际紧缺的石油、天然气等资源在俄罗斯储量都非常丰富，并且出口国外赚取大量外汇，为经济发展做出了巨大的贡献。另外，俄罗斯工业基础雄厚，历史悠久，主要以重工业为主，其中包括机械、钢铁、石油、天然气、化工等。俄罗斯外汇收入中非常重要的是军工企业的经济收入。俄罗斯的农业相对来说还算发达，主要的农作物有麦类、玉米和豆类等，经济作物有亚麻和甜菜等，但由于高纬度的缘故，农业始终不能在俄罗斯经济收入中占有重要地位。俄罗斯的服务业相对发达，服务业的产值占国民生产总值的1/4。俄罗斯地广物博，旅游资源非常丰富，每年吸引大量游客前来旅游观光。

地理

俄罗斯位于欧洲东部和亚洲大陆北部，北邻北冰洋，东濒太平洋，西接大西洋，西北临波罗的海芬兰湾。领土西北面有陆地邻国挪威、芬兰，西面有波兰、白俄罗斯、爱沙尼亚等国，西南面是乌克兰，南面有格鲁吉亚、阿塞拜疆、哈萨克斯坦，东南面有中国、蒙古和朝鲜。东面与日本和美国隔海相望。

俄罗斯全境大部分地区属于平原，特别是欧洲部分以及亚洲的西伯利亚地区。南部平原大部分是宽广草原，而北部平原则大部分是森林地区。山脉多集中在东部太平洋沿岸及南部边境，例如大高加索山脉和萨彦-贝加尔山脉。

俄罗斯联邦拥有绵延海岸线，西、北、东三面分别为大西洋、北冰洋和太平洋或其陆缘海及海湾，濒临海域按顺时针依次为黑海、芬兰湾、巴伦支海、喀拉海、拉普捷夫海、东西伯利亚海、白令海、鄂霍次克海、日本海。境内的大河有伏尔加河、鄂毕河、叶尼塞河和勒拿河等。主要湖泊有贝加尔湖、拉多加湖和奥涅加湖等。

🎁 习俗

俄罗斯领土横跨欧亚两洲，所以在文化习俗等方面自然而然地受到了东西方影响。另外，俄罗斯也是一个极富民族特色的国家，在很多传统习俗、民俗节日方面有自己的"个性特征"。想要在俄罗斯"顺风顺水"，了解它的风俗习惯尤为重要。

·社交礼仪

在交际场合，俄罗斯人习惯于和初次会面的人行握手礼。但对于熟悉的人，尤其是久别重逢的朋友，他们则大多会行拥抱和亲吻礼。一般是拥抱后互相亲吻脸颊三次，先右再左再右。与陌生女士相见时，不应主动握手，更不能过分亲热。除非对方主动跟你握手，可以说两句赞美女士年轻漂亮的话。

在称呼方面，俄罗斯人在不同的场合对不同对象都会使用不同的称呼。正式场合下，他们采用"先生"、"小姐"、"夫人"之类的称呼。俄罗斯人的名字由名、父称、姓三个部分组成。只有与初次见面之人打交道，或是在极为正规的场合时，才有必要将姓名的三个部分连在一起称呼。另外，俄罗斯人很看重社会地位，因此对有职务、学衔、军衔的人，最好以其职务、学衔、军衔相称。

在迎接贵宾时，传统的俄罗斯人一般会使用"面包加盐"的方式，这是对客人表示最高的敬意

和最热烈的欢迎。通常，主人手捧面包，客人要面带微笑，躬身接过面包，先亲吻面包，然后掰下一小块，撒上一点盐，品尝一下并表示感谢。

·习俗禁忌

俄罗斯人忌讳"13"与"星期五"，认为它是凶险和死亡的象征。他们还很厌恶"666"这个数字，因为在圣经里它是魔鬼的代号。俄罗斯人偏爱"7"，认为它是成功、美满的预兆。俄罗斯人主

张"左主凶，右主吉"，他们不允许用左手接触别人，或用左手递送物品。俄罗斯人不喜欢黑猫，认为它会带来噩运。俄罗斯人认为镜子是神圣的物品，打碎镜子意味着灵魂的毁灭。与俄罗斯人交往时切忌用肩膀互相碰撞，这种行为一般只发生在挚友之间，否则身体碰撞是极为失礼的行为。男士让烟时不能单独递一支，要递上一整盒，相互点烟时，不能连续点三支烟。俄罗斯人忌讳的话题有：政治矛盾、经济难题、宗教矛盾、民族纠纷、前苏联解体、阿富汗战争，以及大国地位问题。

· 传统节日

俄罗斯的节日众多，属于世界上节日居多的国家行列。俄罗斯的节日由苏联的节日、传统节日、东正教的节日、俄联邦的新节日这四大类组成。

俄罗斯节日	
节日类型	节日名称
前苏联节日	三八妇女节、4月12日宇航节、五一劳动节、5月5日印刷节、5月6日无线电节、5月9日胜利日、5月28日边防战士节、六一儿童节等、8月第一个星期天铁路工人节、8月第二个星期六运动员节、10月第一个星期日教师节、11月7日十月革命节（后改为和谐和解日）
传统节日	2月末3月初送冬节、6月6日诗歌节、6月24日桦树节
东正教节日	3月底4月初复活节，1月7日主降生节、1月19日主领洗节、2月14日或15日主进堂节、4月6日圣母领报节、5月14日和6月17日主升天节、8月18日主显圣容节、8月27日圣母安息节、9月20日圣母圣诞节、9月26日举荣圣架节、12月3日圣母进堂节
俄罗斯联邦节日	2月23日祖国保卫者日、5月9日胜利日、6月5日国际环境日、6月12日独立日、11月7日和谐和解日、12月12日宪法日

时差

俄罗斯是世界上面积最大的国家，也是横跨时区最多的国家，共跨越了11个时区。但2009年俄罗斯政府缩减了本国的时区，将11个时区改为了9个时区。以莫斯科为例，莫斯科所在的时区为东三区，与北京的时差为5小时，如北京为12:00时，莫斯科为7:00。因为俄罗斯各地有时差的缘故，游客在俄罗斯境内旅行时，关于购票、订房也要注意时差问题。

2

出发前的准备

在前往俄罗斯旅行前，首先需要准备的证件就是护照。如果你没有护照或者所持护照有效期不满6个月，就必须去办理或者更换护照。根据最新的规定，全国现在共有43个城市的外地人可以携带本人有效身份证或户口簿在当地办理，其他城市的人则需要携带有效身份证或户口簿在本人户口所在地办理。可以就近办理护照的城市有：北京、天津、石家庄、太原、呼和浩特、沈阳、大连、长春、哈尔滨、上海、南京、杭州、宁波、合肥、福州、厦门、南昌、济南、青岛、郑州、武汉、长沙、广州、深圳、南宁、海口、重庆、成都、贵阳、昆明、西安、无锡、常州、苏州、温州、嘉兴、舟山、泉州、株洲、湘潭、珠海、东莞、佛山。

办理步骤：

1.携带本人身份证或户口簿到户口所在地（可就近办理护照的43个城市除外）的县级或县级以上的派出所、公安局出入境管理部门、北京市公安局出入境管理处或者参团旅行社领取护照办理申请表。

2.填写申请表。

3.提交申请表。携带本人身份证或者户口簿相应证件，填写完整的申请表原件，需带彩色照片一张（需在出入境管理处或者是他们指定的照相馆照相）。

4.领取护照。公安局出入境管理处受理申请后，审批、制作和签发护照的时间是10～15个工作日。领取护照时，须携带本人身份证或者户口簿、领取护照《回执》和200元工本费。凡在《回执》上标明的取证日期3个月内没有领取证件的，公安局出入境管理处将予以销毁。

🧳 签证

　　根据中俄双方签署的团队旅游互免签证协议，中国公民只要持有效出国护照，在国家旅游局指定的旅行社参团报名，就可免签证前往俄罗斯旅游。对于既想省去办理签证麻烦，又想缩短旅游周期的游客来说，这种方式是绝佳的选择。打算自助游的游客，在办理好护照后，就需要到俄罗斯驻中国大使馆申请旅游签证。

需准备的材料

●**个人资料：**有效护照、护照主页复印件及身份证复印件一份，2张照片（35mm X 45mm，二寸白底彩色照片），签证申请表（应回答表内所有的问题，此信息的真实性及完整性，直接影响签证结果，所以应认真填写），俄罗斯旅行社签发的确认迎接外国旅游者函原件及其复印件。

●**资金证明：**至少1万元的存款证明，存款证明需为银行标准格式，有正确的英文译文，不可手写；存款证明的到期日需冻结到回国之后30天；存款证明原件需递交使馆，使馆不予退还，到期自动解冻。

●**在职/读证明：**需提供本人所在工作单位的在职证明，其中包括姓名、性别、出生日期、工作起止日期、担任职务，并要单位加盖公章，还需提供所在单位营业执照复印件并加盖公章。在校学生需提供学生证复印件。无学生证时，需提供学校开具的在学证明，并加盖公章。

签证费用

有效期	受理时间	费用	3天加急费用
15天	6天	800元	1000元
30天	6天	1000元	1200元
30天2次往返	40天	1200元	1400元

俄罗斯驻中国使领馆

名称	地址	电话	领区
俄罗斯驻华大使馆	北京市东直门北中街4号	010-65322051 010-65321381	沈阳、广州、上海领事馆领区外的其他地方
俄罗斯驻沈阳总领事馆	沈阳市和平区南13纬路31号	024-23223927	辽宁、吉林、黑龙江
俄罗斯驻广州总领事馆	广州市珠江新城临江大道3号发展中心26楼A单元	020-85185001 020-85185002 020-85185003	广东、福建、海南、云南、江西、广西
俄罗斯驻上海总领事馆	上海市黄浦路20号	021-63242682	上海、浙江、江苏、安徽

🛄 费用

俄罗斯是一个高消费国家，所以旅行费用并不便宜。因此，更需要游客在出发前，为自己的旅行做一个大致的预算，以保证能够在俄罗斯顺畅旅行。在俄罗斯的莫斯科、圣彼得堡等大城市，物价会比较高，尤其是莫斯科。如果你打算将这两个城市作为旅行目的地的话，就需要多准备些"资金"了。旅行费用大概包括：交通费、住宿费、观光费、饮食费等。

交通费用

在俄罗斯旅游，主要乘坐的交通工具有火车、长途汽车、公共汽车、地铁、电车等。这些交通工具的费用不一，若是乘火车，以莫斯科和圣彼得堡为例，夜间车票大概是500卢布起价；若是乘长途汽车，票价在300卢布以上；在俄罗斯旅游，最便宜的方法就是坐公共汽车，从主要大城市出发的短途旅行，票价基本是480卢布（莫斯科—圣彼得堡）；若是乘地铁，以莫斯科为例，单次票价在28卢布左右，不出站可任意换乘；电车的票价在25卢布左右。

住宿费用

俄罗斯的住宿费用具有很大的弹性，随着所在城市、住宿类型的不同，价格上会有很大差异。在莫斯科和圣彼得堡，经济型酒店的住宿费用最高达3000卢布，中档住宿费用在3000~10000卢布，高档费用在10000卢布以上；而在俄罗斯其他城市，经济型酒店的住宿费用低于1500卢布，中档住宿费用在1500~4000卢布，高档住宿费用在4000卢布以上。当然，住宿的价格还会根据旅游旺季、淡季而有所增减。

饮食费用

饮食费用也会因为所在城市、餐馆类型的不同而有所差异。在莫斯科、圣彼得堡等大城市，中高档的餐馆，消费在900~6000卢布，小餐馆消费在300卢布左右。在俄罗斯其他的城市，饮食费用会便宜很多，有时候100卢布/天也能填饱肚子。

观光费用

俄罗斯旅游景点门票的费用不是很高，有些免费，如莫斯科红场、普希金广场、瓦西里升天教堂、伊萨基辅大教堂等。在俄罗斯众多旅游景点中，博物馆门票价格一般在100~300卢布。具体的景点费用在本书的正文里有描述，可作参考。

🎫 机票

北京、上海、哈尔滨、乌鲁木齐等城市有直飞俄罗斯的航班，其中，北京有到莫斯科、圣彼得堡、伊尔库茨克、新西伯利亚的航班，上海、哈尔滨、乌鲁木齐有到莫斯科的航班。从北京到莫斯科约需8个小时，到圣彼得堡需9个多小时。

买机票，游客可以选择到网上预订，一般提前2、3个月预订机票能享受到一定优惠。而选择在淡季出行，机票也会便宜很多。在网上订票，游客可以多找几家订票网站进行比较，推荐几大订机票的搜索引擎网站：www.abctravel.de/EN（欧洲在线机票，有俄罗斯航空特价票）；www.tianxun.cn（网站上的很多欧洲国家机票都很便宜）；www.flight.qunar.com（有很多低价机票）；www.aishangfei.net（比较权威、正规的国际机票网，也有低价票）。值得一提

航空公司推荐

航空公司	网址
俄罗斯国际航空	www.aeroflot.com
西伯利亚航空	www.s7.ru
乌拉尔航空	www.russianavia.net
南方航空	www.csaiRuecom
东方航空	www.ceaiRuecom

的是，时间充足时可以购买中转联程机票，价格会便宜很多。

🧳 行李

准备行李是旅行前不可忽略的一部分，行李准备的妥当与否很大程度上决定了旅行的好坏。通常在出发前一个星期左右，就可以着手准备行李，这样才能有足够的时间补充遗漏物品。

·证件

护照、身份证、签证、证件复印件，以及2寸证件照数张。未满16周岁无身份证的旅游者，需带户口簿。国际青年旅舍会员卡、国际青年证、国际学生证，如果有也带上。

·衣物类

俄罗斯的气候条件比较复杂，呈多样化，但主要以温带大陆性气候为主，北部以寒带气候为主。总体来说，俄罗斯冬天漫长、干燥而寒冷，夏季短暂而温暖，春秋时节转眼即逝。打算夏季前往俄罗斯的游客，可带些比较单薄的衣物，短袖、短裤等，也需要携带一件薄外套，因为俄罗斯的旅游车、餐厅和酒店等公共场所都会有冷气；俄罗斯的春秋季和我国国内的气候差不多，春秋季节短暂，可带些换季的衣物；俄罗斯冬季十分寒冷，需要携

带保暖性好、能挡风的外衣，俄罗斯大部分地方冬季都有暖气供应，所以厚的外套比较重要，里面的衣服不建议多穿。口罩、手套、帽子可以携带，也可以到当地购买。另外，也需要带上一两件正装，俄罗斯很多公共场合要求穿正装。

·药物类

去国外旅游，因饮食的原因最可能生的病就是肠胃病，所以一定要准备些肠胃药、腹泻药、止痛药，另外也可带些感冒药、晕车药、消炎药等。如果有慢性病的，就要在国内带足药，并记得携带英文的诊断书，万一有事，当地的医生就可以尽快做出判断。不过，最好携带盒装或袋装药品，切勿携带药水或糖浆之类的水剂药物。

·日常生活用品

俄罗斯的宾馆一般不提供牙刷、牙膏等洗漱用品，游客可以在国内准备好，也可以到当地买；可以带些国内的卫生纸，俄罗斯的纸比较硬；雨具可以带上一套；准备欧标转换插头，用电设备较多时推荐携带接线板；防晒霜、防冻霜、驱蚊剂可根据季节气候携带；照相机、摄像机、语言翻译器别忘记带。

·其他物品

行李箱选择带轮子的，这样方便托运，小背包、挎包适合参观景点的时候携带；带上信用卡，可在国内兑换一些美元（卢布在国内不好兑换），到俄罗斯后可以使用，也方便兑换卢布；指南针在俄罗斯比较偏远的地区有可能用到，可携带；女性生理用品、男性剃须刀最好自备。

📱 电话

·在中国拨打俄罗斯电话

拨打俄罗斯国内座机：00+7（俄罗斯的国家代码）+XXX（区号，如圣彼得堡是812）+座机号码；

拨打俄罗斯国内手机：00+7（俄罗斯的国家代码）+手机号码（一般来说手机开头第一位号码是+7 直接拨7就行，如果开头是8，拨号时需要把8改为7）

在俄罗斯拨打中国电话

拨打国际长途座机：00+国家代码+地区代码+座机号码（如拨打北京市话：拨00+86+10+座机号码），

拨打国际长途手机：拨00+国家代码+手机号码（若拨打北京手机：拨00+86+手机号码）。

📷 **旅游达人游玩攻略**

在俄罗斯打电话，不建议游客使用自己在中国的手机卡拨打电话，一是费用高，二是信号不好。游客可利用所居住的酒店房间内的电话，具体情况可向酒店服务人员咨询；或到当地电话局拨打，电话局在俄罗斯很常见，使用也比较方便；另外，也可购买当地的电话卡使用，在商店、公用电话亭、自动售货机及莫斯科和圣彼得堡的车站处可以买到。你可以用这些卡拨打当地、国内和国际电话。莫斯科有3个主要的移动通信运营商——MTS、Beeline、Megafon，它们经常会有一些免费赠送或低价销售电话卡的活动，如果你在莫斯科停留的时间较长，建议购买一张当地的电话卡。

🧳 保险

去国外旅游，最好在出境前为自己投保一份旅游保险，这能使自己的旅游更加有保障。旅行中，无论是自身财物被盗、突发急性病或是遭遇交通事故，都会给你的旅行带来严重的影响。所以，购买一份包括意外和紧急救援医疗双重保障的境外旅行险十分有必要。

在决定购买一份境外旅行险之前，一定要多花些时间了解一下，这是不是一份值得托付的境外旅行险产品，保单的覆盖范围是否包含有意外事故、遗失和被盗物品以及医疗费用能否由保险公司垫付等问题。除了考虑这些问题，你还应根据自己的旅游行程，充分考虑好购买保险的保障期限，再来确定相应的保额和天数进行投保。还有就是一定要看清楚保单上的责任免除条款，了解清楚保险公司将不承担哪些赔偿责任。如果旅行者打算去俄罗斯的远东地区进行野外探险，就有必要购买一份承保高风险运动的意外险产品了。

3

入境
那些事

🧳 入境检查

在到达俄罗斯前，游客需要在飞机上填写好入境卡，入境卡（A表和B表）需由本人用黑、蓝色钢笔或圆珠笔亲自填写，不懂俄语者可根据护照等证件资料用英文（拉丁字母）填写个人信息。抵达俄罗斯机场以后，就要到指定的边防入口排队等候检查。检查时，你需要向边检人员出示护照和签证，边检人员核实无误后，会在你的护照上加盖入境签章和日期签章后退还给你，这时你也需要检查一下护照上是否盖有入境签章和日期与实际日期是否相符。如没有问题，你就可以正式进入俄罗斯境内。

🧳 行李提取

通关后，你就可以到行李领取处去提取行李了。提取行李时，一定认真核对自己行李上所做的标记，避免拿错。如果在提取行李时，无法找到自己的行李，不用着急，可以直接前往行李遗失柜台申告。行李领取后就需要进入海关检查点进行行李检查，有申报物品的走红色通道，向海关人员提交海关申报单，无申报物品的走绿色通道出关。游客所带现金超过3000美元时，一定要向海关申报，如果金额与规定上限接近，最好也填一份申报表。

俄罗斯海关严禁携带危险药品、利器、军

火、爆炸品、淫秽及不雅物品、各类有异味的食品入境，因此不要携带散装的果脯类、牛肉干等肉类、蛋类、蔬菜类和水果类物品。如果一定要携带食品，也应采用真空包装并托运。另外，俄罗斯也非常重视知识产权保护，所以不要携带仿冒名牌服饰、背包、用品等物入境俄罗斯。如果被俄罗斯海关发现，有可能被没收甚至罚款。

检查完毕后，海关工作人员会在你填好的报关单上签字盖章，至此，通关完毕。此时你要认真检查自己的护照、签证、机票、报关单是否齐全。特别要注意报关单上是否有俄罗斯海关人员的签字和签章。

🧳 下榻酒店

如果你在国内已经预订好酒店，那就方便多了，只需要乘车前往所订酒店就可以了。俄罗斯旅游旺季的时候，很多酒店会出现客满的现象，到时候再找酒店会比较麻烦。所以，建议游客在国内就订好酒店。推荐预订酒店网址：www.booking.com、www.Hotels.com、www.elong.com、www.agoda.com。

如果到了俄罗斯后再找酒店，可以到机场咨询台询问是否有推荐的酒店。俄罗斯各城市会有不少国际性的豪华酒店，这些酒店的费用自然很高。一些经济实惠的小酒店通常离市区较远，所以游客可以选择城市周边，离市中心远，但靠近地铁站的酒店也不失为一个明智的选择。俄罗斯地铁的运行速度很快，20分钟左右可以从任何一个站点到达市中心。

俄罗斯酒店的入住时间一般是12:00之后，而退房时间是在12:00之前，如果超出时间，酒店会要求加钱。在你办理好酒店入住手续拿到房卡后，可能还需要一定的等候时间，这点需要有心理准备。俄罗斯的酒店一般提供电话、电视机等设施，但通常是收费的，最好问清楚后再使用。关于酒店住宿的具体注意事项，可参考本书"住：'安乐窝'哪里找"版块。

贝加尔湖

PART **2**

到达俄罗斯后

1

在俄罗斯游玩计划

莫斯科大马戏团+莫斯科大剧院 → 莫斯科动物园

莫斯科大剧院戏剧演出

1 莫斯科大马戏团+莫斯科大剧院

刚到莫斯科，一定先带孩子到莫斯科大马戏团米，这里有精彩的马戏表演、疯狂的小丑演出、刺激的杂技表演，一定能提起孩子的兴致。玩了一天，晚上可以到莫斯科大剧院观看一场精彩的演出，一家人欣赏一下这个在俄罗斯历史上最为悠久的剧院里上演的节目，一定会令你感到兴奋。

2 莫斯科动物园

莫斯科动物园可是一家人游玩的一个重点，显然，那些憨厚的大型猫科动物，不仅能勾起孩子的兴趣，就连大人也不免被这些可爱的动物逗乐。动物园这么大，一定累了吧，可以坐上地铁到麻雀山站下车，到骑士俱乐部餐厅歇歇，这里让人感觉格外的温馨。这个地方最令人兴奋的是，因为餐厅就在麻雀山的顶部，你可以在麻雀山顶上一边幸福地享用甜美可口的美食，一边俯瞰美丽的莫斯科风景，真是太惬意了。

莫斯科动物园中的老虎

→ 动物学博物馆+米哈伊洛夫花园   → 季沃奥斯特洛夫游乐园

3 动物学博物馆+米哈伊洛夫花园

动物学博物馆

来到圣彼得堡，第一站非动物学博物馆莫属。在3万多的动物标本中，很容易就会被那些熟悉与陌生的生物标本所吸引，你一定会和孩子们一样有很大的收获。玩过之后，到米哈伊洛夫花园去转转，呼吸新鲜空气，观赏一下花园独具特色的铁艺栏杆，真是件很美妙的事。

4 季沃奥斯特洛夫游乐园

在圣彼得堡，想要玩得更尽兴一些，可带着孩子来到这个满是高科技娱乐项目的地方——季沃奥斯特洛夫游乐园。夏天，可以租艘小船，荡舟湖上，享受嬉水的乐趣。假如是冬天，也不会枯燥，你可为孩子租套滑冰设备，尽情玩转冰上运动。

季沃奥斯特洛夫游乐园

情侣族的游玩线路

冬宫 → 夏花园 → 莫斯科小剧院

1 冬宫

和TA来到美丽的圣彼得堡，当然不会错过闻名的冬宫啊。当你们手牵手漫步在冬宫中时，原本壮丽华美的景致和富丽堂皇的艺术珍品会更加炫目。有心爱的人一路相随，你的整个旅程都变得那么美好。走在这些优美的文化艺术珍品中间，放慢脚步虔诚地欣赏吧！冬宫如此之大，恐怕一天的时间只能浏览一小部分。

2 夏花园

去了冬宫，自然还要到美丽的夏花园来，仅仅是听到这个名字，是不是就已经感觉够温馨够浪漫了呢？在花园南侧，还有好几座装饰精美的桥梁，可以跟你的另一半在这些桥上玩上几个小时。在因基涅尔内桥旁边，经常可以看到聚集的人群，原来那是一群希望通过对雕像投币寻找运气和快乐的人。

3 莫斯科小剧院

在"艺术王国"莫斯科，除了莫斯科大剧院，还可以到神秘的莫斯科小剧院去享受一场艺术盛宴。在这里你照样可以欣赏一场优雅的芭蕾舞剧，在美丽的《天鹅湖》中，感受最浪漫的爱情故事。到了晚上，带心爱的TA来OGI餐厅，相

芭蕾舞《天鹅湖》

乌格利奇克里姆林宫
+伏特加酒博物馆 → 贝加尔湖

相信在这个充满艺术感的餐厅内，你们一定会感到前所未有的舒适和快乐。

 乌格利奇克里姆林宫+伏特加酒博物馆

来到俄罗斯，一定要到金环城市之一的乌格利奇来看看。先到乌格利奇克里姆林宫，感受一下乌格利奇浓郁的历史文化气息。在观赏完克里姆林宫后，一定不要忘记和心爱的人前往迷人的伏特加酒博物馆，在这里你们可以了解到很多关于伏特加酒的历史。在痴迷于伏特加酒的历史的同时，与你的爱人品尝一下伏特加，酒不醉人人自醉。

 贝加尔湖

看了这么多人文景观，该与真正的山川湖泊接触一下了，那么就快去看看美丽的贝加尔湖吧。或许你们早就在某个明信片上看到过这个"西伯利亚的蓝眼睛"，但当你们身临其境时，才会发现那灿烂的阳光、清澈的湖水、清新的空气，以及可以体验的有趣活动，将带给你们远远超乎想象的惊喜与快乐。

乌格利奇克里姆林宫

伏特加酒博物馆

贝加尔湖

背包族的游玩线路

金角湾 ➡ 奥尔洪岛 ➡ 欧亚分界线碑 ➡

1 金角湾

在哪里开启一段伟大的行程呢？相信你早已经将美丽的符拉迪沃斯托克（原名"海参崴"）列入了行程，在符拉迪沃斯托克这个海港城市，一定要先从那个喇叭状海湾开始旅程。这个迷人的天然港湾，你可能早有耳闻，在眼见为实之后，你会更加感慨真的是来对地方了。晚上坐在金角湾的露天餐厅里，一边享受美食，一边领略海滨美景，想想都开心。

贝加尔湖

2 奥尔洪岛

你肯定早就为贝加尔湖心动过，来到贝加尔湖，一定要到湖中心最大的奥尔洪岛去看看。这里接近贝加尔湖的最深点，岛上聚集了各种风景地貌，相信你在这里可以发现贝加尔湖与众不同的美。绝佳的景色，以及众多考古遗址，都将为你这次背包旅行增添不少乐趣。无论是考古探究，还是在此观赏美丽的贝加尔湖，都将是你这次出行的一次绝佳体验。

3 欧亚分界线碑

在恰处于欧洲与亚洲分界处的叶卡捷琳堡市，市区以西的欧亚分界线碑一定是你不可错过的游览景点。在叶卡捷琳堡新、老两座分界线碑处，都分别标明欧洲和亚洲，在这里你将感受到时间与空间的不同。

麻雀山 → 彼得保罗要塞

彼得保罗要塞

4 麻雀山

来到美丽的莫斯科，你一定要到莫斯科市内的最高点——麻雀山，观赏一下莫斯科的市内美景，这里的确是一个不错的远眺平台。登上麻雀山的观景台，极目远眺，最全面、最真实的莫斯科就这样展现在你的眼前，那种一览众山小的感觉还真是值得炫耀一把。

5 彼得保罗要塞

在圣彼得堡怎样才能进一步感受它的历史呢？那就到圣彼得堡的标志性建筑彼得保罗要塞来一探究竟吧。这里有古老的钟楼、华丽的彼得堡罗大教堂、坚固的圣彼得门、独具特色的克龙维尔克炮楼等，都将使你对圣彼得堡有更深入的了解。

2 俄罗斯名片上的10大风景

莫斯科克里姆林宫

红场

来到美丽的红场，你才算真正来到了莫斯科。它见证了前苏联时期的各种沧桑，是前苏联时期的一个象征。红场丝毫不吝啬展现自己的独特，仅是由无数条石铺成的地面，就充分彰显出自己的古老与神圣。无论是伟大的革命导师列宁墓，还是经典的圣瓦西里人教堂，都在红场的"配合"下，变得更加神圣。

贝加尔湖

一袭清透的蓝色，恰似弯月镶嵌在东西伯利亚南缘，这颗宛若宝石的蓝眼睛，仿佛一个美丽的梦，留给人们难以忘怀的回忆。湛蓝的湖水中蕴藏着无数珍宝，质量上乘的湖水甚至可以直接饮用，数不尽的生物群总是让人感叹大自然的丰富多彩，更有独特的原生态环境以及旅游资源，让人无法忘记这个宝地。

克里姆林宫

享有"世界第八大奇景"美誉的莫斯科克里姆林宫，是俄罗斯的象征，也是历史的瑰宝、艺术的宝库。雄伟的围墙、高大的钟楼、熠熠生辉的金顶教堂、古老的宫殿，傲然耸立在莫斯科河畔的高岗上，如此气势雄浑、瑰丽无比的艺术建筑群，如同一座座完美和谐的艺术殿堂，随时静候人们的瞻仰。

冬宫　莫斯科国家大剧院

冬宫

　　每一个去过俄罗斯的人，总会时常想起这样的一座建筑——浅蓝色的外墙厚重而大气，白色古典的圆柱记录着历史的沧桑，这就是圣彼得堡最优雅的建筑物——冬宫。宫殿的气势很难用言语表达，各色大理石、孔雀石、碧玉镶嵌，并以无数精美的雕塑、壁画装帧，这简直是视觉上的盛宴，即使走出宫殿，仍回味无穷。

莫斯科国家大剧院

　　在"艺术王国"俄罗斯，你无法忽略莫斯科大剧院这个艺术殿堂。走进大剧院，八根巨大的白色石柱抢先进入你的视线，伴随而来的是门廊上方奔驰的骏马和艺术之神阿波罗的雕像。如果这还不足以让你惊讶，那么当你看到那高达六层的观赏大厅时，一定会被震撼。经典的芭蕾舞剧《天鹅湖》与《罗密欧与朱丽叶》、歌剧《黑桃皇后》等世界著名剧目至今仍在这里的舞台上长演不衰。

夏宫

　　雕塑、花圃、铁栅栏与喷泉，精心点缀出了一个绝美的夏宫。走在笔直的林荫大道上，经过被修剪得整整齐齐的灌木丛，望穿美丽的巨型喷泉，便能深切体会夏宫那无与伦比的美。透过巨大的水幕，光彩夺目的宫殿如此的迷人，令人无法忘怀，这时你是否会激动得感谢彼得大帝呢？

夏宫

滴血大教堂

滴血大教堂

　　这座圣彼得堡少有的纯俄罗斯风格建筑，其宽阔宏伟的外形，尤以五光十色的洋葱头顶出众，那美丽的轮廓，与古老的俄罗斯风格建筑形成了鲜明的对比。美丽的滴血大教堂一部分设计灵感来自于瓦西里升天大教堂，现在看来，这一切似乎比它的前辈更加生动与美丽。教堂内部镶嵌的大规模立面图，更是有种令人折服的力量，让人不忍离去。

彼得堡要塞

　　在幽静的涅瓦河岸，你会看到一个巨大的多角形碉堡，这里便是圣彼得堡最早建设的地区。这个曾经牺牲了数千人的性命而换来的巨大工程，最终建成并从此屹立不摇。坚固的后墙紧紧环绕着要塞中心——雄伟的彼得堡罗教堂，其外表庄严肃穆，内部富丽堂皇，中部高高的钟塔尖顶直刺蓝天，十分迷人。

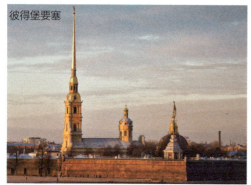

彼得堡要塞

普希金城

　　这个"沙皇的村落"曾在200多年的时间里，一直是贵族们夏天的居住胜地。豪华的宫殿群构成了这座气势雄伟的庄园，在繁茂的树木掩映之下，更显雍容。富丽堂皇的叶卡捷琳娜宫，美轮美奂的"琥珀屋"，都会令人惊叹。

普希金城

涅瓦大街

　　有人说涅瓦大街世上绝无仅有，说得没错，这条街上的建筑那么规整美丽，在其他地方实在难以找到。当它被人们从沼泽中开辟出来时，就注定是一个奇迹。如今作为繁华的商业大街，在众多繁华建筑物的簇拥之下，显得更高贵。

涅瓦大街旁的涅瓦河

3
意外情况的
应对

护照丢失了怎么办

如果不幸丢失护照，应立即向当地警察机关报案，并记得索取报案证明（Police Report）。有了报案证明就可以向中国驻俄罗斯大使馆领事部申请补办护照。补办护照时，需要提交中国驻外使领馆签发的《中华人民共和国旅行证》，提交户口簿、身份证原件及相应复印件，随后，中国驻外使领馆在核实后就会补发。

中国驻俄罗斯使领馆

名称	地址	电话	网址
驻俄罗斯大使馆	莫斯科市莫斯科友谊大街6号	495-9561168	ru.china-embassy.org/chn/
驻伊尔库茨克总领事馆	伊尔库茨克市卡尔·马克思大街40号	3952-781431	irkutsk.chineseconsulate.org
驻叶卡捷琳堡总领事馆	叶卡捷琳堡市柴可夫斯基大街45号	343-2535778、2535834	ekaterinburg.chineseconsulate.org
驻哈巴罗夫斯克总领事馆	哈巴罗夫斯克市列宁体育场	4212-306163	fmprc.gov.cn/ce/cgkhb/chn/
驻圣彼得堡总领事馆	圣彼得堡市戈里鲍耶多夫沿河街 134号	812-7137605	saint-petersburg.chineseconsulate.org/chn/

🧳 生病了如何求诊

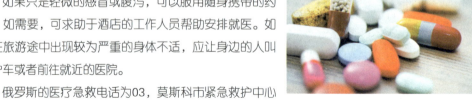

如果只是轻微的感冒或腹泻，可以服用随身携带的药物。如需要，可求助于酒店的工作人员帮助安排就医。如果在旅游途中出现较为严重的身体不适，应让身边的人叫救护车或者前往就近的医院。

俄罗斯的医疗急救电话为03，莫斯科市紧急救护中心电话为2765247转1887。各城市主要医院都配备了现代化的医疗设施，医疗条件较好，游客可放心就医；如需购买一些普通常用药，可到街边的药店购买。

另需注意，俄罗斯的水质一般，游客在俄罗斯旅游时应注意不饮生水。如要前往海拔较高的地区旅行，应注意高原反应，如有高原反应可就地休息直至恢复。

🧳 要记住的紧急电话

火警电话：01

报警电话：02

救护车电话：03

市内电话号码查询：09

叶卡捷琳堡

叶卡捷琳堡东正教教堂钟楼

莫斯科克里姆林宫伊兹迈洛夫维奇

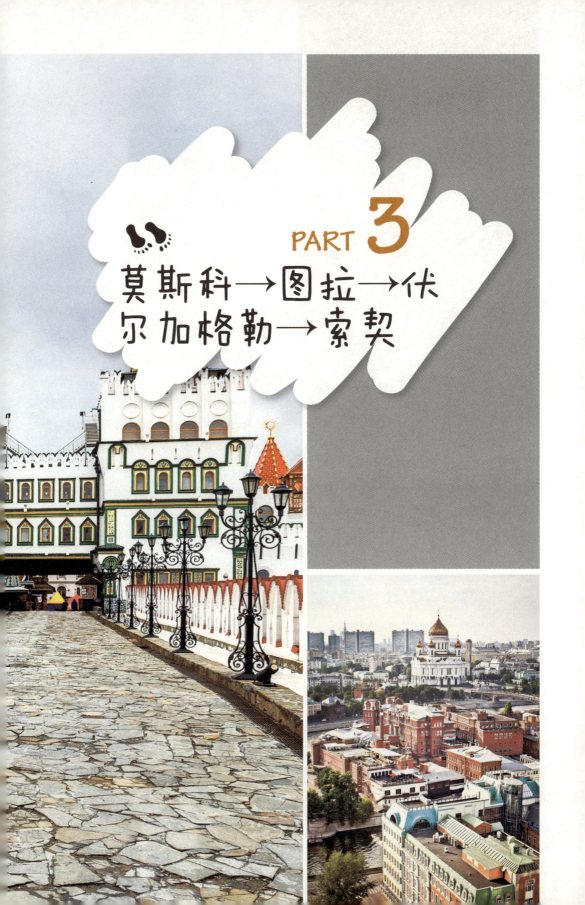

PART **3**

莫斯科→图拉→伏
尔加格勒→索契

1 莫斯科
mosike

莫斯科交通

🚌 从机场前往市区

　　莫斯科是俄罗斯最重要的交通枢纽城市，在莫斯科的各大国际机场，每天都有很多往返于亚洲和欧洲等地的航班。莫斯科有三个国际机场：谢列梅捷沃国际机场、多莫杰多沃国际机场、伏努科沃国际机场。北京、上海、香港、哈尔滨、乌鲁木齐都有直达莫斯科的航班，大部分航班降落在谢列梅捷沃机场，这也是莫斯科最为著名的国际机场。需要注意的是，在莫斯科谢列梅捷沃国际机场几个航站楼之间以及与其他机场之间转航班时，均需持有赴俄签证或过境签证。

· 谢列梅捷沃国际机场

　　谢列梅捷沃国际机场（Sheremetyevo International Airport）位于莫斯科中心西北方约29千米，是俄罗斯境内仅次于多莫杰多沃国际机场的第二大机场。谢列梅捷沃国际机场分为两个部分：谢列梅捷沃第二机场（Sheremetyevo-2

谢列梅捷沃机场信息	
电话	495-2326565
信息	谢列梅捷沃第一机场，在谢列梅捷沃第二机场跑道的对面，往返于圣彼得堡、白俄罗斯以及俄罗斯北欧地区的城市
	谢列梅捷沃第二机场，其航班主要往返于前苏联成员国以外的国家
网址	www.sheremetyevo-airport.ru

也称谢列梅捷沃国际机场），以及谢列梅捷沃第一机场（Sheremetyevo-1）。两座机场间可以乘坐机场穿梭巴士或517路公交车往返。

从机场到市区交通

乘公共汽车：在谢列梅捷沃第二机场大楼右侧的到港大厅的出口处有专线出租车、公共汽车班车、快速公共汽车，这些车经过谢列梅捷沃第一机场后向莫斯科市区方向行驶，在各区段之间行驶，可向司机咨询所前往地区的信息。在途乘车时间为15分钟。

乘地铁：在谢列梅捷沃第二机场门口附近有两个地铁站，分别为绿线地铁Rechnoy Vokzal站和紫线地铁Planernaya站。可乘小巴前往地铁站，30卢布/人；也有到地铁站的公交车，25卢布/人。建议坐小巴，速度比较快。

乘"航空快速"电气列车：从谢列梅捷沃第二机场航站楼F可乘俄罗斯"航空快速"列车前往白俄罗斯地铁站（Belorussky Vokzal），运行时间为5:30至次日00:30，每小时1班，全程约30分钟，票价250卢布。

乘出租车：从谢列梅捷沃第一机场航站楼B、第二机场航站楼C和F出口处，均可找到出租车，其车费，取决于你到达市区的距离。车费一般只接受卢布，少部分出租车可以使用银行卡，American Express银行卡除外。假如从

国际机场到市内宾馆，大约需要1500卢布，可以讲价。通常宾馆会提供明码收费接机服务，可以提前联系你所预订的酒店，让他们派车过来接你，这样比较方便。

·多莫杰多沃国际机场

多莫杰多沃国际机场（Domodedovo International Airport）位于莫斯科市中心西南方40多千米，是俄罗斯最大的机场，也是俄罗斯最好的机场之一。所有的英国航空公司航班都在这里起降，美国航空公司、德国汉莎航空公司和欧洲其他的航空公司航班也往返于这座机场。此外，中亚和远东地区有许多航班也在这里起降。

多莫杰多沃国际机场信息	
名称	电话/网址
咨询电话	495-7206666
问询处电话	495-9336666
失物招领处电话	495-5040258
医务室电话	495-5040248
机场网址	www.domodedovo.ru

从机场到市区交通

乘公共汽车：可在多莫杰多沃国际机场航空站的右侧，前往多莫杰多沃地铁站乘快速公共汽车前往市区，运行时间为6:00～24:00，每隔15分钟发一班车，途中行驶时间25～30分钟，票价80卢布，未满7岁的儿童免费，携带的行李不补收车费。咨询电话：495-3632777。

乘"航空快速"电气列车：从机场出来后，在右侧的铁路航站楼可乘"航空快速"电气列车前往市区的巴维列茨克火车站（Paveletsky Vokzal）。电气列车运行时间为6:00～22:00，每小时一趟，全程运行时间约45分钟，票价92卢布，车票可在多莫杰多沃国际机场或火车站专门的售票厅购买。咨询电话：800-7003377。

乘出租车：在多莫杰多沃国际机场的国内和国际到港航班的接机大厅中，有专门的出租车工作台，可在这里预订专门的出租车。出租车的价格取决于车的牌号、行驶路线。在支付费用之后，业务员将会为你办理手续，并将你送上车。车费的支付可以用现金，也可以采用VISA、Maestro、Union Card等银行卡刷卡。假如持有Domodedovo International Airoport Club公司会员卡，那么还将享受优惠。

出租车信息	
名称	**电话**
工作台咨询电话	495-9678363
MV-Motors有限责任公司	495-7756775
出租车公式公司	495-7775777
城市出租车公司	495-5000500

· 伏努科沃国际机场

伏努科沃国际机场（Vnukovo International Airport）距离莫斯科市中心约21千米。这个国际机场与其他机场相比有一个相对优势，就是从西面和西南面到达莫斯科的航班，降落在这个机场，要比降落在其他机场在飞行时间上节省10～20分钟。

伏努科沃国际机场信息	
服务名称	**电话**
问询处	495-9375555
预订出租	495-4367720
医务室	495-4368329/4364019/4362736(昼夜)
失物招领处	495-4362341
行李查找	495-4362732

从机场到市区交通

乘公共汽车：在达伏努科沃国际机场大厅唯一出口的左侧，你可以乘坐公共汽车前往市区。可从机场乘坐705M路公共汽车，沿列宁大街行驶到"十月"地铁站(环线)，沿途可根据旅客的要求在站台临时停靠。在不考虑高峰期的情况下，乘坐时间通常为35~40分钟，价格为130卢布，每件行李补交10卢布。此外，611路城市公共汽车和611C路快速公共汽车均可到达西南区地铁站，其中611路公共汽车票价25卢布，乘坐时间为25~30分钟；611C路公共汽车工作时间为周一到周五6:00~11:00、15:30~20:00以及周末6:00~19:30。

乘坐"航空快速"电气列车：在伏努科沃国际机场旅客航站楼的地下车站，你可以乘坐"航空快速"电气列车前往市区的基辅地铁站（Kievsky Train Station），全程乘车时间为35分钟，成人票价为250卢布。在列车车厢中有放置手提物品和行李的位置。

乘出租车：伏努科沃国际机场有各种出租车昼夜运行，可以自己通过航空港网站预约。还可到伏努科沃国际机场接机大厅的服务工作台处，利用Trans-Free出租公司调度服务。其行程价格按里程计算。咨询电话：495-4367720。

🚌 乘地铁玩莫斯科

莫斯科的地铁是世界上使用率最高的地铁系统，当地人将地铁作为他们最主要的出行交通工具。莫斯科城市中的地铁站几乎覆盖了这座城市的每个角落。在地铁终点站的郊区，也往往是发往城际的火车站，通过这些火车站又可以前往更远的地方，这就构成了一个庞大的城市交通体系。到莫斯科旅游，乘坐当地的地铁，更是一种艺术的享受，每个地铁站就像是一个装饰华丽的宫殿，有很高的欣赏价值。大部分地铁站外观装饰十分美观，并且每个地铁站的建筑形态都各具特色。每个地铁站外面都有个大大的"M"标记，很容易辨别。

莫斯科市采取进站收费体制，一票通全程，只要是在地铁站内换乘任何线路无需另补票。2013年基本费用有所上调，为30卢布，另外，5次、10次、20次以及60次的地铁票价格会有优惠。城市中的公共交通实行月票制度，凡是购买月票之后，便可在当月内无限次坐这里的交通工具。需要注意的是，地铁和地面交通的月票不通用，需分别购买，也可购买通用月票，不过需要付出更多的费用。地铁月票分为成人和学生月票两种，其中成人的月票540卢布（限月内乘坐不超过70次），学生月票为350卢布（不限次）。

莫斯科地铁线路信息	
名称	主要站点
1号线（红色线）——索科利尼基线	大学（离中国使馆最近的一站）、新处女修道院、名人墓、油画市场（可换乘5号线）、列宁图书馆（可换乘9号线）、红场、共青团（可换乘5号线）
2号线（绿色线）——莫斯科河畔线	河运站（北河运码头）、沃伊科夫（列宁格勒列车月台）、白俄罗斯（白俄罗斯列车站）、特维尔（可换乘7、9号线）、剧院（可换乘1、3号线）、多莫杰多沃（穿梭巴士往机场）
3号线（蓝色线）——阿尔巴特－波克罗夫卡线	胜利公园、基辅（基辅列车站）、革命广场、库尔斯克（库尔斯克列车站）、游击队
4号线（天蓝色线）——菲利线	菲利公园、会展、莫斯科河、基辅（基辅列车站）、阿尔巴特、亚历山大公园
5号线（棕色线）——环状线	共青团（共青团广场3列车站）、库尔斯克（库尔斯克列车站）、十月、文化公园、基辅（基辅列车站）、白俄罗斯（白俄罗斯列车站）
6号线（橙色线）——卡卢加－里加线	植物园、国经成就展（莫斯科单轨）、里加（里加列车站）、和平大道、中国城、十月、列宁大道
7号线（深紫色线）——塔甘卡－红普列斯妮娅线	十月平原、一九零五年街、库兹涅茨克桥、中国城、伏尔加格勒大道、库济明克、梁赞大道
8号线（黄色线）——加里宁线	新科西诺（列乌托沃列车站）、伊里奇广场（镰刀与锤列车月台）、马克思主义者
9号线（灰色线）——谢尔普霍夫－季米里亚泽夫线	季米里亚泽夫（莫斯科单轨）、萨维奥洛沃（萨维奥洛沃列车站）、门捷列夫、花卉林荫路、契诃夫、图拉、纳希莫夫大道
10号线（黄绿色线）——柳布林诺－德米特罗夫线	陀思妥耶夫斯基、斯利坚斯克林荫路、契卡洛夫（库尔斯克列车站）、罗马（镰刀与锤列车月台）、伏尔加、马里诺
11号线（青绿色线）——卡霍夫卡线	卡希拉、华沙（科洛姆纳列车站）、7号莫斯科河畔车厂、卡霍夫卡、柳布林诺
12号线（浅青蓝色线）——布托沃线	斯科别列夫街、戈尔恰科夫街、蒲宁路

📷 **旅游达人游玩攻略**

在莫斯科上下班高峰期，可选择购买多次票，这样就会避免再次购票的麻烦。如果忘记了已经乘坐的次数，可到售票窗附近印有"M"字的感应机上查询，这样很方便；在刷票时看到绿灯亮就可以通过了，在搭乘电梯进站时，应自觉扶好扶手；在月台中间有站名，你可以找到自己的目的地，并且明确自己何时需要转乘，对照路线名称前往转乘月台；在出站前，要辨别好方向再出站，出站时无需刷卡。

🚌 乘市内公交游莫斯科

在莫斯科还有各种公共汽车、电车（分无轨和有轨两种）和定线小巴，与地铁共同构成了城市中各个区域的交通体系。莫斯科的公共汽车的车票，只有一种价格，可提前购买车票。在地铁里和地铁站旁有众多公共汽车票的售票口，最少买10张，每张2卢布。也可以上车后再买票，不过每张票2.5卢布。定线小巴有很多线路，十分快捷方便，每张车票3～5卢布。这种车主要分为两种，其中一种是从市内的航空客站发往机场，每天6:00～22:00运行。还有一种是靠近机场地铁终点站的大巴和小巴，每天7:00～22:00运行，大巴的车票为7卢布，小巴8卢布。

乘**出租车**逛**莫斯科**

　　莫斯科的出租车一律为黄色，车内无乘客时，顶灯就会亮起，看到这样的出租车就可招手搭乘。莫斯科的出租车比较少，通常正规的出租车标志为圆圈内有一个"T"字，并且均装有计价器，在乘车时可要求司机打表，也可以跟司机议价。通常在市中心转一圈下来需要200卢布左右。此外，在节假日和地铁不运行时，价格会贵。假如你需要预订出租车，最好提前一个小时预订。此外，在莫斯科，你也可以选择搭乘一些私人汽车，可直接和司机谈价钱，往往会比出租车更便宜一些，市内约50卢布。

出租车公司推荐		
名称	电话	网址
New Yellow Taxi	495-9408888	www.nyt.ru
Central Taxi Reservation Office	495-6270000	www.cbz-taxi.ru
MV Motors	495-2325232	www.7756775.ru
Megapolis taksi	495-7717474	megapolistaxi.ru
Taxi Bistro	495-9610041	www.taxopark.ru
Taxi Blues	495-1055115	www.taxi-blues.ru

莫斯科市区景点

莫斯科旅游示意图

红场

　　红场（Red Square）俄语意为"美丽的广场"，它的整个地面均由条石铺成，显得古老而神圣。红场紧邻克里姆林宫，是莫斯科的中央广场。红场以独特的设计，以及豪华的装修，与欧美最现代化的商场相媲美。俄罗斯的各种大型庆典，以及阅兵活动常常在此举行。漫步于红场上，追忆俄罗斯民族历史与曾经的辉煌，成为人们所津津乐道的事。

旅游资讯

地址：Krasnaya pl

交通：乘地铁5线在共青团站下可到

门票：免费

开放时间：全天

莫斯科红场

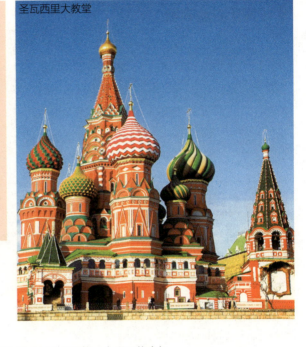
圣瓦西里大教堂

📍圣瓦西里大教堂

　　圣瓦西里大教堂（St Basll's Cathedral)在红场南边，是俄罗斯众多教堂中最经典的教堂之一。圣瓦西里大教堂风格独特，洋葱般的圆顶造型深深地吸引着人们的眼球。如此美丽的大教堂曾令当时执政的沙皇伊凡雷帝十分震撼，为了让此建筑不在别的地方出现，他竟下令挖掉建筑师的双眼。

💬 旅游资讯

地址：红场2号

电话：095－6983304

交通：乘地铁至革命广场站下车即可

门票：100卢布，学生50卢布

开放时间：冬天11:00～17:00，夏天10:00～19:00（每个月的第一个周三休息）

网址：www.shm.ru

📷 旅游达人游玩攻略

1.波克洛夫斯基礼拜堂于10月1日圣母帡幪节建堂，因而在每年的这一天才会对外开放，平时不开放。

2.这里是国家历史博物馆的一个分馆，里边有很多16世纪的壁画，值得一看。在这里，你还可以买国家历史博物馆的联票。

📍列宁墓

　　列宁墓（Lenin's Mausoleum）由深红色花岗石和黑色长石建成。其中深红色代表革命旗帜的颜色，而黑色则表达了俄罗斯人民的深切悼念之情。这里是前苏联领袖列宁长眠之地。列宁墓在青葱的枞树环绕下庄严肃穆，在陵墓入口处有士兵日夜守卫。

💬 旅游资讯

地址：红场西侧

电话：495－6235527

交通：乘地铁至红场站下车即可

门票：免费

开放时间：周三、周四 10:00～11:00，周六 13:00～14:00

📷 旅游达人游玩攻略

在进入陵墓之前，可先到国家历史博物馆的行李暂存处，将相机及背包暂存在那里。在进入前需接受安全检查，背包、提包，以及照相机、摄像机等，一律不准携带入内。在参观时应保持沉默，走半圆形路线绕棺瞻仰，不得在水晶棺周围驻足，也不能插口袋、谈话、吸烟，男宾在瞻仰遗体时要脱帽。

📍 国家历史博物馆

　　国家历史博物馆（State Historical Museum）位于红场北面，属古典主义风格的建筑。馆内展品和档案材料丰富多样，内有最完整、最丰富的古币收藏室。此外，还分门别类地收藏着大量描绘历史人物、事件、特点、建筑等的绘画作品，此外还有历史地图，民情风俗档案，各种手写本、古印本等。

💬 旅游资讯

地址：1 Red Square, building 2
电话：095-9245542
门票：成人150卢布，学生60卢布
开放时间：10:00～18:00，周四11:00～
　　　　　21:00；新馆11:00～19:00
网址：www.shm.ru

📍 克里姆林宫

　　克里姆林宫（Moscow Kremlin）是整个俄罗斯的象征，是世界上最大的建筑群之一。坚固的围墙、钟楼，古老的楼阁，构成了雄伟精湛的艺术建筑群。其中最为壮观、著名的当属带有鸣钟的救世主塔楼。

💬 旅游资讯

地址：pereulok Lebyazhiy, 3/4
电话：495-6245503
交通：乘坐地铁4线在亚历山大花园站下，或乘坐1、2、8、
　　　25、33路等无轨电车前往
门票：300卢布
开放时间：10:00～17:00，兵器库10:00、12:00、
　　　　　14:30、16:30，周四休息
网址：www.kreml.ru

📷 旅游达人游玩攻略

想要进入克里姆林宫，需从亚历山大花园对面的特罗伊茨克塔楼和鲍罗维茨塔楼进入。克里姆林宫的政府办公大楼、国会办公大楼不对外开放，会有警察阻止误闯禁地的人。此外，不得穿短裤进入克里姆林宫，也不能携带照相机、手机和雨伞，可将其寄存在武器库的寄存处。

克里姆林宫

莫斯科克里姆林宫

去俄罗斯
终极实用版

莫斯科地铁

📍 莫斯科地铁

　　莫斯科地铁（Moscow Metro）的建筑造型华丽典雅，每个地铁站均由俄罗斯著名建筑师设计，在别致的灯具照明下，活像富丽堂皇的宫殿，有"地下的艺术殿堂"的美誉。莫斯科地铁以民族特色、名人与历史事迹、政治事件为主题而建，是俄罗斯人的骄傲。

💬 旅游资讯
地址： Moscow

📍 莫斯科凯旋门

　　莫斯科凯旋门（Triumphal Arch）的外观造型几乎与巴黎凯旋门一样，并且这两座凯旋门均是为了纪念俄军打败拿破仑而建。巍峨壮观的凯旋门，承载着历史的辉煌，目睹了莫斯科的沧桑巨变。

💬 旅游资讯
地址： Kutuzovskiy Prospekt
交通： 乘坐地铁3线在胜利公园站下可到

🔴 基督救世主大教堂

　　基督救世主大教堂(Cathedral of Christ the Saviour)为世界上最高的东正教教堂，也是世界上最大的东正教教堂之一。大教堂为纪念1812年拿破仑战争胜利而建，最大的亮点是5个镀金的葱头状圆顶。教堂内部有精心雕琢的描述拿破仑战役与东正教胜利的壁画与圣像画。

💬 **旅游资讯**

地址：Moscow Kremlin by the river side

电话：495-2024734

交通：乘地铁1线到文化公园下

门票：免费开放

网址：www.xxc.ru

🔴 普希金艺术博物馆

　　普希金艺术博物馆(Pushkin Fine Arts Museum)是俄罗斯收藏古今艺术品最多的博物馆之一，已被列入俄罗斯联邦各族人民特别珍贵文化遗产名录。在这里，你可以欣赏到丰富的绘画和雕塑作品，也可以欣赏印象派、现代派以及其他绘画流派作品。

💬 **旅游资讯**

地址：ul Volkhonka 12

电话：495-6979578

交通：乘坐地铁1线在克鲁泡特金站下可到

门票：300卢布

网址：www.museum.ru

🔴 托尔斯泰庄园博物馆

　　托尔斯泰庄园博物馆(Tolstoy Estate–Museum)是世界上最大的博物馆之一，周边风景十分优美，被称为是托尔斯泰的"摇篮和坟墓"。博物馆前有托尔斯泰的半身塑像，内部陈列有作家托尔斯泰的日常用品，展示了他的生活状况。在这里，你可以看到托尔斯泰给世界留下的《战争与和平》、《安娜·卡列尼娜》等不朽之作。

💬 **旅游资讯**

地址：Ulitsa Lva Tolstovo 21

电话：095-2469444

交通：乘地铁1线到文化公园下即到

门票：成人200卢布，学生50卢布

网址：www.museum.ru

托尔斯泰庄园博物馆

奥斯坦金诺电视塔

奥斯坦金诺电视塔（Ostankino Tower）是莫斯科的一座电视与广播塔，也是莫斯科的地标之一。电视塔还是世界上第一个高于500米的建筑，并且保持世界第一的位置9年之久，这对于不以摩天大楼著称的莫斯科来说可谓是一个建筑奇迹。电视塔由前苏联设计师设计，其外观酷似一朵倒置的百合花与其茎部，充满着神话般的色彩。

🗨 旅游资讯

地址：ulitsa Akademika Koroleva 15
电话：495-9266111
交通：乘坐地铁6线可到
网址：www.tvtower.ru

📷 旅游达人游玩攻略

从电视塔底层到达塔的观景台仅需 58 秒，登临观景台可以一个极为开阔的视角欣赏莫斯科。不过值得注意的是，如果你有高血压，最好还是不要登塔眺望。

喀山圣母教堂

喀山圣母大教堂（Kazan Cathedral）是莫斯科最重要的教堂之一，为了纪念击退1612年的波兰军队入侵而建造。莫斯科的喀山圣母大教堂曾被拆除，现在所看到的教堂是1993年仿照原来教堂的样子重建而成。

🗨 旅游资讯

地址：ulitsa Nikol'skaya 3 Moskva
电话：495-6982701

交通：乘地铁3线在百货商场站下即到
开放时间：8:30～20:00，周日6:30～20:00

喀山圣母教堂

亚历山大公园

亚历山大公园（Alexander Garden）中随处可见的喷泉、雕塑，与整个公园浑然一体。花园中有著名的无名烈士墓，墓前的火焰自建成一直燃烧到现在，公园也因无名烈士墓而更有名气。亚历山大公园因其优美的环境，以及浓烈的人文气息，深受莫斯科人的喜爱，是当地人最佳的休息游玩场所。

旅游资讯

地址： ulitsa Mokhovaya 15/1
交通： 乘坐地铁4号线在亚历山大公园站下可到

新圣女公墓

新圣女公墓(Novodevichy Cemetery)因埋葬有众多名人，又叫"名人公墓"。公墓地处莫斯科西南部莫斯科河岸上，环境十分清幽。在这里安葬有众多俄罗斯和前苏联的著名社会活动家、艺术家、作家以及前苏军的高级将领，一块块历尽沧桑的墓碑，是百年来苏俄风云激荡的名人录，也是俄罗斯历史长河中的精神缩影。

旅游资讯

地址： Luzhnetskiy proyezd 2
电话： 499-2466614
交通： 乘地铁1线
门票： 免费
网址： www.novodevichye.com

旅游达人游玩攻略

新圣女墓面积很大，假如没有地图可能会比较容易迷路。在进公墓大门后，有一个小小的售货亭，里面摆的小架子上边有很多公墓的平面图，可以买张辅助参观。在新圣女公墓旁有个新圣女修道院，假如你有兴趣的话可以去参观一下，不过需要买票进入。从新圣女公墓出来，还可以欣赏一下莫斯科河风光。

驯马场广场

驯马场广场（Manezhnaya Square）在一座修道院遗址上兴建并成，之后扩建并改称驯马场广场。广场上有喷水池和花坛，环境优美，空气很好。驯马场广场不仅是莫斯科十分著名的旅游景点，还是俄罗斯重大活动的举办地之一。广场中央的圆形玻璃顶上有一人驯马的形象，格外引人注目。

旅游资讯

地址： 乘地铁至地下商城站下车
交通： 150卢布
开放时间： 10:00～18:00，周三、周五11:00～
19:00，周一、每月的第一个周五休息

剧院广场

剧院广场（Teatralnaya Ploshchad）因莫斯科的众多剧院汇聚于此而得名。广场以著名的莫斯科大剧院为中心，西面为莫斯科大剧院的新建场馆，东面是莫斯科小剧院，南面是革命广场。剧院广场与马涅什广场和红场一同构成了莫斯科的中心区域，同时也是莫斯科最有魅力的凝聚点。

旅游资讯

交通： 乘地铁至剧院地铁站下车即可
网址： mosgortrans.ru

旅游达人游玩攻略

剧院广场是莫斯科的繁华地带，前来游玩的人很多，这里的小偷也很多，一定要多加防范。此外，广场上的剧院售票点通常设在剧院内，在剧院外有很多卖黄牛票的人，要提高警惕。

去俄罗斯
终极实用版

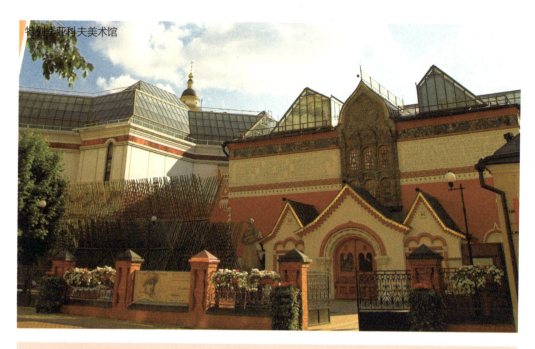

特列季亚科夫美术馆

📍 特列季亚科夫美术馆

　　特列季亚科夫美术馆(Tretiakov Gallery)收集了众多俄罗斯宗教美术和18世纪以后俄罗斯的美术杰作。美术馆通过60多个展厅，集中展示的艺术精品，吸引着世界各地游人的眼球。

💬 旅游资讯

地址：pereulok Lavrushinskiy 10

电话：495-9511362

交通：乘地铁至特列季亚科夫美术馆站下车即可

门票：225卢布，学生130卢布

开放时间：10:00～19:30（周一休息，闭馆前1小时禁止入内）

网址：www.tretyakov.ru

📷 旅游达人游玩攻略

　　到特列季亚科夫美术馆参观，建议早来，以避免繁埙的排队环节。馆内的展品按照展室号和时间顺序排列，其中古代俄罗斯作品排在最后。在参观时最好携带美术馆的平面图，按展室号顺序参观。在艺术品商店，你可以买到中文的美术馆平面图。

📍 高尔基公园

　　高尔基公园（Gorky Park)正式名称为文化公园（Park Kultury），公园中主要分为观赏植物园以及游乐场两部分。这里环境清幽，可以让人暂时躲避城市的喧嚣。公园中的游乐场，为西式风格，规模不大，却拥有很大的诱惑力。冬天，池塘中的水会结上厚厚的冰，你可以在上面痛快地滑冰，在附近有租雪橇和滑冰鞋的地方。

💬 旅游资讯

地址：ulitsa Krymskiy Val, 9

电话：495-2371266

交通：乘地铁1线到文化公园下车即到

门票：成人80卢布，儿童20卢布

开放时间：10:00～22:00

莫斯科周边景点

麻雀山

　　麻雀山（Sparrow Hills）是莫斯科市的制高点，也因此成为人们到莫斯科旅游的必访之地。山上有著名的观景台，正对莫斯科大学大门，登临观景台可俯瞰莫斯科市区美景。此外，还有莫斯科河从山脚下缓缓流过。麻雀山上有滑雪跳台，山上还常常会举办各种山地自行车和赛车比赛。

旅游资讯

地址：Vorob'yevy Gory

交通：乘坐地铁1线在麻雀山站下可到

开放时间：12:00～23:00，周一15:00～23:00

旅游达人游玩攻略

从麻雀山地铁站出来后，朝莫斯科河方向走一段路，可看到乘坐缆车的地方，你可买票乘坐电缆车到达观景台，在这里还能乘坐莫斯科河上的浏览船；缆车乘坐比较方便，冬天最好坐缆车下山，因为此时天气寒冷，有的地方会有结冰，很容易滑倒。

全俄展览中心

　　全俄展览中心(All-Russian Exhibition Center)集科学性、知识性、娱乐性于一体,是增长知识的好去处。这里的建筑独具前苏联时期风格，你可充分感受到前苏联时期的氛围。尤其是周围装饰的民族友谊喷泉，非常漂亮。展览馆正对的科学馆，里面收藏有各种科普实验，你大可亲自参与，感受其中的乐趣。

旅游资讯

地址：GAO VVC Estate 119，Mir Prospec

电话：495-5443400

交通：乘地铁至全俄展览中心站下可到

开放时间：展馆为10:00～19:00,广场为8:00～22:00

网址：www.vvcentre.ru

旅游达人游玩攻略

展览广场面积很大，你可乘坐从前门出发的游览车，进行游览；此外，还可在广场外租借自行车或者是轮滑鞋。

全俄展览中心

奥斯坦金诺宫

奥斯坦金诺宫（Ostankino Palace）粉红与白色相间，内有精致的地板、壁画和艺术珍品。宫殿富丽堂皇，有几分艺术的气息。其中最引人注目的当属那座椭圆形的奥斯坦金诺剧院（Theatre of Ostankino）了，这里常常举办富有特色的夏季音乐节。

旅游资讯
地址：ulitsa Ostankinskaya 1-ya 5
电话：495-6834645
交通：乘地铁至全俄展览中心站下可到
开放时间：5月中旬至9月，周三到周日10:00～18:00

察里津宫

察里津宫（Tsaritsyno Palace)是一座具有异国格调的夏季行宫，是1775年叶卡捷琳娜女皇下令修建的，不过自下令修建起，这座宫殿都只是徒有外部框架而已，直到2007年才修缮完毕。行宫中展示有察里津的历史和叶卡捷琳娜女皇的生平。

旅游资讯
地址：ulitsa Dol'skaya, 1
电话：495-3554844
交通：乘地铁2线在察里津站下即到
网址：www.tsaritsyno-museum.ru

莫斯科国立大学

莫斯科国立大学（Moscow State University）是俄罗斯最大的大学，主楼为典型的中央集权风格,是莫斯科的7座斯大林式建筑之一。主楼不仅造型优美，并且规模宏伟，即使你在主楼中每天换一个房间，恐怕也得需要几年时间才能把所有的房间都住一遍。雄厚的师资力量、完善的教学设备，以及高质量的学术水品，使莫斯科国立大学享誉世界。

旅游资讯
地址：Universitetskaya pl
交通：乘地铁1线在莫斯科大学站下

莫斯科国立大学

梅里霍沃庄园

梅里霍沃庄园中种植着众多鲜花和果树，那优美的田园风光，令人着迷，这里是契诃夫曾经生活了7年之久的地方。1944年，梅里霍沃庄园作为博物馆对外开放，博物馆主屋按照契诃夫生前的样子重新修建，展示了契诃夫当时的生活用品和相关资料。

旅游资讯
地址：莫斯科以南70千米处的契诃夫市近郊
交通：在库尔斯克火车站乘坐近郊电车到达契诃夫站，然后再换乘25路公交车即可到达。
门票：50卢布
开放时间：11:00～17:30，周三、周五 14:00～19:30（周一和每月的最后一个周五闭馆）
网址：www.museum,ru

卢日尼基体育场

最容易让人忽略的景点

卢日尼基体育场

卢日尼基体育场（Luzhniki Stadium）是1980年莫斯科举办夏季奥林匹克运动会的主赛场，现在是俄罗斯国内最大的体育场。这里曾被欧州足联评选为五星级体育场，自建立起成功举办了多场重要赛事。此外，值得一提的是，2018年7月8日世界杯足球赛决赛将在此举行。

旅游资讯

电话：495-7800808　　网址：www.luzhniki.ru

兵器博物馆

兵器博物馆（Armoury Museum）位于大克里姆林和宫墙之间，是俄罗斯最古老的博物馆，同时也是藏品最丰富的博物馆。兵器博物馆原为收藏俄国各时期的珍宝而建立，是一座拜占庭风格的建筑物。十月革命后，克里姆林大教堂和圣会议宝库中的珍宝，也并入该馆。

旅游资讯

地址：Grand Kremlin Palace, Moscow
交通：乘坐地铁4线在亚历山大花园站下
门票：成人700卢布，学生票200卢布

旅游达人游玩攻略

伊凡大帝钟楼和武器博物馆需严格按照票面上注名的时间入场，其中伊凡大帝钟楼的场次为：10:15、11:30、13:45、15:00、16:00，武器博物馆的场次为：10:00、12:00、14:30、16:30。

古拉格历史博物馆

古拉格历史博物馆（Gulag History Museum）位于一个商业街区之中，是一座特殊的博物馆。在博物馆入口处有一道拱门，铁丝网将院落重重围起，墙上悬挂着曾经政治犯的肖像。这里曾为前苏联时期的劳改营，游览一遍下来，你会对前苏联时代恐怖的劳改营的运作过程有一个深刻的了解，总体参观之后不禁为当年营地的恐怖生活而胆颤。

旅游资讯

交通： 乘地铁9线到契科夫站下即到

开放时间： 11:00～16:00（周日、周一闭馆）

网址： www.museum-gulag.narod.ru

宇航博物馆

宇航博物馆建于宇宙征服者纪念碑的碑底，其东临巨如擎天柱的宇宙宾馆。博物馆内有50 000多件藏品，里边有众多人工卫星实物、模型，宇航服等有趣的展品，其中最为著名的展品是1961年4月12日首次进入太空的加加林乘坐的宇宙飞船以及他穿的宇航服。此外，这里还有很多详细介绍加加林的影像资料，假如你对宇宙探索感兴趣，一定要来这里过把探索瘾。

旅游资讯

地址： prospekt Mira 111

电话： 495-6937914

交通： 乘地铁至全俄展览中心站下即可

门票： 30卢布

开放时间： 10:00～19:00（周一、每月的最后一个周五休息）

网址： www.COSMOMUSEUM.ru

科洛缅斯科耶庄园

阿布拉姆采沃庄园

阿布拉姆采沃庄园内有很多木质建筑及博物馆，是19世纪末风靡一时的艺术村。这里曾经形成了以瓦斯涅佐夫兄弟为中心的"阿布拉姆采沃派"，在19世纪末的俄罗斯美术界占有举足轻重的地位，至今这里仍旧有很多艺术家活动，十分活跃。此外，这里有很多当地人在节假日时会举行结婚典礼。

旅游资讯

电话： 496-5432470

交通： 在雅罗斯拉尔乘电车到阿布拉姆采沃庄园下车

门票： 110卢布，学生65卢布

开放时间： 10:00～17:00（周一、周二，每月最后一个周四休息）

网址： www.museum.ru/M470

科洛缅斯科耶庄园

科洛缅斯科耶庄园在克里姆林宫的南部，横跨莫斯科河两岸，素有"小凡尔赛宫"之称。庄园中有很多16、17世纪建造的教堂，这里的木质建筑极具特色，曾是沙皇与贵族们十分钟爱的度假胜地。每逢周末，教堂钟声响起，当你聆听美妙的钟声时，仿佛有穿越历史之感，就好像回到了古老的沙俄时代。

旅游资讯
电话：495-3710160
交通：乘地铁至科洛缅斯科耶庄园站下车即可
门票：50卢布
开放时间：夏季：10:00~18:00，冬季：10:00~16:00（闭馆前30分钟禁止入内）
网址：www.museum.ru

库斯科沃庄园

库斯科沃庄园被誉为"莫斯科的凡尔赛宫"，是一座赋有18世纪艺术文化的园林建筑。这里有"镜子的画廊"之称的宫殿舞厅，最引人入胜。庄园中云集了众多俄罗斯和外国艺术品，其中的博物馆中，最引以为傲的是自18世纪以来俄罗斯手工作坊制作的瓷器。富丽堂皇的外表、高贵奢华的内部装饰都能给人留下难忘的印象。

旅游资讯
电话：495-3710160
交通：乘地铁至梁赞地铁站，然后再换乘133、208路汽车
门票：宫殿200卢布，其他博物馆100~200卢布
开放时间：夏季10:00~18:00，冬季10:00~16:00周一、二，每月的最后一个周三闭馆）
网址：www.kuskovo.ru

莫斯科柴可夫斯基音乐学院

莫斯科柴可夫斯基音乐学院，是在圣彼得堡音乐学院之后，俄罗斯的第二个音乐学院。如今校园内聚集了来自世界各地的求学者，置身校园中，静静聆听各种悦耳的演奏，真是一种享受。这里每年都会培养出许多优秀的年轻音乐家，可谓是世界首屈一指的音乐学院。

旅游资讯
地址：Bolshaya Nikitskaya St, 13/6
电话：495-2299403
交通：乘地铁至广场站下车即可
网址：www.mosconsv.ru

莫斯科美食

　　俄罗斯幅员辽阔，以其独特的俄式饮食特色闻名世界，而莫斯科作为俄罗斯的首都，为食客们提供着地道的俄罗斯风味美食。在这里，你不仅可以品尝到当地特色的黑面包和鱼子酱，还能很轻易地找到地道的欧洲、美洲和亚洲美食。在莫斯科的中高档餐馆就餐，人均消费900～6 000卢布。在莫斯科有很多快餐店，比如著名景点附近和地铁站里都有，人均消费在93卢布左右。在萨多沃耶（Sadovoye）环线附近有很多小型餐馆，其中的"商业午餐"很受当地白领欢迎，价格在200～250卢布。商业午餐在12:00～15:00供应，其主食为面包，还有汤或者开胃菜，并附有咖啡或者茶，想要啤酒的话，需另付费购买。在莫斯科众多餐厅中，尤其是顶级的餐厅，均有英文菜单。

俄罗斯风味

· 莫斯科餐厅

　　莫斯科餐厅(Hotel National)位于五星级的国家美丽殿酒店的二层，在这里，你可以看到克里姆林宫，很多游客都将来这里就餐作为一次美好的饮食享受。只要咖啡和甜点的话大约需要600卢布，吃饭的话，最低也要1500卢布。

地址：15/1 Mokhovaya Street
电话：495-2587000
交通：乘地铁3线在广场站下可到
营业时间：12:00～23:00
网址：www.national.ru

· 玛格丽特咖啡馆

　　玛格丽特咖啡馆（Cofe-Margarita）因位于布尔加科夫的《大师与玛格丽特》首演的舞台附近，所以它取名为"玛格丽特"。咖啡馆的装饰背景很漂亮，用餐环境也十分优雅。

地址：Malaya Bronnaya ulitsa, 28 Moskva
电话：495-2996534
交通：乘坐地铁在马雅可夫斯基站下可到
营业时间：13:00～24:00
网址：www.cofe-margarita.ru

·博斯科吧

博斯科吧（Bosco Bar）就在古姆国立百货商场一层，拥有绝佳的地理位置，距离热闹的红场很近，在红场玩累了的时候可以到这里来休息一下，吃点蔬菜沙拉。店中有英语菜单，你可以点份带鱼、沙拉酱牛肉或者是虾沙拉，再配上当地特色罗宋汤，便可以享受前所未有的美味了。

地址: ploshchad' Krasnaya, 3
电话: 495-6273703
交通: 乘地铁至剧院站下车
营业时间: 12:00～23:00

·木木餐馆

木木餐馆（Cafe Mumu）为自助餐馆，这里的食物符合大众口味，而且价格很实惠。每到饭点，便有很多当地人和国外游客前来就餐。这里的点餐模式很简便，即使你不懂俄语，在此用餐也不会有太大困难。

地址: prospekt Mira 114
电话: 495-6875646
营业时间: 10:00～23:00
网址: www.cafemumu.ru

·约尔基帕尔基餐馆

约尔基帕尔基餐馆（Elki-Palki）是家连锁店，经营传统的俄式快餐。这里以实惠的价格，以及优良的食物味道，赢得了大家的一致好评，因而生意非常好。此外，有些店铺还会有英语菜单。

地址: Staraya Basmannaya
ulitsa, 38
电话: 495-7886219
营业时间: 11:00～23:00
网址: www.elki-palki.ru

·萨摩瓦尔餐馆

萨摩瓦尔餐馆（Samovar-Arbat）是正统的俄式餐馆，内有很多萨摩瓦尔的装饰，非常独特。为了吸引顾客，这里经常会打折。此外，这里还有英语菜单和工作餐。

地址: Arbatskaya Square, 10
电话: 495-6617244
交通: 乘坐地铁在清水塘站
或屠格涅夫站下可到
营业时间: 12:00～24:00
网址: www.samovar-arbat.ru

· Botanika

　　这是一家精致的莫斯科餐厅，价格公道，很受当地人欢迎。餐厅中的装饰别具一格，用木制家具和花卉照片将整个餐厅装扮出轻松的花园情调。你在这种近乎于大自然的清新环境之中，既可以尝到清爽的流行食物，还能品尝到香浓的汤、美味的沙拉和烧烤。

地址：Bolshaya Gruzinskaya ul 61
电话：495-2540064
营业时间：11:00～22:00
网址：www.cafebotanika.ru

· Bavarius

　　这里提供俄罗斯人十分喜爱的咸味香肠以及解渴的啤酒。尤其是夏季，这里真是太受欢迎了，你可以吃着美味的猪排，享受美味的生啤带来的欢愉。在绿树成荫的庭院里畅饮，真是再美好不过的享受了。

地址：Sadovaya-Triumfalnaya ul 2/30
电话：495-2540064
网址：www. bavarius.ru

· Cafe Pushkin

　　这家咖啡厅就像一个装饰华丽的豪宅，或者一个充满艺术气息的宫殿，在这里，你可以品尝到非常地道的俄罗斯美食。优雅的氛围，以及上乘的服务，完全可以让你度过一个美得让人沉醉的夜晚。

地址：Tverskoy bulvar 26A
电话：495-2295590
网址：www.cafe-pushkin.ru

· CDL Restaurant

　　这家餐厅采用现代烹饪风格设计，并结合经典的俄罗斯菜肴，是莫斯科最好的餐厅之一。除了美得令人吃惊的内部装饰外，特色的薄饼和鱼子酱更是让人无可挑剔。在品尝这里的菜肴时，不要忘记点一杯伏特加酒，你会发现这里的酒价十分合理。

地址：Povarskaya Street, 50
电话：495-6518191
网址：www.cdlrestaurant.ru

🍴 中国风味

· 台湾饭店

台湾饭店（Friendly Bar）是莫斯科少有的台湾菜肴店，提供各种地道的台湾特色菜肴。这家饭店周围环境十分安静，菜单上标有英语和中文，可以很便捷地点餐。

地址：pereulok Leont'evskiy, 23
电话：495-6299680
营业时间：12:00～23:00

· 老中国饭店

老中国饭店就在卡梅尔格尔胡同中，这家豪华的酒楼由中国人开办，店内装修风格十分独特，具有浓厚的中国古典风韵，深受中国及世界各国游客的欢迎。

地址：pereulok Kamergerskiy
电话：495-6922900
营业时间：12:00～24:00
网址：old-china.ru

· Turandot

这是一家华丽的餐厅，主营中国及日本料理，还有一些欧洲食物。这里的每道菜都很有特色，并且价格适中，保证你拥有一个绝佳的用餐体验。这家餐厅充满浪漫的气息，适合商务用餐，更是情侣约会的好去处。

地址：Tverskoy bulvar 26/5
电话：495-739001
网址：www.turandot-palace.ru

· Druzhba

这家中餐馆以经营川菜为主，食物的风格自然也就与"辣"字脱离不了关系了。在莫斯科，有很多中餐厅为了符合当地人的口味而减少调料，而Druzhba却是个例外，这无疑受到了众多中国人的欢迎。

地址：ulitsa Novoslobodskaya, 4
电话：495-9731234
网址：www.drugba.ru

地址：Tverskaya Ulista
电话：495-7558401

· Peking Restaurant

这家中餐厅巧妙融合了俄罗斯风格，食物菜色都很别具一格。推荐餐厅中的四川牛肉和饺子，还可以尝尝香脆的北京烤鸭，都具有独特的中国风味。此外，餐厅的服务十分周到。

🍴 世界美味

· Yakitoriya

这是一家连锁的日本料理店，在莫斯科市，你很容易找到此类餐馆。餐馆的食物价格合理，深受人们欢迎，尤其是晚饭时人会特别多。这里的店员穿着日本传统服装，还真有些日本文化的味道。

电话：495-2342424
网址：www.yakitoriya.ru

· Shesh-besh Restoran

这是一家中亚美食连锁饭店，假如你没有吃过中亚料理，那么一定要到这里来。饭店的代表菜肴是谢米里库和各种口味的汤。这里虽然菜肴的种类不是很多，不过价格比较便宜，因而深受许多留学生的欢迎。

地址：Tovarishcheskiy pereulok,1,Tsentralnyy
　　　administrativnyy okrug
电话：495-9956270
营业时间：12:00～24:00

· Mayak

楼下是Mayakovsky剧院，这里有些像咖啡馆，氛围很好，在你的周围，你会发现很多友好的面孔，他们是很乐意跟你聊一聊的。推荐这里的面条加干酪和沙拉酱牛肉。

地址：Bolohaya Nikitskaya St,19
电话：495-6917449　网址：www.clubmayak.ru

· Akademiya

这家比萨连锁店根本无法逃出人们的视线，因为它设在莫斯科最显眼的地方。这里提供美味的午餐，精致的菜肴搭配上可口的海鲜汤，那真是太棒了。

地址：Gogolevsky bulvar, 33/1
电话：495-6621442
网址：www.academiya.ru

· Pancho Villa

这家墨西哥餐厅拥有一个完美的氛围和漂亮的装饰，推荐品尝这里传统的墨西哥馅饼和墨西哥鸡尾酒，你也可以尝一下早餐供应的墨西哥玉米煎饼（Burrito）。此外，每天21:00之后，还会有精彩的现场拉丁音乐演奏。

地址：ulitsa Bol'shaya Yakimanka, 52
电话：495-2387913
网址：www.panchovilla.ru

· Darbar

这里的环境温馨，绝对是一个浪漫的约会之地，你可以在靠近窗户的座位上坐下，感受窗外美丽的莫斯科夜景。这家小有名气的印度餐厅，提供的午餐价格十分合理，是莫斯科价格最合理的印度餐馆之一。

地址：prospekt Leninskiy (dubler), 38
电话：495-9302365
网址：www.darbar.ru

· Megu

这是一家日本料理餐馆，聚集了各种日本美味，尤其是寿司格外好吃，并且形式多样。到这里就餐的人，都会感到餐馆的服务很好。

地址：bul'var Novinskiy
电话：495-2870520

· Correa's

这家意大利餐馆是上午用餐的好地方，不仅有快速的服务，还有无可挑剔的食品质量。在这里，主要吃比萨饼、三明治和烧烤，虽然可供选择的食物种类不是很多，但是这些食物均是采用最新鲜的材料精制而成，绝对质量上乘、美味可口。

地址：ulitsa Gasheka, 7
电话：495-7899654
网址：www.correas.ru

· Ragout

精致的装饰、愉悦的气氛，再加上一流的食物和优质的服务，使得这家欧洲餐厅拥有一个极其旺盛的人气。服务人员会讲一口流利的英语，并且态度十分友好。这里的食物很有创意，你可随意搭配你想要的食物。

地址：ulitsa Bol'shaya Gruzinskaya
电话：495-6626458
网址：www.caferagout.ru

莫斯科购物

在莫斯科，你会被时尚购物街、名品专卖店，以及琳琅满目的商场与跳蚤市场所深深吸引。莫斯科的名品店虽然很多，不过通常不打折扣。假如你无心购买时尚亮丽的服饰与珠宝，那么可尽情选购莫斯科特色的纪念品，比较著名的纪念品有鱼子酱、白兰地与伏特加酒、皮毛，以及极富民族特色的俄罗斯木制套娃以及精美的杯具等。另外，最近"列宁主义者"T恤衫、前苏联时期的小玩意越来越受人们欢迎，你可买回一些留作纪念。值得一提的是，在莫斯科购物时要自己带购物袋，因为俄罗斯的小商店中一般不提供包装袋。

人气旺盛的购物大街

·阿尔巴特大街

阿尔巴特大街（Arbat Street）有新、旧之分，其中新阿尔巴特大街是莫斯科最现代化的大街。这条大街上几乎聚集了莫斯科各个行业中最知名的商店，既有出售进口服装和高档化妆品的爱尔兰商店，也有大众化的春天百货公司。在大商场门前还有一些别具特色的小商亭，在街的南头，还有莫斯科最为著名的珠宝商店等。

·特维尔大街

特维尔大街（Tverskaya street）可谓是莫斯科的王府井，这里有现代型店铺，以及有着百年历史的古玩珠宝店，更有华丽的歌剧院、时尚的动感影院、充满乐趣的游乐场。因而到俄罗斯旅游，一定不可错过富丽堂皇的莫特维尔大街，在这里，你会发现很多俄罗斯的特色商品。

阿尔巴特大街

特维尔大街

🎁 名牌集中的**大本营**

· 古姆国立百货商场

古姆国立百货商场（GUM Department Store）位于红场东侧，是欧洲最大的百货商场之一。这家大型的商场购物中心共分三层，以独立的品牌店经营模式出售俄罗斯特色工艺品、服装、百货等商品。这家欧洲古典风格的商场，不仅规模宏大，建筑雄伟，而且购物、娱乐一应俱全，除了大型购物商店，还有餐饮中心，为游客提供了一个良好的购物、休息场所。

地址：495-7884343
营业时间：9:00～21:00，周日10:00～20:00
网址：www.gum.ru

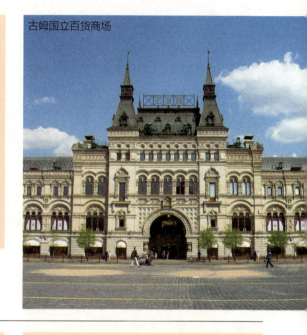
古姆国立百货商场

· 楚姆百货商场

楚姆百货商场（TsUM）也叫中央百货商店，紧邻莫斯科大剧院。商场距今已有近百年历史，在1997年全面装修后，商场具有现代化气息，如今已成为当今莫斯科档次最高的大商场之一，销售各种名牌及奢侈品。

地址：Ulitsa Petrovka, 2
电话：495-6921157
营业时间：9:00～21:00，周日11:00～21:00
网址：www.tsum.ru

· 儿童百货店

儿童百货店（Detsky Mir）曾是专门销售儿童用品的商店，其中有琳琅满目的婴儿以及儿童服装商店。随着2008年儿童世界（Children's World）被关闭，商场底部被翻新之后，这里还增加了地下停车场、正因如此儿童娱乐区等区域，儿童百货店也越来越受到人们的欢迎。

地址：Ulitsa Krasnaya Presnya, 24
电话：495-3911829
网址：www.detmir.ru

· 猎物市场百货公司

猎物市场百货公司（Okhotny Ryad）是亚历山大花园附近购物的好地方，整个百货公司可分为上、中、下三层楼，其中有深受年轻人欢迎的流行品牌Zara、Bershka及Stradivarius等专柜。假如你在亚历山大花园逛累了，可到这里的一楼来休息、用餐，不过这里常常是人满为患，可要做好挨挤的准备哦。

地址：Alexander Garden
电话：495-7378449
开放时间：10:00～23:00

· 驯马场广场地下商城

驯马场广场地下商城(Hunting Row)，其正式名称是猎口市场商业中心，共投资3.5亿美元历时3年建成，于1997年正式开放。这座大型的地下商场，顾名思义是驯马场广场地下的一座大型商城，有多家商店、餐厅及咖啡厅，是一个购物游览的好去处。地下商城总是热闹非凡，无数名牌精品店让人流连忘返。

地址：Manezhnaya Square

· 库尔斯克火车站旁的百货公司

这家百货公司是众多知名国际品牌的聚集地，如H&M、TopShop、Gap、Zara、UGG、UNIQLO等。百货公司中还设有咖啡店和知名的连锁餐厅，可以随时停下来进去休息一下。

地址：Kursk Station

· 欧洲广场旁的百货公司

这家百货公司是莫斯科市内最大的购物中心之一，有500多家知名品牌专柜林立其中。还有众多知名品牌，如Adidas、Reebok、Zara等流行品牌。除了知名的服装品牌，你还可到咖啡店和美食街用餐、休息。

地址：European Square

· Valentin Yudashkin Boutique

这是一家高档的精品店，以俄罗斯著名的设计师Valentin Yudashkin命名。这位著名设计师的时装曾在纽约等大都会博物馆展出过。

地址：Kutuzovsky Prospekt, 19
电话：495-7851055
网址：www.yudashkin.com

🎁 物美价廉的**淘宝地**

· 天堂画廊

天堂画廊（Elysium Gallery)专卖20世纪早期画家的作品，置身画廊内，你会发现墙壁上挂满了那个时期画家的作品，假如你对艺术有浓厚的兴趣，那么这个地方一定能让你有不虚此行之感。

地址：ulitsa Krymskiy Val, 10
电话：495-2300077
网址：www.elysium.ru

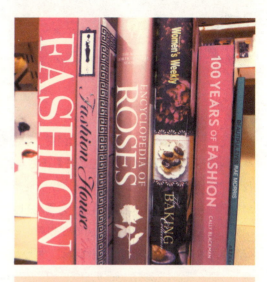

· 莫斯科书之家

莫斯科书之家（Moskovskii Dom Knigi)于1967年9月25日营业，是莫斯科最有名气也是最大的一家书店。以这家书店为总店，它还有一系列的连锁店。店内从文学、艺术，到体育、古董书籍应有尽有。此外，这里还常常发表作者新书发表会、读书会等活动，是莫斯科文化节的重要地标之一。

地址：Arbat Street，119
电话：495-7893591
网址：www.mdk-arbat.ru

· Masha Tsigal

这家精品店以出售休闲时装为主，时尚前卫且略带性感的设计风格，令人为之心动。可不要小看这家精品店，有很多俄罗斯流行歌星的服装均是由这里专供的。仅是从店门前路过，就不禁被那些鲜艳的色彩所深深吸引。

地址：ulitsa Pokrovka, 11
电话：495-9158464
网址：mashatsigal.com

· Izmailovsky Market

这是莫斯科最大的跳蚤市场，市场内出售当地人的私人珍藏，这常常会吸引许多专家前来寻宝。在这里，你不会因为自己没有很强的鉴宝能力失望而归，因为市场内出售的纪念品能很轻易地吊起你的胃口，只要你来到这里，一般都能挑选到自己喜欢的物品。

地址：Izmailovsky Park

莫斯科娱乐

在世界艺术领域中，著名的古典芭蕾、歌剧和马戏，可谓是俄罗斯的艺术瑰宝，而作为首都的莫斯科便将这些神奇的艺术融合，并真正融入到人们的心中。正是基于这样的文化基础，在莫斯科，你会发现极其丰富多彩的娱乐形式，无论你来自哪个国家，都可以在这里娱乐好几个月。莫斯科的剧院演出是当地人及国外游客十分喜爱的娱乐项目，经典的舞台剧总是令人感觉刻骨铭心。在剧院广场上，你会发现众多大大小小的剧院，一些小型剧院的票价往往比莫斯科大剧院便宜许多，但表演水准并不差。此外，马戏团表演、现场音乐演出也很受欢迎。玩累了就去酒吧喝杯伏特加舒缓下心情，或到电影院看场视觉空前的电影放松身心，都是很好的选择。

你可以参看《莫斯科时报》（Moscow Times)上的娱乐版块，或者在《元素》周刊上寻找相关的娱乐信息。此外，你还可以在饭店、酒吧及超市中定期发放的英文报纸中寻找信息。

酒吧

·Rock'n'roll Bar

这家酒吧很会"掩饰"自己，白天，这里是进行商务会议和商务午餐的地方，环境十分优雅。而一到晚上，这里便成为了一个快乐、奔放的摇滚酒吧，它几乎涵盖了所有流行的菜肴与鸡尾酒，伴随着热情的舞蹈、激情的音乐，你完全可以沉迷于其中。

地址：ulitsa Sretenka, 1
电话：495-2337697
网址：rocknrollbar.ru

·City Space Bar

这里的鸡尾酒真的很棒，花样百出的造型令人连连称奇，虽然价格有点贵，但是为了那份优雅也是值得的。酒吧为现代设计风格，舒适的椅子，以及一个不拥挤的环境，足以让人感到惬意、舒心。伴随着激动人心的DJ音乐，你根本无法一直安诡地坐在那里。

地址：naberezhnaya Kosmodamianskaya
电话：495-2215357
网址：www.cityspacebar.com

·Karma-Bar

你想感受无拘无束的自由空间吗？如果你的答案是肯定的，就一定不能错过这个充满无限创意空间和自由氛围的酒吧。在这里，你可以一边喝着令人振奋的鸡尾酒，一边欣赏精彩的现场音乐表演。

地址：ulitsa Pushechnaya,3
电话：495-7896901
网址：www.karma-bar.ru

俱乐部

·Propaganda

这是莫斯科历史最为悠久的俱乐部之一。白天，它是一个温文尔雅的咖啡厅，有很多美味且价格合理的食物。到了晚上，它便换了一番面貌，成了热闹非凡的俱乐部，那美妙的音乐具有一种魔力，深深吸引着前去的每一个人。

地址：pereulok Zlatoustinskiy Bol'shoy 7
电话：495-6245732
网址：propagandamoscow.com

·O2 Lounge

这是一个价格不菲的消费地，里边有个很大的开放式露台，视野很开阔，可欣赏到各种美丽的风景。梦幻般的动态音乐，以及近乎完美的环境，值得你全身心投入。

地址：Tverskaya St, 3
电话：495-2258888
网址：www.ritzcarlton.com

·Art Garbage

这家俱乐部在莫斯科很有名气，室内装修很有格调，不仅有各种各样的美食，还配备有效果极好的音响及灯光设备，在这里，你可以享受一个美好的夜晚。

地址：Rue Starosadsky 5/6
电话：495-6288745
网址：www.art-garbage.ru

·The Most

这是莫斯科最为奢华的俱乐部，在一家高档的法国餐厅的地下室之中。俱乐部中有个T台横穿过舞池，时常有身穿礼服的漂亮女孩在上边进行时装表演。假如你想到这里来，一定要为自己的着装下一番功夫。

地址：ulitsa Kuznetskiy
　　　Most, 6/3
电话：495-6600706
网址：www.themost.ru

🎳 马戏团

·尼库林马戏团

尼库林马戏团（Nikulin Circus）是以这个马戏团最有名的小丑尤里·尼库林之名命名的。该马戏团的表演包括特技及熊、老虎等动物的杂耍。另外，为了充分展现俄罗斯马戏团悠久的历史，马戏团又重新将17、18世纪的小丑喜剧搬上舞台，也深受人们的欢迎。

地址：Tsvetnoy Blvd, 11
电话：495-6258970
网址：www.circusnikulin.ru

🎳 剧院

·莫斯科大剧院

莫斯科大剧院（Bolshoi Theatre）是俄罗斯最顶级的剧院，在宽敞的观众席上，观看俄罗斯一流的舞蹈家和剧团表演，是你在莫斯科度过一个美好夜晚的不二之选。你可以通过电话或者是网上预订购票，也可前往驻酒店的Intourist办事处办理。

地址：Theatre Square 1
电话：495-2507317
开放时间：11:00～15:00，
　　　　　16:00～20:00
网址：www.bolshoi.ru

莫斯科大剧院

· 克里姆林宫芭蕾舞大剧院

克里姆林宫芭蕾舞大剧院(Kremlin Ballet Theatre)坐落在克里姆林宫中，从面对亚历山大花园的门进去，就能看到剧院。大剧院中常常有一流的演员出现在克里姆林宫芭蕾舞剧团之中。在开演之前，大厅内有小乐队演奏俄罗斯民间音乐，那悠扬的乐声，令人沉醉。

地址：ul vozdvizhenka 1
电话：495-6207729
网址：www.kremlin-gkd.ru

· 小剧院

小剧院（Maly Theatre）是俄罗斯历史最悠久的话剧院,主要包括话剧、歌剧和芭蕾舞剧表演。这里主要上演果戈里、奥斯特洛夫斯基等人的作品，还有莎士比亚、席勒等人的西欧古典剧作。自1824年成立至今，小剧院一直保持着较高的演出水平。

地址：Teatralnaya pl 1/6
电话：495-6232621
开放时间：10:00～20:00
网址：www.maly.ru

· 莫斯科契诃夫艺术剧院

莫斯科契诃夫艺术剧院（Chekhov Moscow Art Theatre）的正式名称为"国立莫斯科艺术学院剧院"，是由著名演员斯坦尼斯拉夫斯基和戏剧大师聂米罗维奇等人创建的。这座剧院上演的主要是现实主义的作品，曾上演契诃夫的经典之作《海鸥》、《万尼亚舅舅》、《三姊妹》等，以及高尔基的《底层》等多部名作。

地址：pereulok Kamergerskiy, 3
电话：495-2298760
开放时间：12:00～15:00，16:00～19:30
网址：www.mxat.ru

· 萨茨儿童音乐剧院

萨茨儿童音乐剧院是一个专门为儿童创建的专业剧院，拥有专业的芭蕾舞团、歌剧团、话剧团以及交响乐团。剧团最有名的作品是《彼得与狼》，这是世界经典之作。此外，剧院曾经上演《天鹅湖》、《睡美人》、《胡桃夹子》等古典芭蕾的作品，以及歌剧作品《魔笛》、《蝴蝶夫人》等。

电话：499-9307021
开放时间：12:00～15:00，16:00～18:00
网址：www.tear-sats.ru

· 斯坦尼斯拉夫斯基和涅米罗维奇—丹琴科音乐剧院

斯坦尼斯拉夫斯基和涅米罗维奇—丹琴科音乐剧院(Stanislavski and Nemirovich-Danchenko Music Theatre)拥有高品质演出的歌剧和芭蕾舞剧团，是一个历史悠久的剧团。

地址：ulitsa Bol'shaya Dmitrovka, 17
电话：495-7237325
网址：www.stanislavskymusic.ru

电影院

·Karofilm

这是俄罗斯最大的连锁影院，同时也是莫斯科开设的第一家多功能电影院，拥有十分先进的现代电影设备，以及音效上等的音响系统，在这里，你可享受一场空前的视觉盛宴。此外，值得一提的是，在电影院剧场还附设有两个酒吧，你可以在此享受更为丰富的娱乐活动。

地址：ulitsa Sheremet'evskaya,60a
电话：495-5450505
网址：www.karofilm.ru

·Dome Cinema

这是莫斯科开放最早的一家豪华美式放映室，现在上映的电影大多是原声（英语）影片，通过耳机传送与之相匹配的俄语配音。

地址：Olimpiyskiy pr18/1
电话：495-9319873
网址：www.domecinema.ru

·Gorizont

这家电影院是莫斯科最好的电影院之一，在莫斯科是家连锁店。影院中拥有高品质的现代设备和舒适的座椅，是人们娱乐、休闲的好去处。

地址：prospekt Komsomol'skiy (dubler),21/10
电话：499-2428157
网址：www.formulakino.r

 现场音乐演出

·Chinese Pliot Jao Da

这里有一个轻松的氛围，价格相对较便宜，是个体验现场音乐演奏的好地方。你会发现有很多俄罗斯本地乐队以及欧洲其他国家的乐队前来助阵，阵容很大。可在网站上预订观赏座位。此外，周一晚上还有免费的音乐会。

地址：proyezd Lubyanskiy, 25
电话：495-6245611
网址：www.jao-da.ru

·BB King

这个旧式俱乐部每周三晚上会有户外摇滚乐即兴演奏会，周日有蓝调音乐演出，其他晚上也有相关的现场音乐演出，具体信息需时刻关注网站。在俱乐部的餐厅中，既可以享受美味的中餐及晚餐，还能从自动点歌机里自行选择爵士乐或者是蓝调音乐。

地址：ulitsa Sadovaya–Samotechnaya, 4/2
电话：495-6998206
网址：www.bbkingclub.ru

古典音乐

·莫斯科国际音乐厅

莫斯科国际音乐厅（Moscow International House of Music）是莫斯科著名的古典音乐厅，位于莫斯科河岸上，共有三座大厅，其中的斯韦特拉诺夫厅内有俄罗斯最大的管风琴。俄罗斯爱乐乐团常年在这里演出，这里举办的管风琴音乐会品质高档，令人难忘。

地址：Kosmodamianskaya Emb 52–8
电话：495-7301011
交通：乘地铁2线在Paveletskaya站下可到
网址：www.mmdm.ru

·柴可夫斯基音乐大厅

柴可夫斯基音乐大厅(Tchaikovsky Concert Hall)是著名的俄罗斯国家交响乐团所在地，主要研究柴可夫斯基的作品以及其他的俄罗斯经典曲目。

地址：Triumfalnaya pl 4/31
电话：495-6990658
网址：www.classicalmusic.ru

莫斯科住宿

　　莫斯科不缺少豪华的国际型酒店，这些酒店按照国际惯例采用星级划分。一般四、五星级的酒店都能够达到国际标准，服务和设施都比较好，每晚的住宿价格在3000～10000卢布不等。顶级酒店每晚价格在10000卢布以上。如想每晚低于3000卢布，可以选择一些私人旅馆或者是青年旅舍。此外，在莫斯科还有前苏联遗留下的老旧建筑可供选择，不过住宿设施较差，国外游客很少入住这些酒店。莫斯科的主要建筑集中在中心环路（Garden Ring)以及阿尔巴特（Arbat)地区，这些地区距离莫斯科主要旅游景点很近，并且就餐和娱乐都很便捷，因而在市中心区选择住宿是最便捷的。假如你预算比较紧张，也可以选择离市区比较远的地方，不过最好找一个距离地铁较近的住处。

经济型宾馆			
名称	地址	电话	网址
Melior Greenwood Hotel	69km MKAD, Business Park	985-1507800	www.melior-greenwood-hotel.ru
Kassado Plaza Hotel	Mnevniki Str 3 Bld 2	499-9463402	www.kassado-plaza.com
Hotel Mandarin Moscow	Olkhovskaya st, 23	495-5803278	www.hotelmandarin.ru
Hostel Monroe Hotel	Pereulok Voznesenskiy, 5	495-6970503	www.hotelalaruss.com
Moscow Ideal Hostel	Maroseika Str.13 Bld.3 App.62	499-2416388	www.ideal-hostel.ru
Novotel Moscow City	Presnenskaya Naberezhnaya 8A	495-6648989	www.accorhotels.com
Comrade Hostel	Maroseyka 11	495-6283126	www.comradehostel.com
Napoleon Hostel	pereulok Malyy Zlatoustinskiy, 2	495-6286695	www.napoleonhostel.com
Home from Home Hostel	ul Arbat 49, apt 9	495-7782445	www.moshostel.ru
Cosmos Hotel	prospekt Mira (dubler), 150	495-2341000	www.hotelcosmos.ru
SkyPoint Hotel	Mezhdunarodnoe Shosse 28B ,Bld.3	495 739-71-5	www.skypoint-hotel.ru

中档酒店

名称	地址	电话	网址
LikeHome Apartments Tverskaya	ulitsa Lva Tolstogo, 23/7	495-2233452	www.likehome.ru
Holiday Inn Suschevsky Hotel	ulitsa Sushchevskiy Val, 74	495-2258282	www.ihg.com
Garden Ring Hotel	Taikos prospektas, 14	495-9883460	www.gardenringhotel.ru
Moscow Suites Serviced Apartments	ulitsa Novyy Arbat, 22	495-2336429	www.moscowsuites.ru
Katerina Park Hotel	ulitsa Kirovogradskaya, 11	495-9330404	www.katerinahotels.com
Golden Ring Hotel	ulitsa Smolenskaya, 5	495-7250100	www.hotel-goldenring.ru
Peking Hote	ulitsa Bol'shaya Sadovaya, 5	495-6502215	www.hotelpeking.ru
Milan Hotel	28A Shipilovskaya Str	495-6489292	www.en.hotelmilan.ru

高档酒店

名称	地址	电话	网址
Swissotel Krasnye Holmy Hotel	naberezhnaya Kosmodamianskaya, 52	495-7879800	www.swissotel.com
Lotte Hotel Moscow	bul'var Novinskiy, 8	495-7451000	www.lottehotel.ru
Hotel Baltschug Kempinski Moscow	1 Ulitsa Balchug	495-2872000	www.kempinski.com
Mercure Arbat Moscow	Mercure Arbat Moscow	495-2250025	www.accorhotels.com
Ritz Carlton	Tverskaya St, 3	495-2258888	www.ritzcarlton.com
Ararat Park Hyatt Moscow	Neglinnaya St, 4	495-7831234	www.moscow.park.hyatt.com
InterContinental Moscow Tverskaya	Tverskaya St, 22	495-7878887	www.ichotelsgroup.com
Radisson Royal Moscow	Kutuzovsky Prospekt,2/1	495-2215555	www.radisson.ru
Hilton Moscow Leningradskaya	ulitsa Kalanchevskaya,21/40	495-6275550	www.placeshilton.com

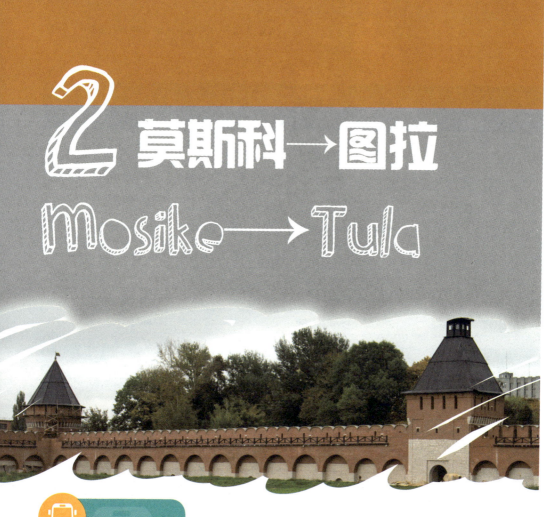

2 莫斯科→图拉
Mosike→Tula

图拉交通

🚌 从莫斯科前往图拉

· 乘火车前往

图拉是大型铁路枢纽站，位于莫斯科—哈尔科夫铁路沿线上。从莫斯科、奥廖尔、卡卢加、乌兹洛瓦亚、科泽利斯克等地，都有直通图拉火车站的列车。从莫斯科前往图拉，你可以从库尔斯克火车站（Kursky vokzal)搭乘长途火车或短途火车到达。旅客从莫斯科地铁棕色线库尔斯克站出来之后就可以到达火车站里面，在里边随便找一个站台买票即可。假如你不想在图拉过夜，最好买8:10的那趟火车，大约11:00便可到图拉。周末时，你可在5号线库尔斯克火车站搭乘舒适的"亚斯纳亚·波利亚纳特别快车"，前往波良纳Kozlova Zaseka火车站，全程约需3小时，票价约200卢布。这个火车站距离托尔斯泰庄园很近。

·乘长途汽车前往

图拉汽车站每天都有长途汽车往返于莫斯科和奥廖尔，其中有5班长途汽车往返于莫斯科与图拉之间，运行时间为6:00～14:45，价格为160卢布，用时3小时。此外，还有很多私家车提供从莫斯科前往图拉的汽车站和火车站的服务，至少每一小时发一班车，价格为200卢布左右。你可拨打咨询电话4872-355650询问具体信息。

乘市内公交游图拉

图拉的市内交通工具并不是很多，主要以公交车、有轨电车和定线小巴为主。这些交通工具在当地人的日常生活中占有举足轻重的地位，大大方便了当地人的出行，也为游客前往主要旅游景点做出了重要的贡献。

路线	线路情况
35路、37路定线小巴	从火车站外前往列宁广场和列宁大街
5路无轨电车	在列宁大街的起点处前往图拉旅馆
16路公交车	从Moscva旅馆后面发车前往列宁广场
117路公交车、114路固定线路小巴	在列宁广场或列宁大街搭乘，在亚斯纳亚·波利亚纳庄园站下可到达托尔斯泰庄园

图拉

图拉市区景点

📍 图拉克里姆林宫

　　图拉克里姆林宫为图拉市内的第一名胜，建于16世纪初，有"城中城"之意，曾被人们长时间当作抵抗草原游牧民族的堡垒。整座建筑包括9座钟楼，其中4座均建有宫塔门。图拉克里姆林宫规模不大，建筑群主要包括圣母安息大教堂以及之后修建的显圣大教堂（这里曾被作为国家兵器博物馆）。

💬 旅游资讯

地址： North of Lenin Square

门票： 20卢布

开放时间： 周二至周日9:00～17:00

📍 列宁广场

　　俄罗斯的每个城市中，都有一个列宁广场和一条列宁大街，这是列宁在每个城市留下的不可泯灭的苏维埃印记。在图拉列宁大街的尽头便是列宁广场，广场的正中央是很有魄力的列宁像。广场的西侧是图拉州政府，北面为图拉克里姆林宫。

列宁广场

💬 旅游资讯

地址： Tula, Lenin square

武器博物馆

武器博物馆（Arms Museum）距今已有300多年的历史，是图拉市内保存最完好的一座博物馆。对于图拉这个古老的城市，其兵器制造具有十分悠久的历史，因而图拉武器博物馆中的馆藏品十分丰富。博物馆楼下展示有各种各样的枪炮、刀剑以及其他中世纪的武器，楼上展示的是现代战争中使用的一些武器。此外，博物馆内除了有丰富多样的实物藏品，还有很多关于武器生产的历史资料。

旅游资讯

地址：territory the Kremlin, 1
电话：4872-312406
门票：500卢布
开放时间：周三至周日9:00～17:00
网址：www.arms-museum.tula.ru

俄式茶炊博物馆

俄式茶炊博物馆（Samovar Museum）在克里姆林宫主塔楼前，面对着广场。图拉在西方被称为茶壶的生产中心，在俄罗斯有这样一句谚语："图拉不必带茶饮（You don't take a samovar to Tula）。"当你来到俄式茶炊博物馆，就会对那句谚语深表赞同了。博物馆中保存有很多关于图拉俄式茶壶生产概况的资料，同时还展出了图拉州立历史建筑和文学博物馆多年搜集的18～20世纪生产的各式茶炊。

旅游资讯

地址：ul Mendeleevskaya 8
电话：4872-312538
门票：200卢布
开放时间：周二至周六9:00～17:00

托尔斯泰庄园

托尔斯泰庄园地处图拉市西南的亚斯那亚波利亚纳(Yasnaya polyana)，其在俄语中意为"明亮的林中草地"。著名的大作家列夫·托尔斯泰就是在这里诞生与安葬的，他将自己大部分的创作时间都花在了这里，也最终在这里得到安眠。庄园平静优雅，静谧的林荫小道与清透的湖泊相互融合，完美地呈现了一番美丽的园林之景。

旅游资讯

电话：4872-393599
交通：在图拉列宁广场或列宁大街搭乘114路固定线路小巴，或搭乘117路公交车在亚斯纳亚•波利亚纳庄园可到
门票：70卢布
开放时间：5月至10月的周二至周日10:00～17:00，11月至来年4月的周二至周日9:30～15:30
网址：www.yasnayapolyana.ru

俄式茶炊博物馆

图拉异域动物馆

图拉异域动物馆（The Tula Regional Exotarium）始建于1987年，有很多稀有的动物物种，对保护濒临灭绝的爬行动物，以及世界各地爬行动物和两栖动物的研究工作做出了重要的贡献。这里有70多个不同的物种，分三个展厅展示，有蟒、龟、巨蜥、非洲鳄等爬行动物，还有鹦鹉、大嘴鸟等有趣的鸟类，以及滑稽的猴子、可爱的浣熊等。

旅游资讯
地址：Oktyabrskaya str., bld.
电话：4872-475392
门票：成人90卢布，儿童50卢布
开放时间：周三至周日10:00～16:00
网址：www.tulazoo.ru

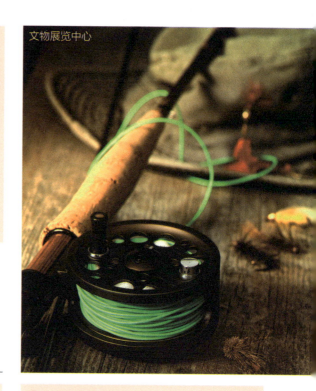
文物展览中心

蜂蜜蛋糕博物馆

正因为蜂蜜蛋糕博物馆（Prianik Museum）的存在，而使得图拉以精致的蜜蜂蛋糕（Prianik）而出名。这是一座有趣的博物馆，展示有各种各样的蜂蜜蛋糕。这种蛋糕贵得令人咋舌，成了贵族的象征。在这里你会发现重达16千克的展品，保持着蛋糕世界纪录的头衔。此外，还有些小动物造型、与历史事件和纪念重要人物主题有关的展品，很受欢迎。

旅游资讯
地址：ul Oktyabrskaya 45a
电话：4872-347070
门票：350卢布
开放时间：周二至周六9:00～17:00

文物展览中心

文物展览中心（Antiquties Exhibition Centre）的展品具有较高的考古价值，尤其是其中收藏的从图拉地区挖掘出的石器时代和青铜时代的文物，如展品有箭头、鱼钩和珠宝等，很有研究价值。

旅游资讯
地址：Lenin Avenue 47
电话：4872-361663
门票：75卢布
开放时间：10:00～17:00（每月的最后一个周三闭馆）

旅游达人游玩攻略
文物展览中心的展品是用俄文标注的，你可请英文导游进行讲解，不过最好提前预订；在展览中心后面还有一间木屋，里边有19世纪图拉住宅的复制品，内有厨房和作坊，生动形象，值得游览。不过，进入这间住宅参观需另交15卢布的费用。

图拉克里姆林宫

图拉美食

图拉是个奇妙的地方，它拥有非同一般的饮食特色。作为"茶炊之都"的图拉，俄式茶饮值得饮用。在图拉市中心的一些较大型的餐厅里，可以品尝到世界不同国家的美食。尤其是在列宁大街上，图拉的美食最为集中。图拉虽然不大，不过想要吃得满意，这里绝对可以满足你。

🍴 图拉美食

· Capri, kafe-bar

这是一家意大利美食咖啡厅，在这里你可从品尝到美味的咖啡，以及精美的欧洲美食。多汁的沙拉，香甜的奶酪，都让你深切感受到无尽的浪漫气息。此外，这里还提供实惠的商务午餐。

地址：ulitsa Leyteyzena, 9
电话：4872-369737
网址：capri-cafe.ru

· Beerlin

在这家餐厅中，你可根据自己的口味选择食物，可尽情享受你的休闲时光。餐厅中提供大量的俄罗斯及欧洲其他国家的美食。无论什么时候来，你都可以吃到最嫩的牛排，喝到最好的生啤酒。餐厅中还包括200多个品种的来自于法国、意大利、澳大利亚等国家的精美葡萄酒。

地址：prospekt Krasnoarmeyskiy 4
电话：4872-210270
网址：www.beerlin71.ru

· Skovoroda

这是一家地道的乌克兰美食餐厅，食物十分美味，工作人员的态度也很友好，食物价格低廉，因而深受图拉当地人喜爱。推荐品尝这里的饺子、乳酪、沙拉、腊肉。

地址：prospekt Lenina, 57
电话：4872-364707
网址：www.vpremiere.ru

· Bibloteka

这是一家装修非常有格调的法国餐馆，提供各种各样的美味佳肴，还摆放有很多著名的书籍和报纸杂志等，你可在等餐或就餐时浏览。推荐品尝美味的烧鸡仔、鹅肝、牛柳。

地址：Lenin Avenue 91
电话：4872-305076
营业时间：12:00～23:00

· San Remo

在这家漂亮的意大利餐厅中，你可以吃到美味的意大利食品，就好像是在意大利当地的一家不错的餐厅中就餐一样。餐厅中还时常有一些意大利歌曲的现场表演，非常适合情侣约会。此外，这里还提供有美味的甜点。

地址：Krasnoarmeysky prospekt, 14
电话：4872-702242

· Coffee Shop Podkre Pizza

这家店在列宁广场附近，以美味的比萨饼和意大利面而闻名。这无疑是在图拉就餐的好地方，在用餐时还可以看到广场的美景以及城堡的城墙。如此美味的食物，以及绝佳的用餐环境，能不让人喜爱吗？

地址：Lenin Avenue 12
营业时间：10:00～22:00
网址：www.vpremiere.ru

· KRK Premyer

这里是一个举行各种宴会活动的多功能场所，你可以在此品尝到俄罗斯、法国、乌克兰、德国和意大利等众多国家的美食。推荐品尝美味的罗宋汤、大蒜卷、饺子、土豆煎饼、经典汉堡。由于这里经常承办一些宴会活动，因而最好提前预约。

地址：ulitsa F. Engelsa,66, Tula
电话：4872-357606
网址：www.krkpremier.ru

· Basta 24

这里提供美味的比萨饼或寿司，还有比较实惠的商务午餐。此外，你还能吃到美味的中国面。这里的菜肴都是采用高品质以及新鲜的食材，不含任何有害添加剂。值得一提的是，这里的美食基本上都可以网上预订和送货上门，十分便捷。

地址：prospekt Krasnoarmeyskiy 3
电话：4872-716767
网址：www.basta24.ru

· Tikhaya gavan

这里有俄罗斯和欧洲其他国家的精美菜肴，尤其是招牌菜，将会使最苛刻的美食家感到满足。这里的酒水单很丰富，你可以随意挑选。此外，周五到周日还有现场音乐表演。

地址：ulitsa Kirova, 8, Tula
电话：915-7849982
网址：www.tihaya-gavany.ru

· Tokyo Sushi Bar

这是一家当地有名的寿司店，不仅提供美味的寿司，还有日式烤鸡肉串、日本酱汤等美食可供选择。餐厅内用餐环境十分安静，是一个比较休闲的就餐场所。

地址：pr Krasnoarmeysky 1
电话：4872-366269
营业时间：11:00～24:00

图拉购物

　　图拉是俄罗斯最早的制造业中心之一，那里的工匠都有一双很巧妙的手，制造出的俄式茶壶、刀剑及富有特色的当地纪念品，都十分引人注目。在图拉购物不用太费力，因为你可在大街小巷间轻易发现很多纪念品小商店。当你穿行在图拉现代化的大楼里，或是古老的建筑内，总会发现令人心动的纪念物。

· Spar

　　这是一家大型的超市，有肉、奶酪、海鲜、饮料、面包等各种商品，其服务的宗旨之一是"以低廉的价格为客人提供高品质的食物"。此外，这里还会不定期开展宣传促销活动，届时购物将会有更大优惠。

地址：ulitsa Kutuzova, 16
电话：4872-415202
网址：www.spar.ru

· Family Piggy

　　这是Group Victoria下的一家现代化的购物商场，便利店内购物环境舒适，在莫斯科、加里宁格勒都设有分店。这里还提供网络购物途径，在家就可以轻松享受购物的乐趣。

地址：ulitsa Metallurgov, 80
电话：4872-702539
网址：www.victoria-group.ru

· Numizmat

这家小店绝对是购买纪念品的好地方，店中有各种俄罗斯及国外的硬币、徽章、奖牌，还有唱片、书籍、照片、明信片、古董，甚至连军事用具、珠宝首饰都能找到。真可谓是"只有你想不到的，没有你买不到的"。

地址：P132, 4
电话：487-2216933
网址：www.numistula.ru

· Metro Kesh end Kerri

这是一家大型的便利店，你可在俄罗斯很多城市中找到它。这里从肉类、海鲜、水果、蔬菜，到清洁用品、家居用品、办公用品、化妆品应有尽有。此外，你还可以在这里找到餐馆、咖啡馆等。

地址：P132, 104
电话：487-2253700
网址：www.metro-cc.ru

· Supermarket DNS

这是一家数码连锁店，在图拉有好几家分店。主要销售品牌手机、电脑、数码相机等产品，价格比较实惠。此外，这里还能采用网络购物途径进行购物。

地址：Avenue Red Army, 26A
电话：4872-565542
网址：www.tula.dns-shop.ru

图拉娱乐

　　图拉是一个神奇的小地方，不要看它地方不大，可娱乐设施还是挺齐全的。古朴且颇具现代气息的酒吧、咖啡屋与别致的剧院、音乐厅，都将让你玩个痛快。在图拉，你可以在街边的咖啡屋中喝杯咖啡，听着古典的音乐。在夜幕降临时，到剧院或者电影院去放松心情，还可融入到年轻人的天地——酒吧中去，感受青春的气息。

·Cafe-Bar Wanderer

　　这是一家多功能的酒吧，你既可以在安静的咖啡厅中，享受一个恬静的午后时光；也可在热闹的酒吧中，喝一杯啤酒或鸡尾酒，听着动感的音乐，放松身心；或是在周末和节假日，享受一下现场音乐表演。

地址： ul Plekhanov, 48B

电话： 4872-404646

营业时间： 周一至周四12:00至次日2:00，周五至
　　　　　　周日12:00至次日4:00

网址： www.barstrannik.ru

·Pub Soviet Sport

　　这家体育酒吧以时尚的英式摇滚、独特的生啤酒、热闹的气氛，让人迷恋，深受年轻人的喜爱。此外，酒吧内提供美味午餐，在玩累时享用一下，可以让自己得到充分的满足感。不管你是不是体育爱好者，这里都是一个很好的放松场所。

地址： Lenin Avenue 57

电话： 4872-364084

营业时间： 周一至周五和周日12:00至次日1:00，
　　　　　　周六12:00至次日2:00

网址： www.vpremiere.ru

·Guinness Irish Pub

在这家酒吧之中，你可以品尝到来自欧洲的新啤酒，以及德国、英国和爱尔兰的美食。美味的食物当然要配一个美好的氛围才够味道，这个酒吧就以轻松热闹的氛围，赢得了人们的喜爱。

地址： ul. Engels 66
电话： 4872-357606
营业时间： 周一至周五12:00至24:00，周六和周日12:00至次日1:00
网址： www.vpremiere.ru

·Drama Theatre

这家剧院靠近电信部，这里有精彩的戏剧和歌剧表演，你可以到这里来寻找你喜欢的表演。这里每周至少会有几个晚上上演观赏性很强的戏剧及歌剧表演，一般最高票价为100卢布。

地址： pr Lenin 34a
电话： 4872-367332

·Prember Centre

这是一家位于中央公园外的综合服务中心，集电影院、酒吧、夜总会以及露台餐厅于一体。夜总会在周末营业到很晚，露台餐厅是夏季午后用餐、喝饮料的好去处。

地址： ul Englesa 66
电话： 4872-357606

·4D CINEMA

在这个4D影院中，你可以坐在特殊的椅子上享受立体带给你的完美体验，那种完全沉浸在故事之中的美妙感觉还真是神奇。在观看放映的立体图像时，按照剧情，椅子排成的移动平台将会产生各种特殊效果，这会使你将影片中的动作与实际行动相结合，产生绝妙的错觉。

地址： ul Kaminskogo, 33
电话： 920-7722299
网址： www.4dstereo.com

图拉住宿

在图拉，住宿价格比较便宜，可选择的住宿场所也很多。你可选择经济型的酒店，或者是富有当地特色的旅馆，比如说青年旅舍和家庭旅馆，价格都相对比较便宜。图拉的住宿价格通常在4000卢布以内，比较便宜，不过住宿环境还可以。

经济型宾馆			
名称	地址	电话	网址
Zvezdniy	ulitsa Kutuzova, 100	4872–455155	www.zvezdnyi.ru
Grand Hotel Club	ulitsa Boldina, 121	4872–559303	www.grand–tula.ru
Imperator Hotel	Bogucharovskaya Str.2A	4872–430684	www.imperator–hotel.ru
Moskva Hotel	ulitsa Puteyskaya, 3	4872–316560	www.tula–hotel.megatula.ru
Inndays Deluxe Centre Apartments	Soyfera Street 7	4872–301401	www.asilverbullethotel.com
Hotel 97	Leninsky District, Highway Kaluga–Tula	4872–718111	www.hotel97.ru

特色酒店			
名称	地址	电话	网址
Tula Hotel	prospekt Lenina, 96	4872–710017	www.hoteltula.ru
Hotel Armenia	ulitsa Sovetskaya, 47	4872–250600	www.ind–garnik.ru
Sofia Hotel	ulitsa Kaminskogo, 27	4872–251331	www.hotel–sofi.ru
Velness	ulitsa Karakozova, 71	4872–251900	www.wellness–tula.ru
Sport Hotel	prospekt Lenina, 87	4872–329622	www.tophotels.ru
Grand Hotel Club	Boldina Street 121	4872–559303	www.grand–tula.ru
Profit Hotel	ul Sovetskaya 59	4872–252020	www.profit.megatula.ru

3 图拉→伏尔加格勒
Tula→Fu'erjiagele

伏尔加格勒交通

🚌 从图拉前往伏尔加格勒

图拉是个小城市，想要前往伏尔加格勒，还需要到莫斯科转站前往。

·乘飞机前往

伏尔加格勒国际机场位于伏尔加格勒市区西南15千米处。从莫斯科、圣彼得堡等地都有直达伏尔加格勒的航班，从莫斯科前往伏尔加格勒每天有5~6个班次，全程约2小时，票价为3000多卢布。此外，KD Avia航空公司每周有4次航班飞经加里宁格勒。

机场信息	
名称	伏尔加格勒国际机场（Volgograd International Airport）
电话	8442-965069
网址	www.mav.ru

· 乘火车前往

伏尔加格勒与俄罗斯众多大型城市都有铁路相连，从莫斯科每天有3班火车前往伏尔加格勒，全程运行时间18~21个小时，票价为740~2200卢布。

· 乘汽车前往

从莫斯科乘汽车前往伏尔加格勒，全程约需14个小时，票价为1100卢布，最终抵达伏尔加格勒的中央公共汽车站（Central Bus Station），汽车站有前往埃利斯塔的汽车。在汽车站附近是火车站，火车站广场也有汽车前往莫斯科、罗斯托夫等地。

🚌 乘市内公交游伏尔加格勒

在伏尔加格勒游览，可步行到达市内的众多景点。想要前往马马耶夫高地或斯大林博物馆，可乘坐在列宁大街沿线运行的高速有轨电车（Skorostnoy tramvay）。如需前往机场，则在火车站乘坐6路定线小巴。

马马耶夫岗

伏尔加格勒景点

马马耶夫岗

　　马马耶夫岗（Mamaev Kurgan）是著名的斯大林格勒保卫战的主战场，曾经的枪林弹雨虽已不复存在，不过那些可歌可泣的英雄事迹仍铭刻在这片土地上。马马耶夫山岗上有两座名为"世代永记"的巨型浮雕。拾阶而上，可见战况浮雕以及英雄塑像掩映在参天古树之间。其山岗上还耸立着气势迥然的巨型雕像——祖国母亲像。

💬 旅游资讯

地址： Mamayev Kurgan

交通： 乘电车向北行驶，电车走出地面后在第四站下车

门票： 免费

开放时间： 全天

网址： www.stalingrad-battle.ru

📷 旅游达人游玩攻略

1.从列宁大街出发，穿过林荫石板路上的小型水池及士兵浮雕，便可到达"阵亡者纪念馆"，有很多人到这里献花。此外，在这里，每小时都会进行卫兵交接仪式，可选择相应的时间前往观看。

2.游玩时可在山岗上面的祖国母亲像下方停留一会儿，这里位置较高，可以俯瞰整个城市和伏尔加河的景色，观赏性十足。

伏尔加格勒历史博物馆

　　伏尔加格勒历史博物馆（Volgograd Memorial-Historical Museum）地处阵亡士兵广场北面不远处，展示了伏尔加当地从第一次世界大战到俄国革命后的内战时期的历史展品，及革命军使用过的装甲车模型等。这座博物馆是斯大林格勒保卫战历史的证据，真实记录了那个著名的战争所留下的历史痕迹。

💬 旅游资讯

地址：ul. Gogolja, d.10

电话：8442-331540

门票：50卢布

开放时间：10:00～18:00，冬天
　　　　　　10:00～17:00

网址：www.museum.ru

斯大林格勒保卫战全景图博物馆

　　斯大林格勒保卫战全景图博物馆（Museum of the Defence of Stalingrad）建造在残存的原面粉厂旁边，为一座白色的雄伟建筑物。其造型新颖，收集着详尽的关于斯大林格勒保卫战的资料。在楼上大厅中可以看到著名的全景画，你可以360°全方位体验那场震撼人心的战争。

💬 旅游资讯

地址：ul 13-y Gvardeyskoy Divizii

电话：8442-346723

交通：乘电车在列宁广场站下可到

门票：成人100卢布，学生50卢布（不含导游费）

开放时间：夏天（6月1日至8月31日）10:00～17:00，冬天10:00～17:00

网址：www.panorama.volgadmin.ru

📷 旅游达人游玩攻略

想要参观博物馆中的战争全景图，需要在导游的带领下才能完成，要注意扩音器中的说明，以便了解相应导游带领的团队游开始的时间，导游通常每天10:00～18:00服务。

斯大林格勒保卫战全景图博物馆

📍 伏尔加河-顿河运河

伏尔加河-顿河运河

伏尔加河-顿河运河(Volga-Don Canal)开通不过短短几十年历史，却是最主要的水路运输航线。驻足运河边上，你可见水中忙于运输货物的邮轮，运河的一面遍植树木，空气清新，是一个散步的好地方。在运河附近有个博物馆，曾为对运河十分了解的Rimma Eidelman的私人收藏品存放地，假如你到这里按响门铃后，她很可能给你开门，为你热情地讲解运河的故事。

💬 旅游资讯

地址：ul Fadeyeva 35a

📍 州立乡土博物馆

💬 旅游资讯

地址：Lenin Avenue 7
电话：8442-388439
门票：50卢布
开放时间：10:00～17:00
网址：www.museum.ru

州立乡土博物馆（Provincial museum of local lore）是一座综合性博物馆，主要以展示出土物品、民俗资料为主，还详细地介绍了关于伏尔加格勒的历史、产业等近代文化。值得一提的是，在博物馆中，还收藏有珍贵的白鲸标本展品。

州立乡土博物馆

伏尔加格勒美食

　　伏尔加格勒这个整洁的俄罗斯名城素有"南部粮仓"之称。在当地众多不同口味的美食中，地道的俄式美食一定要先品为快。这里的美食种类并不是很多，不过每一道菜都让人记忆深刻。作为重要的海港城市，主要的美食当属海鲜了，在这里，不可错过从伏尔加河捕获的鲑鱼。在伏尔加格勒，你不用担心物价问题，相比俄罗斯其他城市这里可是很划算的。鱼肉、鸡肉都算得上物美价廉。在列宁大街上有很多不错的俄罗斯风味小餐馆，既卫生又便宜，几乎囊括了俄罗斯的传统美味。在伏尔加格勒，人们喜欢喝传统的"科姆波特"，有很多口味可以选择，还有热蜜水饮料也较为常见，冬天喝很暖胃。在伏尔加格勒的餐馆中，更不可错过俄式馅饼、黑面包等当地美食。

· Volgograd restoran

　　这是一家涉外饭店，你可以在这里吃到很多意想不到的美食。此外，这里还提供各种伏特加名品，比如波士伏特加、柠檬那亚、苏联绿牌等，喜欢烈酒的朋友，不要错过。

地址：ulitsa Mira, 12
电话：8442-551733
网址：www.stoliya.ru

· Shury-Mury

　　这是伏尔加格勒极具代表性的自助餐厅，主要提供俄罗斯风味美食，菜单上有多种地道的家常菜可供选择，且价格不贵。对于想品尝地道的伏尔加格勒菜肴的朋友来说，这里无疑是一个很棒的选择。

地址：alleya Geroyev 2
电话：8442-382335
营业时间：11:00～23:00

· Beijing Restaurant

这家中国餐厅供应正宗的中国菜，假如你想在伏尔加格勒这么遥远的地方尝到家乡味道，不妨到这里来品尝下家乡的味道。此外，这里还提供商业套餐，价格在100卢布左右，比较实惠。

地址：Lenin Avenue 20
电话：8442-83857
营业时间：11:00～24:00

· Kayfe

这是一家环境优雅的咖啡厅，不仅有各种各样的特色咖啡，还有许多精美的菜肴，每一种美味几乎都会让你垂涎。在这里喝杯咖啡或茶，品尝俄罗斯甜点，你就可以拥有一个完美的早餐时光。

地址：Lenin Avenue 23
电话：8442-44242
营业时间：9:00～18:00

· Zhar-pitstsa

这家小有名气的快餐店，在俄罗斯很多地方都有分店。这里主要提供的食物有比萨、鸡肉菜、沙拉，以及冷热饮料和甜品等。假如你想足不出户，就能快速地解决掉自己的午饭问题，那么在这里预订一份套餐可是很值得的。

地址：ulitsa Krasnoznamenskaya, 3
电话：8442-919474
网址：www.zharpizza.ru

· Yuzhnyy

这家餐厅主要供应俄罗斯和欧洲其他国家美食。这里的美食均由经验丰富的厨师精心烹饪而成，环境十分宽敞，为就餐提供了一个良好的空间。除了自助餐，这里同样也是举行宴会的好地方。此外，这里还提供实惠的商务午餐。

地址：ulitsa Raboche-Krest'yanskaya, 18
电话：8442-901150
网址：www.restoran-yuzhniy.ru

· White Horse

这家餐馆很有特色，不过想要找到它似乎不是那么容易，因为它坐落在一家宅院之中。它有着浓厚的俄罗斯民俗气息，深受当地人的喜爱。此外，在这里可以品尝饮料，在每周五、周六还有当地的摇滚乐团会在这里表演。

地址：ul Ostrovskogo
电话：8442-331739
营业时间：12:00至次日2:00

伏尔加格勒购物

伏尔加格勒是俄罗斯经济水平比较高的城市，在这里购物会有很大的乐趣，尤其是在欣赏完伏尔加格勒的历史名胜古迹之后，去伏尔加格勒的中心购物场所选购一番，是很棒的事情。在这里，你会发现很多俄罗斯特色产品，比如在俄罗斯必买的套娃。此外，伏尔加格勒有很多当地著名雕塑的缩小版纪念品，十分精致，很有纪念意义。除了精致的纪念品，还有绘制精美的油画，假如你喜欢油画，能淘到一两件精美的油画也是件很令人开心的事情。不过，这些油画不太便宜，你可以买小幅的带回去。伏尔加格勒总是能给人惊喜，说不定在哪条街上就能找到令你意想不到的纪念品呢。在伏尔加格勒这个美丽的城市欣赏美景的同时，悠闲地购物逐渐成为了一件很时尚的事。

· 中央市场

如果你想买些东西自己做饭，或者是买一些方便食品用于旅途上携带的话，这里是最佳的地方。中央市场内货品齐全，从阿斯特拉罕的西瓜到伏尔加的鱼，这里是应有尽有。

地址：ul Komsomolskaya 和ul Sovetskaya交叉路口
营业时间：7:00~19:00

· RAduga shop

这是名气很高的名牌眼镜店，在这里，你可以选择各种风格与类型的太阳镜。为了更好地适应不同年龄段的口味，这里有1000多个型号的不同颜色和款式，价格从300卢布到更高。

地址：Kim street, 9
电话：8442-980677
网址：www.980677.ru

· M.video

这是俄罗斯一家大型的零售连锁店，有300多家门店分布在俄罗斯135个城市之中，是俄罗斯销售电子产品和家用电器最大的公司之一。这里的商店的商品琳琅满目，有各种型号的家用电子产品、娱乐产品等。

地址：M6, 105
电话：8442-007775
网址：www.mvideo.ru

其他购物场所推荐			
名称	地址	电话	网址
Torgovyy Dizayn	ulitsa Donetskaya	8442-264105	www.trade-design.ru
Galereya krasoty	ulitsa Mira, 20	8442-982660	www.gallery34.ru
Budu mamoy	bul'var 30-letiya Pobedy,21	8442-247019	www.budumamoy.ru
termo-volga	prospekt V. I. Lenina	902-3100833	www.termo-volga.ru
Novye knigi dlya novoy zhizni	ulitsa Krasnoznamenskaya,7	8442-334282	www.new-books.ru
Evroset	ulitsa Komsomol'skaya, 10	800-7000010	www.euroset.ru

伏尔加格勒娱乐

作为俄罗斯南部重要的中心旅游城市，伏尔加格勒是一个充满活力的城市。这里不仅拥有漂亮的城市环境，更有许多历史古迹、博物馆、剧院、音乐厅等。漫步在伏尔加格勒满是雕塑的街道上，回味历史，感受这个城市的精彩。还可跟随当地人的脚步，到伏尔加河–顿河边聚会、野餐。

·Freddy's grill bar

这是一家真正的美式酒吧，舒适的氛围，令人难忘。在这里，你可以尝到新鲜的果汁、碳酸饮料，还有经典的鸡尾酒、香槟、威士忌与白葡萄酒，都令人沉醉。此外，这里还有免费的WiFi可以使用。

地址：ulitsa Tarashchantsev, 66
电话：905-3355500
网址：www.freddys34.ru

·Pyat' zvezd

这家3D动感影院拥有优质的音效设备，以及舒适的座位。想要在伏尔加格勒寻找最为刺激的美国经典大片，一定不要错过这里。此外，这里还有很多面向儿童的动漫电影，可以给孩子带来很大的乐趣。

地址：ulitsa Raboche-Krest'yanskaya, 9
电话：8442-550605
网址：www.5zvezd.ru

·Restoran"News Pub"

这里应该是伏尔加格勒最著名的酒吧，美味的菜肴与精彩的现场音乐表演，真是令人流连忘返。在这里，无论是食物还是表演，你都可以提前预订。

地址：ulitsa Khirosimy, 15
电话：8442-374711
网址：www.newspub.ru

·Piramida

这是一家高水准的5D影院，在这里，你将开启一程梦幻的探索之旅。绝妙的3D图像在屏幕上运行的同时，伴随模拟运动的特殊效果，使座椅随屏幕画面行动而灵活运转，可让你完全参与到电影的情节中去。此外，影院还额外配有刮风、下雨、闪电等特殊效果，大大增强了观众身临其境的美妙感觉。

地址：ulitsa Krasnoznamenskaya
电话：8442-262855
网址：www.trc-piramida.ru

其他娱乐场所推荐			
名称	地址	电话	网址
Bar & Grill	ulitsa Mira 5	8442–551050	www.bargrill34.ru
Bar–pitstseriya Come in bar	ulitsa Krasnoznamenskaya,7	8442–501404	www.comeinbar.ru
Greenwich Pub	ulitsa im. Rokossovskogo 7	8442–590505	www.gih–hotel.ru
Mojo club	bul'var 30–letiya Pobedy,21	8442–922200	www.clubmojo.ru
Cinema Park	prospekt V. I. Lenina	8442–265712	www.cinemapark.ru
Volgogradskiy molodezhnyy teatre	ulitsa Alleya Geroyev, 4	8442–381752	www.molod–theatre.ru

伏尔加格勒住宿

伏尔加格勒有很多种条件不一、不同规格的住宿点，你可根据自己的需求选择适合自己的旅馆或是酒店。在伏尔加格勒，选择高档、有特色的酒店，是明智的选择，不仅住宿环境好，而且还能享受更加优质的服务，这将会为你的旅程增姿添彩。选择一些经济实惠型的酒店，这主要是针对预算不足的旅客。伏尔加格勒的著名旅游景点相对比较集中，主要是在市内，并且市内的房源充足，你可在市内选择住宿。

低档酒店			
名称	地址	电话	网址
Volgograd Hotel	ulitsa Mira, 12	8442–551255	www.hotelvolgograd.ru
Tsaritsynskaya Hotel	ulitsa Barrikadnaya, 1	8442–958393	www.hotel–czarina.ru
Hotel Start	ulitsa Gramshi,4	8442–708905	www.hotel–start.ru
Hostel & Spa	ulitsa Alekhina, 5	917–8337888	www.spa–fs.narod.ru
Lite Hotel	Chapaeva Street 9	8442–590909	www.litehotel.ru
Stalingrad Hotel	Ul. Pavshikh Bortsov 2	8442–262700	www.hotel–stalingrad.ru

中档酒店			
名称	地址	电话	网址
Best Eastern Yuzhnaya Hotel	ulitsa Raboche– Krestyanskaya, 18	8442–901111	www. hotelug.ru
Astoria	ulitsa Parkhomenko, 27	8442–377625	www.astoria–vlg.ru
Hotel Maksimum	ulitsa Volgogradskaya	8442–989588	www.volgagosti.ru
Akhtuba	ulitsa Stalingradskaya Volzhsky	8443–270383	www.hotel–ahtuba.ru

高档酒店			
名称	地址	电话	网址
Grand Imperial Hunting Hotel & Spa	M6, 7, Volgograd	8442–590505	www.gih–hotel.ru
Intourist Hotel Volgograd	ulitsa Mira 14	8442–337713	www.tvtrip.hu

4 伏尔加格勒 → 索契

Fu'erjiagele → Suqi

索契交通

从伏尔加格勒前往索契

从伏尔加格勒前往索契，可乘坐从萨拉托夫火车站（Privokzalnaya pl）发往阿德勒的火车。火车10:36从萨拉托夫火车站出发，到达伏尔加格勒的时间为16:59，到达索契的时间为次日12:22。

乘公共汽车游索契

索契的主要交通工具为公共汽车，索契汽车站分布在市中心，每天有几十辆车往返于地区、城市，或者国家之间。其中1～99号路线属于城市路线，固定收费；100号以上为地区之间和远郊路线，按距离收费。

🚌 乘出租车逛索契

在索契，正规的出租车都有计价器，如果司机不使用，你可以先和司机说好价格。如果乘坐私人出租车，上车前一定要先谈好价格。

索契市滨海

索契市区景点

📍 索契艺术博物馆

索契艺术博物馆（Sochinskiy Khudozhestvennyy Muzey）在一幢古典的白色建筑中，每当夜晚周围灯光亮起，博物馆将散发出迷人的光彩。博物馆从开放至今30余年的时间内，科学教育、博览会展览工作就从未停止过。博物馆中收藏了19世纪及20世纪的油画、素描和装饰艺术作品。每年都有十几万游客慕名前来参观博物馆。

📄 旅游资讯

地址：Kurortny pr 51
电话：8622-622947
门票：100卢布
开放时间：10:00～17:30
网址：www.sochiartmuseum.ru

📍 三十三瀑布群

三十三瀑布群是索契的著名旅游景点，也是沙河河谷最引人入胜的地方。这里清澈的水流、迷人的山中峡谷，形成了独特的美景。在这里，你能够深切感受大自然的神奇，因此连续几年成为了最受游客欢迎的景点。

📄 旅游资讯

地址：拉萨列夫区

📍 城镇历史博物馆

城镇历史博物馆（Town History Museum）是索契的一个必游景点。这里有着令人印象深刻的收藏，其中最具特色的当属饶有趣味的太空展览，里边有绕轨道飞行18天后，于1970年6月返回地球的Souyuz9太空舱。

💬 **旅游资讯**

地址：ul Vorovskogo 54

电话：8622-642326

门票：70卢布，照相50卢布，摄像150卢布

开放时间：8:00至黄昏

📍 索契植物园

索契植物园（Dendrary）中栽有1 500多棵亚热带树木，以及各种美丽的鲜花。在植物园旁边有片友谊林，那里种植的每一棵树都代表着一个来访的代表团，其中有40种不同的柑橘属果树移栽于此。游客可在售票处购票，乘坐缆车到达植物园顶点，然后再徒步下来，这是最佳的游览方式。

💬 **旅游资讯**

地址：Kurortny pr 74

电话：8622-975117

门票：200卢布

开放时间：8:00至黄昏

索契周边景点

📍 阿古拉峡谷

阿古拉峡谷（Agura Valley）拥有瀑布、大阿洪山积雪盖顶的雪峰等壮观之景，在这里，你可以进行一个轻松的徒步旅行，可在旅行的同时欣赏优美的风景。在峡谷周围有适合攀岩的场所，你可前来体验。

旅游资讯

地址：7 km to the east of Sochi

交通：在索契乘坐124路或125路公共汽车在
Sputnik摩天大楼下车，步行即可到达

必游景点

索契国家公园

索契国家公园（Sochi Park）就在阿古拉峡谷附近，是俄罗斯著名的国家公园。在公园中，你可以野营，不过比较冒险，还是不要轻易尝试。

鹰崖

鹰崖（Orlinye Skaly）比较陡峭，在这里，你可以看到瀑布、雪峰以及金色的普罗米修斯雕像。此外，在它周围还有一些固定的线路可以游玩。

旅游达人游玩攻略

在索契国家公园的入口处买份阿古拉峡谷的线路图，这对于你的出行会有很大帮助。此外，在这里也可以反过来走，可从大洪山出发，最终结束远足行程后在公园入口处支付门票费。

泽廖纳亚罗夏

泽廖纳亚罗夏（Zelenaya Roscha）始建于1936年，是一个优美的疗养院，其中有一些建筑被保护起来。这里曾是斯大林的郊区别墅，深藏在一座庭院内。进入别墅，其内部装饰古朴大气，你可在斯大林私人房间参观。

旅游资讯

地址：Kurortny pr 120

电话：8622-695600

交通：可以在索契乘坐任何一辆前往阿德勒的公共汽车，在泽廖纳亚罗夏站下车

门票：1500卢布

开放时间：周六和周日10:00~17:00，周一至周五按预约时间

Vorontsovskaya岩洞

这是高加索地区最大的岩洞之一，其高度差有200多米，在内部有照明通道中，你可以看到里钟乳石等奇观。从索契驾车前往，仅需1个小时，沿途还可观看各种美丽的风景，吸引了无数人前去参观。

旅游资讯

地址：阿德列尔区

门票：350卢布

开放时间：夏季11:00~18:00，冬季周二和周六
11:00~18:00

旅游达人游玩攻略

从索契前往岩洞可乘坐出租车，来回旅程价格约2500卢布；还可加入当地的旅行团，每人费用约为300卢布。

索契美食

索契是个多民族聚居的城市，这里的美食融合了各个地方的特色，呈现出多元化的特点。在索契有500多家餐厅，有各式各样的风味美食，其中包括俄式大餐、中国美食、日式料理、高加索风味等。此外，索契还有很多咖啡厅。

· Le Chef

这家餐厅坐落在高加索群山中一座精致的小岛上，有着精巧的内部装饰和精致的菜肴，是进行一个浪漫晚餐的理想之地。这里的甜食也深受人们欢迎。

地址：ul Pchelovodov, 23, Krasnaya Polyana
电话：8622-438168
网址：www.lechef-restaurant.ru

· Ne Goryuy

这家餐厅在一个小巷之中，比较隐蔽，不过它因近邻里维埃拉公园，有地道的格鲁吉亚美食，深受当地人喜爱。这里的特色菜是洋葱番茄沙司炖鸡肉片，炖牛肉汤也十分美味。

地址：per Riversky 6
电话：8622-661099

· La Terrazza

这家意大利美食餐厅，拥有各种丰富多样的地中海食物，其轻松的氛围、完美的服务，以及精美的菜肴，使之从世界各地的意大利餐厅中脱颖而出。

地址：Kurortny pr 105
电话：8622-965858
网址：www.la-terrazza.ru

索契购物

　　索契的商业中心拥有众多时装店、鞋店、饰品店和礼品店等。为了迎接2014年冬奥会，在中央区建造的亚历山大商场是俄罗斯南部最大的商业中心。此外，中央区还有著名的加加林商场，其交通十分便利，里面设有吧台、餐厅、保龄球馆等，是人们娱乐休闲的好去处。此外，这里还有很多物美价廉的生活用品、食物、各种风格的音乐和电影，以及最新的电玩产品。

　　此外，在索契，你一定不要忘记购买一些实用的纪念品，其中刻着"索契"字样的竹筒杯和竹鞋拔很有纪念意义。

·中央百货商店

　　中央百货商店是索契最古老的商场，内部商品十分丰富，有礼物店、纪念品店、钟表店等。在这些琳琅满目的商品中，总有一件是你想要的。

地址：Kurortnyj prospekt 2
电话：862-4492456

·亚历山大商业中心

　　亚历山大商业中心是俄罗斯南部最大的商贸中心之一。在五层楼的高大建筑中，每层楼所售商品均有不同。来到这里，一般都会有收获。

地址：ul Moskovskaya 22
电话：8622-341818
网址：www.alexandria-sochi.ru

·奥林匹克商场

　　这是一个综合性的商场，从价格合理的生活用品和食物以及最新的电玩产品，都应有尽有。此外，这里还有各种礼物、纪念品可供游客选择。

地址：索契交通大街28号
电话：8622-272727
网址：www.trc-olymp.ru

· Tatulyan

　　这家商场位于阿德里尔区主干线交汇之处，是此地最大的商场之一。商场外观设计新颖，商品齐全，因而客流量很大，是游客和当地居民都比较喜欢前往的地方。

地址：Lenin Avenue 1
电话：8622-400070
网址：www.tatulyan.ru

索契娱乐

　　索契是一个热闹的城市，在这里，你可以享受多种娱乐活动。这里的酒吧和俱乐部晚上基本上不关门，俄罗斯最好的DJ及专业的舞手，都会让度你过一个激动人心的索契之夜。还有优雅的剧院与电影院，也为这个纯净的城市增添了一丝梦幻的气息。在索契的海滨上，你也可以找到不少乐趣，你可以在免费的"太阳"海滨浴场上划小船、踩水上自行车、骑快艇、玩冲浪，还可以到著名的"马柴斯达"洗浴中心洗泉水浴。如果你感觉玩得还不够尽兴，还可以跳伞，从空中俯瞰大海，还可以潜到水里去，亲身感受海水的纯净。在海运码头乘坐索契游轮沿海观光，也是在索契旅游必不可少的旅游项目之一。在索契，你永远不会感到厌倦。

娱乐场所推荐		
名称	地址	电话
Zimniy Teatre	ul Teatralnaya,2	8622–622006
Festival Hall	ul Ordzhonikidze 5	8622–622294
Fregat	M27, 219– A , Adler	8622–463632
Vosmoe Nebo Club	Ordzhonikidze ul., d. 24/2	8622–622688
Cleopatra Night Club	Kurortny prospekt, d. 103	4872–718111

索契住宿

　　索契的住宿价格在高加索地区算是比较高的，与此同时，伴随着索契冬奥会的举办，也使得这里的住宿价格有了大幅度的上涨。假如你想找到较便宜的住宿环境，可前往离索契不远的阿德勒（Adler）住宿。这里5～8月，每个月的住宿价格都会有不同幅度的上涨。此外，假如你长期停留在这里，想要感受俄罗斯的氛围，还可选择到疗养院中住一周或是更长时间。

经济型宾馆

名称	地址	电话	网址
U Bocharova Ruchya Hotel	Inzhirnaya Str.8/1	8622-530212	www.bocharov-ruchej.ru
Aledo Hotel	ulitsa Bytkha, 41/ 28 A	8622-670487	www.aledohotel.ru
Forsage Hotel	Volzhskaya Str.72 A	8622-501137	www.forsage-sochi.ru
Imperia Hotel	ulitsa Plekhanova, 75	918-9153916	www.imperiasochi.ru
Ecodom Adler	ulitsa Prosveshcheniya, 160,Adler	8622-473713	www.ekodom-hotels.ru
Gayane Hotel	Aeroflotskaya Street 10, Adler	8622-461534	www.gayane-hotel.ru

中高档酒店

名称	地址	电话	网址
Marins Park Hotel	pereulok Morskoy,2	862-26930-05	www.parkhotel-sochi.ru
Villa Anna	Kurortny Prospekt72/7	862-26218-62	www.villaanna.ru
Hotel Complex Parus	Bzugu 6	8622-672925	www.parussochi.ru
Grand Hotel & SPA Rodina	Vinogradnaya ulitsa	8622-539000	www.grandhotelrodina.ru
Bounty Hotel	Primorskaya Str.4-B	8622-622808	www.bounty-sochi.ru
Zhemchuzhina Hotel Complex	Ulitsa Chernomorskaya , 3	8622-661199	www.zhem.ru

苏兹达尔克里姆宫

PART 4

金环

金环

Jinhuan

金环交通

金环即"黄金的环"，指从莫斯科到伏尔加河的若干古老城市构成的环形经典旅行路线。金环是一条很受欢迎的旅游路线，路线中主要是俄罗斯的一些古老的特色城市，这些古城市中保存有众多具有纪念价值的历史遗迹。金环串联着雅罗斯拉夫尔、弗拉基米尔、科斯特罗马、苏兹达尔、乌格利奇、大罗斯托夫、谢尔吉耶夫镇这几座城市。

主要城市的出入交通
🚌 雅罗斯拉夫尔

雅罗斯拉夫尔是俄罗斯重要的交通枢纽，连接着前往莫斯科、沃洛格达、雷宾斯克、科斯特罗马、伊力诺沃札基洛天万间的铁路和公路。

· 火车

格拉夫内岭火车站（Glavny vokzal）位于雅罗斯拉夫尔的ul Svobody大街上。还有就是位于城南2千米的莫斯科火车站（Moskovsky vokzal)，每天都有多趟列车往返于莫斯科雅罗斯拉夫尔火车站和雅罗斯拉夫尔莫斯科火车站之间，全程约4小时。此外，每天还有两班往返于圣彼得堡和雅罗斯拉夫尔间的列车，全程约12小时。假如你想要前往大罗斯托夫等比较近的城市，可搭乘郊区火车。

· 公共汽车

在雅罗斯拉夫尔莫斯科火车站（Moskovsky

vokzal)附近，有去往莫扎伊斯克的公共汽车站。这里每天都有两班车往返于莫斯科的Shchyolkovsky车站和莫扎伊斯克，并且每天还有多趟过路车在此停靠。此外，从这里发出的公共汽车还会前往弗拉基米尔、科斯特罗马、鸟格利奇等金环旅游城市。

弗拉基米尔

·火车

弗拉基米尔主要是一些途经列车的停靠地，如从莫斯科库尔斯克火车站到下诺夫哥罗德的快班列车，以及很多慢速火车都在这里停靠。

·公共汽车

在弗拉基米尔，有很多定时从这里发出的前往莫斯科其他地区的公共汽车（信息见下表），到达亚历山大罗夫、博戈柳博沃等金环区域中的小地方。

前往地区信息			
目的地	班次	票价	运行时间
Shchyolkovsky车站	4班	190～225卢布	约4小时
科斯特罗	3班	300卢布	约5小时
雅罗斯拉夫尔	2班	320卢布	约5.5小时
伊万诺沃	1班	120卢布	约2小时
苏兹达尔	每半小时1班	40卢布	约1小时
诺夫哥罗德	7班	235～280卢布	约4.5小时
喀山火车站	私人运营汽车，客满即发车	200卢布	约3.5小时

科斯特罗马

·火车

在科斯特罗马，每天有好几趟前往雅罗斯拉夫尔的城际火车，运行时间为3小时。此外，还有两趟到达莫斯科亚罗斯拉夫尔火车站的长途火车，全程约6.5小时。

·公共汽车

科斯特罗马的公共汽车站位于Susaninskaya pl广场东面4.5千米处，这里有开往莫斯科、雅罗斯拉夫尔、弗拉基米尔的公共汽车。其中，开往弗拉基米尔的火车途经苏兹达尔。

去俄罗斯
终极实用版

前往地区信息			
目的地	班次	票价	运行时间
莫斯科中央车站	6班	580卢布	约8小时
雅罗斯拉夫尔	8～14班	141卢布	约2小时
弗拉基米尔	3班	340卢布	约4小时
诺夫哥罗德	3班	560卢布	约9.5小时
伊万诺沃	16班	173卢布	约3小时

苏兹达尔

· 公共汽车

苏兹达尔汽车站在Vasilievskaya ul大街东边2千米处，每半小时就会有一班车发往弗拉基米尔，全程运行时间约1小时；此外，这里每天至少有一班汽车前往莫斯科的Shchyolkovsky车站，全程约4.5小时。

乌格利奇

· 公共汽车

从雅罗斯拉夫尔，每天有12班公共汽车发往乌格利奇，全程需3小时。此外，从乌格利奇还有发往罗斯托夫的公共汽车，全程约2小时。

大罗斯托夫

· 火车

从莫斯科的雅罗斯拉夫尔火车站每天都有2班特快车开往大罗斯托夫，全程约3小时；还有开往雅罗斯拉夫尔的长途列车在此停靠。

· 公共汽车

从大罗斯托夫可直接乘公共汽车前往雅罗斯拉夫尔，有直达车，全程约1.5小时；也有从莫斯科中央车站出发，途经大罗斯托夫前往雅罗斯拉夫尔的过路车，全程3～5小时。

谢尔基耶夫镇

· 火车

从莫斯科前往谢尔基耶夫镇，可选择从莫斯科雅罗斯拉夫尔火车站乘火车出发，并乘特快列车返回，其中特快列车全程约1小时，每天有2班车。此外，在这里还有市郊列车，每半小时就有一趟车发出，你可乘坐任何一趟前往镇中心或者亚历山德罗夫。

· 公共汽车

在莫斯科全俄展览中心地铁站旁边，可乘388路公交车直达谢尔基耶夫镇。此外，每天有从谢尔基耶夫镇开往扎列斯基的汽车，还有前往雅罗斯拉夫尔、特斯特罗马等地的中转车。

主要城市的市内交通

在俄罗斯游金环，可选择乘坐火车穿行于这些城市之间，这里主要的铁路线几乎将整个"金环"沿线旅游胜地串联起来。不过，想要在具体的某个城市中细细地观赏当地的特色景点，还需要乘坐当地的公共汽车、电车等交通工具，这是进一步参观金环景点的重要途经。此外，在这些城市之中，精华的观赏景点相对比较集中，并且各景点之间的距离相隔并不是很远，因而，步行游览是深入了解金环众多古城市的一个好方式。

名称	交通工具	交通情况
雅罗斯拉夫尔	有轨电车	终点站位于ul Ukhtomskogo大街上，其中，3路电车沿着大十月大街行驶，终点站在显现节广场西边
	无轨电车	1路无轨电车途经自由大街和沃尔科夫广场，最终到达Krasnaya pl 广场；在公共汽车站或雅罗斯拉夫尔莫斯科火车站可搭乘5路或9路无轨电车前往显现节广场
弗拉基米尔	无轨电车	5号无轨电车从火车站和汽车站出发，沿Bloshaya Moskovskaya ul大街，途经市区主要的景点和旅馆
科斯特罗马	公交车	1、2、9、19路等公交车沿着ul Sovetskaya大街往返于公共汽车站和苏萨宁街之间
	无轨电车	2路无轨电车在火车站、苏萨宁街之间运行
苏兹达尔	固线小巴	可在公共汽车站乘固线小巴前往市中心
乌格利奇	公交车	从火车站可乘3路公交车抵达市中心，小镇较小，可徒步参观
大罗斯托夫	公交车	6路公交车在火车站和镇中心之间运行
谢尔基耶夫镇	步行	主要街道pr Krasnoy Armii纵贯小镇南北方向，火车站和公共汽车站都在这条街道以东的广场对面，修道院在车站背面不远处，可步行参观

雅罗斯拉夫尔

金环景点

雅罗斯拉夫尔

　　雅罗斯拉夫尔（Yaroslavl）这座莫斯科的兄弟城，被人们普遍认为是俄罗斯最美丽的城市之一。这里一年四季都很美，漫步在街心公园的林荫路上，你几乎不会受到炎炎夏日的侵扰，到了冬季，被白雪覆盖后，这里变得更加动人。当你置身于历史悠久的某条巷道中，穿越之感油然而生；当你欣赏市区原始的建筑景观时，将被一系列精致的教堂和世俗建筑所震撼。这个有着近千年历史的古城，有太多值得你倾心的地方，不妨停下脚步，细细品味。

雅罗斯拉夫尔旅游示意图

伏尔加河

圣尼古拉奇迹教堂
雅罗斯拉夫尔艺术博物馆
先知耶稣华教堂
雅罗斯拉夫尔历史博物馆
伏尔加堡垒
艺术博物馆
智者雅罗斯拉夫尔雕像
主显节教堂
主显圣容大教堂
主入口
雅罗斯拉夫尔石碑

🗨 旅游资讯

地址： 莫斯科东北方约250千米处
交通： 从莫斯科乘火车可到

📷 必游景点

先知伊利亚教堂

　　先知伊利亚教堂位于苏维埃广场上，是17世纪伏尔加河流域城市建筑的典型，也是雅罗斯拉夫尔享有盛名的东正教教堂。这座精致的教堂是古俄罗斯艺术的杰作，其外部的白砖石墙十分美观，内部的壁画充满了古朴的气息。

主显圣容大教堂

　　建于12世纪末的主显圣容大教堂就在波德贝尔斯克广场东南面，其中，16世纪重建的

先知伊利亚教堂

基督显灵教堂是当地历史最为悠久的石教堂之一。站在教堂顶部的瞭望台上，可俯瞰教堂及周边美景。教堂内有精美的古典壁画以及美术博物馆，馆中展示有不少历史文物。

雅罗斯拉夫尔历史博物馆

雅罗斯拉夫尔历史博物馆位于伏尔加滨河路，集中展现了雅罗斯拉夫尔的历史。博物馆内部的藏品种类十分丰富，包括雅罗斯拉夫尔的历史地图、城市照片等。在博物馆的花园中，还建有一座缅怀20世纪战争中遇难者的纪念碑。

雅罗斯拉夫尔艺术博物馆

雅罗斯拉夫尔艺术博物馆在伏尔加河滨路以北，其馆藏文物十分丰富。馆内陈列有18~20世纪的俄罗斯艺术品，包括油画与雕塑等藏品。

📷 旅游达人游玩攻略

从主显圣容修道院的钟楼观景台上，你可以欣赏到科托尔河河口、伏尔加河沿岸和众多教堂；此外，绘有壁画的教堂，是雅罗斯拉夫尔市的一大特色，夏季，这里共有六座教堂对外界开放。

雅罗斯拉夫尔圣母升天大教堂

📍 弗拉基米尔

弗拉基米尔（Vladimir）是金环上最具代表性的旅游城市，历史悠久。目前俄罗斯的115个历史名城中，这里就有16个。在这里你能欣赏到享有盛名的弗拉基米尔–苏兹达尔古迹，还可以看到美观的商业城镇历史建筑。这里拥有众多著名的历史人物，如古俄罗斯圣像画家安德烈·鲁布廖夫、现代空气动力学创始人茹科夫斯基及很多著名的工程师和发明家等。

弗拉基米尔旅游示意图

弗拉基米尔

💬 旅游资讯

地址：莫斯科东北方约178千米处
交通：从莫斯科乘电气列车可到，约需3小时

📷 必游景点

圣德米特里教堂

圣德米特里教堂（Cathedral of St Dmitry）位于圣母升天大教堂的东面，建于12世纪。教堂中的内墙上有弗拉基米尔–苏兹达尔石刻，十分壮观，在外墙上雕刻有许多耀眼的动植物和狩猎景象的图案，同样精致。

金门

金门（Golden Gate）是弗拉基米尔仅存的一座老城门，仿造基辅金门建造，就像是基辅的缩小版。如今的金门，虽历经沧桑，却依然是弗拉基米尔象征性的建筑。在金门上方有一个白石拱，象征"胜利"。博物馆的门票为50卢布。

圣母升天大教堂

圣母升天大教堂（Assumption Cathedral）建于

圣母升天大教堂

12世纪，在当时以当地流行的"无色人工宝石建筑结构"而闻名。教堂内有闻名世界的安德烈·鲁布廖夫绘制的壁画。教堂门票是100卢布，开放时间为周二至周日的7:00～20:00。

波克罗夫教堂

波克罗夫教堂位于弗拉基米尔市东北部，孤傲地矗立在河岸的草原上，其优雅的身姿酷似美丽的"天鹅"，因此它又被称为"天鹅"教堂。每一个亲眼目睹这座大教堂的游者，都将被它的高雅身姿折服。

📍 科斯特罗马

科斯特罗马（Kostroma）是伏尔加河沿岸的一座城市，也正因此，它一直以来被称为是俄罗斯首都的"妹妹"。科斯特罗马市拥有众多古老的府邸、教堂和大型贸易中心等建筑。因此这里也是俄罗斯众多古城中，唯一完整保存自身历史中心的城市。这座历史之城的建筑大多为木结构，有着众多精致的木造教堂、木造宅邸和农舍，从高空俯瞰，这就像是一把面向河流展开的扇子，神奇而壮观。

💬 旅游资讯

地址：莫斯科东北约300千米处

📷 必游景点

伊帕季耶夫修道院

伊帕季耶夫修道院位于科斯特罗马河和伏尔加河的交汇处，其外观恢宏大气，内部装饰高贵典雅，可谓是一座风格独特的建筑。此外，青年时期的米哈伊尔·罗曼诺夫曾在此住过，并于1613年于此继承皇位，因而修道院有"罗曼诺夫之家的摇篮"之称。在苏萨宁斯基广场乘坐14路公共汽车即可到达修道院。

科斯特罗马旅游示意图

木建筑博物馆

在伊帕季耶夫修道院附近就能找到木建筑博物馆，馆中有古老的房屋、谷仓和教堂，是一个具有代表性的露天民俗博物馆。馆中的展室中陈列有各种展品，充分表现了农民的日常生活、传统风俗和宗教信仰。

苏萨宁广场

苏萨宁广场位于科斯特罗马市中心，是市区的主广场，当地人习惯称之为思科沃罗达广场。广场上最主要的大街为列宁大街，此大街是城市的中轴线。在苏萨宁斯基广场所有的大街上，随处可见商人和贵族的府邸。广场上主要的建筑包括前军事建筑卫兵室、19世纪的烽火台、18世纪前大酒店等。你可乘1、2、9路公共汽车到达这里。

科斯特罗马

📍 苏兹达尔

　　苏兹达尔（Suzdal）处处充满了宁静与古朴的气息，仿佛是一座活灵活现的童话之城。这里曾是古俄罗斯重要的政治及宗教中心，因而当你发现在这座小小的城市中竟有如此多的修道院和教堂时，也就不会感到奇怪了。走在古老的大街上，你会被街边众多木质农舍所吸引，远观不禁为洁白的窗框感叹，近赏则被精美的刻花雕饰所震撼。苏兹达尔就是这样以其风韵独具的古代建筑群，赢得众人瞩目，并被列为世界遗产保护区。

💬 旅游资讯

地址： 莫斯科东北方向220千米处

交通： 从弗拉基米尔乘长途汽车，约30分钟可到

苏兹达尔旅游示意图

斯摩棱斯克亚教堂

波克洛夫修道院

亚历山大修道院

法衣存放修道院

伊林斯卡亚教堂

尤里斯卡亚教堂

圣母顿极大教堂

府主教宫殿

卡 缅 河

木造建筑博物馆

📷 必游景点

克里姆林宫

　　克里姆林宫（Kremlin）是苏兹达尔最早的核心区域，包括教堂、宫殿、拱形走廊，这座大型的宫殿完全可与意大利闭合式宫殿相媲美。环绕克里姆林宫散步，你可以看到卡缅卡河对岸美丽的郊区，透过茂密的树冠，可以看到古老的木制鱼鳞片式圆顶教堂。

钟楼

　　在市区宏伟的兹波洛任修道院有高达几十米的钟楼，其突兀的身姿，与四周7～8米高的民居，形成鲜明的对比。据传，这座钟楼是当地工匠们设想将钟楼建成凹角锥的形状，因而产生了现在造型独特优雅，并有葱头形教堂圆顶轮廓的宏伟建筑。

苏兹达尔克里姆林宫

法衣存放修道院

法衣存放修道院位于列宁街西侧，是为纪念拿破仑战争胜利而建造的。修道院因上部有两个蘑菇形屋顶的神圣之门而闻名，通过瓷砖等进行装饰，使整个彩色建筑与其他白色建筑相映成趣。

斯巴索-叶夫菲米修道院

斯巴索-叶夫菲米修道院位于市区北端，是苏兹达尔最大的修道院，其伟岸的身影倒映在卡缅卡河中显得异常壮丽。院内有众多教堂，其中最为著名的是16世纪的圣母诞生教堂。教堂附近还建有钟楼，那里常常会举办热闹的音乐会。

斯巴索-叶夫菲米修道院

📷 旅游达人游玩攻略

1.每年7月的第三个周六，苏兹达尔木造建筑博物馆里会举行国际"黄瓜节"。在假日期间，你可了解到更多、更有趣的知识，且有各种鲜黄瓜、腌黄瓜、美味黄瓜可以品尝。同时，这里还会开展吃西瓜竞赛、举行各种演出等，并能买到很多别具特色的以黄瓜为主题的纪念品。

2.每年2月份苏兹达尔市会举办俄罗斯童话节。节日期间，当地会有小丑表演、组织民间团体演出，以及各种娱乐活动、知识竞赛等。这是一个目睹古老的俄罗斯仪式和娱乐活动的好机会。不仅仅是观看，你也可以亲自参与到热闹的活动中去，享受节日的欢乐气氛。

📍 乌格利奇

乌格利奇（Uglich），是一座很有名气的小镇。过了乌格利奇船闸，你就能与这个有着千年历史的古镇零距离接触了。初入乌格利奇，你的脑海中只有清新两个字。当你看到闪闪发光的宫殿与别具一格的教堂时，你会感叹它的大气。假如，你想在俄罗斯寻找一份宁静，那么这里绝对不会让你失望。在乌格利奇，你会很轻松地游遍整个著名景点，因为这里的重要建筑都距离很近。此外，这里还是著名的"海鸥"女表出产地。

克里姆林宫
公共汽车站
圣母升天广场　阿列克谢耶夫修道院
"圣母升天"宾馆
N
乌格利奇旅游示意图

乌格利奇克里姆林宫

💬 旅游资讯

地址：伏尔加河上游河段

交通：在莫斯科的白俄罗斯车站乘602路夜间列车可到，全程约7小时

必游景点

乌格利奇克里姆林宫

乌格利奇克里姆林宫

建于10世纪的乌格利奇克里姆林宫，是乌格利奇城镇最古老的建筑。宫殿的中心建筑是德米特里教堂，教堂建于17世纪，是为纪念伊凡大帝的幼子德米特里小王子而修建。教堂中有很多精美有趣的壁画，还有与小王子被暗杀事件相关的物品，就连当初人们抬王子的担架也被保存了下来。此外，这里还保存有15~16世纪在王子殉难地造起的"被发配警钟"。克里姆林宫的门票为34卢布，开放时间是9:00~17:00。

大罗斯托夫旅游示意图

🔴 大罗斯托夫

大罗斯托夫（Rostov）也是俄罗斯金环线上的一个重要城市，以其保存完整的白石内城建筑群闻名于世。这座古老的城市史载建于9世纪，雪白的城墙与雄伟的教堂圆顶令人啧啧称奇。大罗斯托夫就像一个历经沧桑，看透人情世故的老者，静静地立于黑湖（Lake Nero)湖畔，向慕名前来的人们倾诉它那源远流长的历史故事。

💬 旅游资讯

地址： 莫斯科西部约190千米处

必游景点

克里姆林宫

大罗斯托夫克里姆林宫是俄罗斯金环上最大的教堂群，其庞大精美的建筑体系，无论从哪个角度看，你都会被它折服。克里姆林宫主要分为教堂广场、府主教里院、府主教果树园这三大部分。在整个宫殿建筑中央有一座池塘，这为整个克里姆林宫增添了一份灵动美。开放时间为10:00~17:00，最晚须在闭馆30分钟前入场。

圣母升天大教堂

圣母升天大教堂（Assumption Cathedral）位于克里姆林宫北墙外，比克里姆林宫的历史要早几个世纪。教堂上壮丽的5个大穹顶，俯瞰着克里姆林宫，共同构筑成了一个完美的建筑体系。在圣母升天大教堂旁边有个著名的钟楼（belfry)，里边的十几座大钟都拥有自己独特的名字。如今，在这里听钟声是件再平常不过的事了，每逢假日，这里还会举办钟声音乐会。

📷 旅游达人游玩攻略

在大罗斯托夫，可从城区沿湖向东北方向，观赏围墙内的阿夫拉米耶夫修道院。假如你从内城向西南方向则可轻易找到独具魅力的雅科夫列夫修道院；如果是夏天前来大罗斯托夫，那么就一定要到湖上去泛舟，这样不仅能够享受乘船的乐趣，更重要的是从湖面望去，你可将市内的教堂、修道院等众多美景都一览无余。

📍 谢尔吉耶夫镇

谢尔吉耶夫镇（Sergiyev Posad）是距离莫斯科最近的金环线城市，从莫斯科出发当天就可以返回，是莫斯科必游之地。前苏联时期，这里曾名为"扎戈尔斯克"，到1991年又恢复为旧名"谢尔吉耶夫"，这里是一座宗教城市和民间工艺品生产基地，也因此为世人所知。

💬 旅游资讯

地址： 莫斯科以北约70千米处

交通： 从雅罗斯拉尔火车站乘车到亚历山大罗夫，再换乘电车到达

📷 必游景点

谢尔吉圣三一大修道院

谢尔吉圣三一修道院是东正教最古老的教堂之一，主要由圣三教堂、圣母升天教堂、沙皇宫殿和钟楼等建筑组成。收藏有各种古俄罗斯绘画作品、贵重金属和宝石古董，具有十分重要的历史及艺术价值。

玩具博物馆

玩具博物馆（Toy Museum）中展示有众多本地生产的珍贵的民间艺术品，如套娃、木偶等。此外，还有展现俄罗斯历史的玩具以及来自世界各地的玩具。玩具博物馆的门票为150卢布，开放时间是10:00～17:00。游客可以在博物馆中拍照或摄像，但要另付费，拍照50卢布，摄像200卢布。

📷 旅游达人游玩攻略

1. 在谢尔吉圣三一大修道院内设有莫斯科宗教大学神学院，在这里，你能遇到年轻的修士和修女。要注意在修道院中，不要对修士及僧侣拍照，女性应该戴上头巾，男士在进入教堂之前应该摘掉帽子。

2. 谢尔吉耶夫距离莫斯科很近，通常情况下，游客会选择在这里待上一天，然后继续前往金环其他城市或者是返回莫斯科。假如你的时间紧迫，只有一天的时间来游览金环，那么不妨选择谢尔吉耶夫作为目的地。

谢尔吉耶夫镇

金环美食

金环作为莫斯科附近十分著名的旅游线路，中间的每个古老城市都有世界各国风味的餐厅。在雅罗拉夫尔的ul Kirova大街的两侧，你可以看到很多咖啡馆及餐厅，这里的餐厅多数在夏季都可以户外用餐；在弗拉基米尔或苏兹达尔，你可以很轻松地找到一家餐馆；在科斯特罗马，你可到苏萨宁斯基广场（Susaninskaya pl）南面的贸易长廊之中，寻找便宜的小餐馆；在鸟格利奇这样小城市中，可在街道或者路边的餐馆就餐。总之，在城市的主要步行街或者是旅馆附近，你可以找到众多不同口味的饮食餐厅。

俄罗斯风味

· Roga & Kopyta

这是一家颇有历史的老餐馆，铁制家具、作装饰用的黑白照片，很容易勾起人们对那个时代的向往。这里的菜味道纯正地道，很老俄罗斯的风味。

地址：ul Pervomayskaya, 59, Yaroslavl
电话：4852-307391
网址：www.sf-vl.ru

· Sobranie

这家美味的俄罗斯餐厅，提供地道的俄罗斯菜肴，餐厅有俄文及英文菜单。推荐这里的牛肉、奶酪。此外，这里还提供商务午餐。

地址：Volzhskaja naberezhnaja, 33, Yaroslavl
电话：4852-303132

· Ioann Vasilyevich

这家餐厅温馨独特，是雅罗斯拉夫尔最时尚的餐厅之一。这里提供的食物分量很大，且清新独特。推荐鲈鱼樱桃、西伯利亚汤、烤鲟鱼，以及烤面包、糕点。

地址： Revolutsionnaya street, 34, Yaroslavl
电话： 4852-914707
网址： www.ivyar.ru

· Traktir

这是弗拉基米尔最活跃的餐馆之一，位于一家木制别墅内，用餐环境十分优雅。这里夏天还有开放的露天阳台，你可以在那里进行烧烤。此外，周末还有现场音乐。无论从哪个方面来看，这里无疑是一个聚餐的理想场所。

地址： Letneperevozinskaya ul 1A，Vladimir
电话： 4922-324162
营业时间： 11:00至最后一名客人离开

· Beloe Solntse

这家餐馆就位于科斯特罗马河边车站附近，主要提供俄罗斯菜，欧洲及混合式菜肴。在天气晴朗的时候，你还可以在户外用餐，一边品尝美味佳肴，一边欣赏伏尔加河的优美风光，无疑是美好的就餐体验。此外，这里晚上还有优雅的乐曲演奏。

地址： Lesnaya ul 2, Kostroma
电话： 4942-373137

· Russkaja Trapeza

这家古朴的小餐厅跟苏兹达尔这个城市相融合，里面的木质桌椅令人感到舒适。这里提供的俄罗斯菜肴，不仅正宗，而且价格合理。在这里就餐是愉悦的，但要尽量提前预订座位，这样可以为你的就餐提供保障。

地址：ul. Tolstogo, d.5, Suzdal
电话：49231-23480

· Ulej

这真是一个温馨的地方，餐厅建筑本身就值得细细品味。这里的俄罗斯美食十分丰富，并且还提供美味的下午茶。假如你喜欢苏兹达尔的木质特色建筑，或是对俄罗斯美食情有独钟，那么这里一定是你的首选。

地址：ul. Lenina, 45, Suzdal
电话：49231-23303
网址：www.pushkarka.ru

· Trapeznaya Palata

这家餐馆拥有一个优越的地理位置，主要提供传统美味的俄式菜肴。假如，你对地道的俄罗斯美食感兴趣，那么一定不要错过这里。

地址：Kremlin, Rostov
电话：48536-62871
营业时间：9:00～17:00（夏季至深夜）

¶¶ 世界美味

· Van Gogh

这家餐厅充满了浓厚的艺术气息，除了一个耐人寻味的名字之外，这里创意十足的食物更是让人赞不绝口，尤其推荐这里的沙拉和意大利面。值得一提的是，周五及周六的夜晚，当地乐队经常会前来表演，气氛非常热烈。

地址：ul Kirova 10/ 25, Yaroslavl

电话：4852-729438

· Cafe Boulevard

这家餐厅主要提供精美的俄罗斯、意大利等欧洲美食。在天气好的时候，餐厅会打开夏季露台，你可在就餐的同时，欣赏市区美景。此外，在12:00 ~ 16:00，餐厅中的菜肴会有20%的折扣。

地址：prospekt Chelyuskintsev, 14, Yaroslavl, Russia

电话：4852-919101

网址：www.paradehotel.ru

· Karetny Dvor

这家餐厅是当地人十分喜爱的用餐之地，其富有特色且多样化的菜单，提供各种精美的菜肴。周末来这里用餐，你还可以欣赏到热闹的现场民族音乐表演。

地址：pr Mira 4, Kostroma

电话：4942-313798

营业时间：11:00至午夜

· Dudki bar

这里拥有一个良好的气氛，菜单上的食物十分丰富，且价格实惠。此外，餐厅中恬静的音乐，及令人舒适的氛围，都使人深深地喜欢上这个地方。

地址：Mira pr., 18, Kostroma

电话：4942-300003

网址：www.dudkibar.ru

· Tokyo

这是弗拉基米尔小镇上一家非常知名的日本餐厅，在这里，你不仅可以吃到寿司、生鱼片，还可以品尝到面条、咖喱饭菜等菜肴。

地址：Bloshaya Moskovskaya ul 16, Vladimir

电话：4922-376227

· Slavyansky

这是一家在当地非常受欢迎的餐厅。餐厅内装修时尚大方，供应的食物各式各样，美味可口且价格适中，可以满足不同人的需要。

地址：Sovietskaya ul 8，Rostov

电话：48536-62228

营业时间：11:00至次日1:00

金环购物

　　金环的购物地主要集中在每个城镇的主要街道上，通常会有很多超市、商场。在金环，购物的最大乐趣就在于能够在不经意间好好地体验一把真正的俄罗斯风情。金环的每个城市，都有不同的特点。比如科斯特罗马是亚麻纺织工业中心，亚麻织物利就是当地的最佳旅游纪念品；而在苏兹达尔就是另一番天地了，这里的肖多鸟哈蜂蜜酒是当地特产，在一些露天小铺就可以看到，可以随时买一些，而黄瓜就更为重要了，你可在当地黄瓜节期间找到各种与黄瓜有关的纪念品。总之，在金环绝对不会让你空手而归。

·雅罗斯拉夫尔基洛夫步行街

　　雅罗斯拉夫尔基洛夫步行街是市区一条主要的街道，是一个融合了新旧文化的地方，街上的购物场所林立，各国的购物馆随处可见。更有各种美食店、咖啡屋、酒吧，逛累了随时可以找一家店休息一下。

地址：Yaroslavl

·弗拉基米尔大莫斯科街

　　大莫斯科街是弗拉基米尔最为繁华的街道，这条大街集购物、观光、娱乐于一体。你可在两旁的购物商店中寻找一些富有当地特色的小商品。

地址：Bolshaya Moskovskaya ulitsa，Vladimir

·科斯特罗马商业街

　　科斯特罗马主要有两条商业街，它们位于市中心苏萨宁广场的对面，其中一条是十分热闹的市场，另一条聚集了各种服装店、美术店、纪念品店。在商业街中，你既能感受购物的乐趣，又能欣赏古老的建筑，在浓浓的氛围中了解这个迷人的城市。

地址：Kostroma

· 科斯特罗马贸易中心

科斯特罗马市贸易中心位于伏尔加河码头上方的市中心广场，其中各种店铺鳞次栉比，这些店铺形成了一个巨大的贸易中心。这个古老的贸易市场，四周有白色的拱形长廊环绕，素有"美丽的拱廊"之称。在这个大型综合性市场中，你能找到独具特色的旅游工艺品、纪念品、品牌服装和纺织品等，是理想的淘宝之地。

地址：伏尔加河码头上方

· 苏兹达尔贸易广场

苏兹达尔贸易广场（Torgovaya Ploshchad)是城区的商业购物中心，西侧是著名的贸易长廊。在长廊之中，分布有各式各样的商店、咖啡馆以及专营苏兹达尔手工艺品和艺术品的商店，值得去看看。

地址：Gremachka Street, Suzdal

· 苏兹达尔早市

在苏兹达尔，每天不到6:00，市区中心广场就有很多小贩前来摆摊。这个热闹的早市不仅卖原材料食物，还卖各种俄式烤鸭、黑麦面包制成的甜品等俄罗斯风味小吃。此外，假如你运气好的话，还能遇到小镇上的传统演出。

地址：Suzdal

· 大罗斯托夫克里姆林宫礼品店

在大罗斯托夫的克林姆林宫中有个很受欢迎的小店，在看风景之余，不妨到这里来淘淘宝。你可在这里找到一些珐琅小模型和蜂蜜啤酒，其营业时间一般为10:00 ~ 17:00。此外，在克里姆林宫东面还有两座美术馆，可到里面欣赏其艺术作品，或购买一些纪念品。

地址：Rostov Kremlin

· 谢尔基耶夫镇市场

在谢尔基耶夫镇火车站旁，你会发现有一个十分热闹的市场，这里有当地人种的玉米及蔬菜、水果等。此外，这里还常常有一些街头卖艺的人，你可以像个当地人一样，边逛边看，十分有意思。

地址：Sergiyev Posad

金环娱乐

　　金环作为著名的探访俄罗斯历史文化的旅游线路，有各种各样的娱乐活动可供游客选择。这里没有大城市的喧嚣，反而多了份宁静与优雅，其娱乐活动也同样丰富多彩。这里有热闹的酒吧、高雅的音乐厅，也因其独特的地理及人文因素，这里有各种别具特色的户外活动。在金环古老的城镇中，你一定会被那些独具特色的娱乐活动吸引。

· 雅罗斯拉夫尔河上之旅

　　每年夏天，雅罗斯拉夫尔的伏尔加河道站（river station)上有慢速的郊区小船，你可乘小船到达当地的各个站点。从雅罗斯拉夫尔出发前往达托尔加河，一个小时的行程中，将让你享受精彩、轻松的旅程，沿途可看到众多优美的风光。

地址：雅罗斯拉夫尔伏尔加河

· 人罗斯托大黑湖之旅

　　在大罗斯托夫，你可乘Zarya号渡轮前往黑湖（Lake Nero)观光，渡轮从克里姆林宫西门附近的码头出发，行程约1小时，途中你可以看到市中所有的修道院。你也可以选择与渡轮价格一样、线路相同的小船，从较小的码头出发，全程仅需15分钟。

地址：Lake Nero,Rostov

· 苏兹达尔户外活动

　　苏兹达尔四周遍布美丽的乡村风景和连绵起伏的丘陵，是户外活动的理想场所。来到这里，你可以享受骑马、山地骑车等活动带来的乐趣。在Hotel Tourist Complex（49231-23380, ul Korovniki, 10:00 ~ 18:00)可租到自行车、雪车和滑雪板。

地址：Suzdal

金环住宿

　　金环线路中的大多数城市旅馆的住宿费用都包含早餐费用，假如你深夜到达金环中的任何城市，最好提前预订旅馆。同时，金环这一著名的旅游线，越来越受到更多人的青睐，从这方面考虑，提前预定一家旅馆也是十分必要的。这里的每一座城市都有着古朴的气息，有各种各样的酒店可满足不同的需求。其实住惯了那些大酒店，换换口味也是一种不错的体验，尤其是在金环的这些特色城市中，想要更深层次地感受那种古老的氛围，选择一些富有特色的旅馆入住，是很有必要的。假如你的住宿预算比较紧张，那么可以选择经济型旅店，可以在比较舒适的住宿条件下，省下不少钱。

经济型宾馆			
名称	地址	电话	网址
Svetliy Terem Hotel	ulitsa Tolstogo, 21, Suzdal	910–1776112	www.svterem.ru
Godzillas Suzdal	Naberezhnaya 32, Suzdal	49231–25146	www.godzillashostel.com
Ibis Yaroslavl Center	pereulok Pervomayskiy, 2, Yaroslavl	4852–592900	www.accorhotels.com
Nikolaevsky Posad Art Hotel	ulitsa Lenina, Suzdal	49231–23585	www.nposad.ru
Snegurochka Hotel	ulitsa Lagernaya, 38/13, Kostroma	4942–423201	hotel–snegurochka.ru
Sport Hotel	ulitsa Mayorova, 8, Yaroslavl	4852–447285	www.sport.yaroslavl.ru
Moskva Hotel Uglich	7 Naberezhnaya str, Uglich	48532–41415	www.uglich–hotel.net
Usadba Pleshanova	Pokrovskaya ul 34，Rostov	48536–76441	www.hotelvrostove.ru

中档酒店			
名称	地址	电话	网址
Romanov Les	Lunevo, 50, Kostrom	903–7245969	www.romanovles.ru
Parade Hotel	ploshchad' Chelyuskintsev, 14, Yaroslavl	4852–919101	www.paradehotel.ru
Pushkarskaya Sloboda Hotel	43 Lenin St, Suzdal	49231–23303	www.pushkarka.ru
Ring Premier Hotel	ulitsa Svobody, 55, Yaroslavl	4852–581158	www.ringhotel.ru
Aljosha Popovich Dvor Hotel	ulitsa Svobody, 55, Yaroslavl	4852–581158	www.ringhotel.ru
Sokol Hotel	Torgovaya square 2–A, Suzdal	49231–20987	hotel–sokol.ru

雅罗斯拉夫

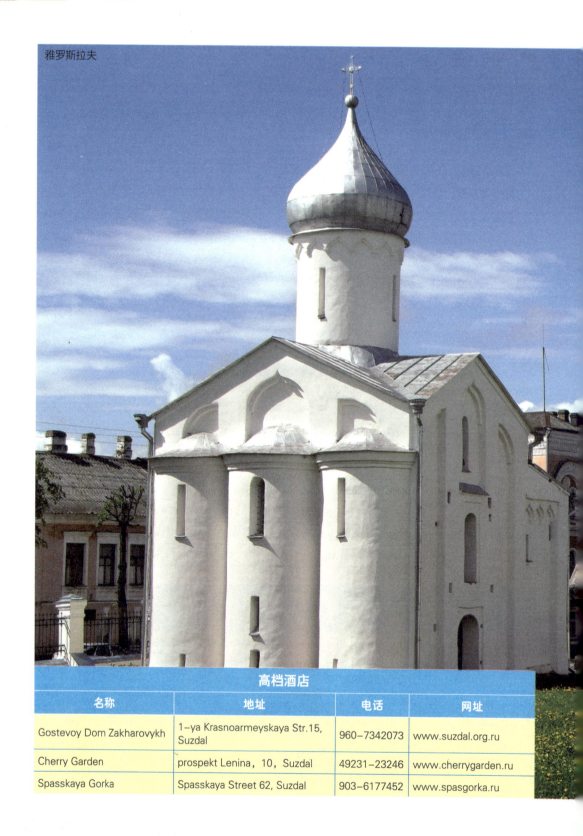

高档酒店

名称	地址	电话	网址
Gostevoy Dom Zakharovykh	1-ya Krasnoarmeyskaya Str.15, Suzdal	960-7342073	www.suzdal.org.ru
Cherry Garden	prospekt Lenina，10，Suzdal	49231-23246	www.cherrygarden.ru
Spasskaya Gorka	Spasskaya Street 62, Suzdal	903-6177452	www.spasgorka.ru

名称	地址	电话	网址
Usadba Prishvin	ulitsa Kooperativnaya, 46, Sergiyev Posad	916-4766636	www.ysadba-prishvin.ru
Volzhskaya Riviera Hotel	Uspenskaya Ploschad 8, Uglich	48532-91900	www.volga-hotel.com
Posadskiy Hotel	prospekt Krasnoy Armii 171, Sergiyev Posad	496-5424226	www.hotel-sposad.ru

圣彼得堡风光

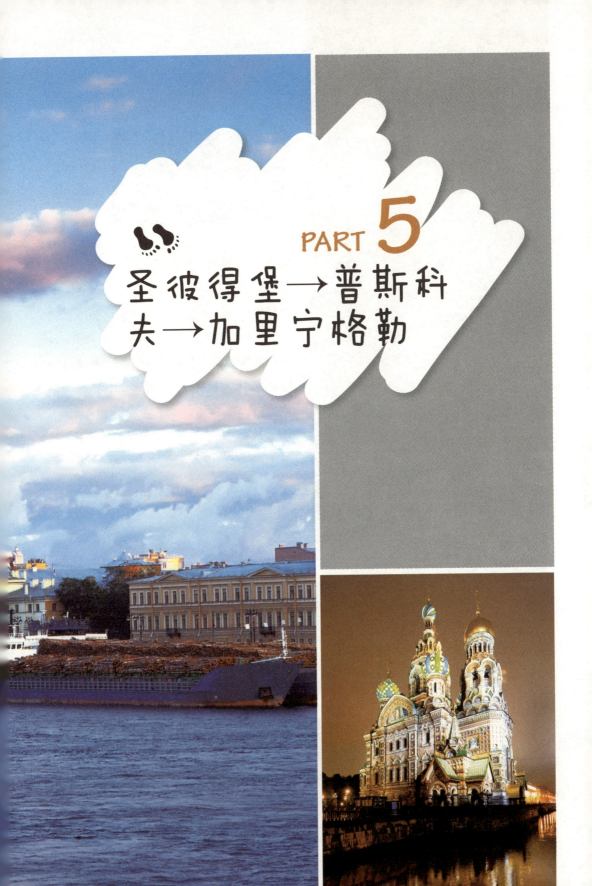

PART **5**

圣彼得堡→普斯科夫→加里宁格勒

1

圣彼得堡

Shengbidebao

圣彼得堡交通

从机场前往市区

  圣彼得堡普尔科沃机场（Pulkovo Airport）是重要的国际航空港，机场包括第一机场（Pulkovo-1）和第二机场（Pulkovo-2），分别为国内航班候机楼和国际航班候机楼。机场内设有休息室、贵宾室、儿童游乐室以及无线网络，但这些服务均需收费。值得一提的是，这两座航站楼之间距离较远，需要转机的人，可乘坐免费的穿梭巴士往返于两个航站楼间，行车时间约15分钟。

普尔科沃机场信息		
地址	2 letter A, Vnukovskaya Street, St.Petersburg	
电话	普尔科沃第一机场	812–7043822
	普尔科沃第二机场	812–7043444
网址	www.pulkovoairport.ru	

· 机场至市内交通方式

乘公共汽车：在普尔科沃机场第一机场航站楼前面的公共汽车站，可乘坐39路，在第二机场乘坐K3、K13、K113路车，可在半小时内到达莫斯科地铁站（Moskovsky vokzal），单程票价为21卢布。上地铁之后，乘坐蓝色2号线，可在15分钟内到达市中心。

乘出租车：在圣彼得堡普尔科沃机场第一机场领取行李之前，就可以预定出租车，一般等车时间为20分钟左右；在普尔科沃机场第二机场

出口处就有出租车。从站内乘坐出租车价格相对较高，从机场到市中心大约需要900卢布。在机场停车场上的出租车往往要价较高，你可以砍价。为了保险起见，最好提前预订出租车，假如赶上高峰期，出租车可能需2个小时才能赶到。

· 圣彼得堡的航空公司

圣彼得堡有直达大多数欧洲国家的首都及俄罗斯其他大城市的航班，你可以在当地廉价航空公司中快车航空公司(Sky Express)和KD航空公司查询详细的航班信息。

名称	地址	电话	网址
俄罗斯国际航空公司	Rubinshteyna ul 1/43	812–4385583	www.aeroflot.com
法国航空公司	Malaya morskaya ul 23	812–3362900	www.airfrance.ru
不列颠航空公司	Malaya Konyushennaya ul 1/3A	812–3800626	www.britishairways.com
芬兰航空公司	Malaya Konyushennaya ul 1/3A	812–3039898	www.finnair.com
荷兰航空公司	Malaya morskaya ul 23	812–3466868	www.klm.com
汉莎航空公司	Nevsky pr 32	812–3201000	www.lufthansa.com

🚌 乘地铁游圣彼得堡

在圣彼得堡，出行最快捷的交通方式为地铁。圣彼得堡的地铁车站设置得十分合理，一般设在十字街头的地下人行道里，有的与火车站的地下通道相连。圣彼得堡市目前共有4条地铁线路运营，地铁是圣彼得堡十分重要的交通工具。圣彼得堡每个地铁站对面的墙上都有浮雕式箭头，用来指明所处站台地铁运行的方向，这也是圣彼得堡十分明显的标志。圣彼得堡的地铁白天2～3分钟就有一班车，夜间为5分钟一班，在运营高峰时段间隔更短。在地铁站设有电子钟，显示前后两列车进离站间隔的时间，方便乘客监督地铁运行是否准时。

圣彼得堡地铁单程票价为25卢布，可在自动售票机处购买，也可在月票亭购买月票或者"达龙"票(一般为10张联票)。在上车后，需在打孔器上打票，千万不要尝试逃票，假如被检票员检查到

圣彼得堡地铁站

逃票，将被处以票价10倍的罚款。此外，假如在圣彼得堡停留超过两天，且旅程繁忙、路线复杂的话，可买张"智能卡"。其购买面值有140卢布（10车次/7天）、280卢布（20车次/15天）及560卢布（40车次/30天）三种智能卡。办卡时，需要交30卢布的保证金。

🚌 乘市内公交游圣彼得堡

除了地铁，圣彼得堡主要的交通工具当属有轨电车、无轨电车和公共汽车了。其中公交车站的标志为"A"，无轨电车站的标志为"Ⅲ"，电车站的标志是"T"。在站台的路标上，通常会有这些交通工具的小图标。在每个地铁出口都设有各种公交车站，这为出行的人们带来了很大便利。公交线路指示明确，容易辨认，公交车站的站牌设置得也很巧妙，只要是在同一条道路上行驶的车辆，其站牌均组合在一起。假如在前面会转向到前一条道路上，站牌便是分开置放的。在上下班高峰时段，有轨电车便发挥了自身独特的优势，由三辆车组成一列，扩大了载客量，为上下班人群提供了便利。

除了上述的交通工具，在圣彼得堡还有一些是由私人运营的固定线路小巴（Marshrutka），此类交通工具招手即停，通常是14～20座白色或黄色的中巴车，由字母K和路线数字组成。上车后向司机买票，票价通常为20～27卢布。

🚌 乘出租车逛圣彼得堡

在圣彼得堡，正规的出租车均配有计价器，很多时候司机不使用计价器，最好提前跟司机讲好价格，通常情况下需要讨价还价。圣彼得堡与莫斯科一样，除了正规的出租车外，还有一些私家车充当出租车，甚至会有很多豪华车也丝毫不吝啬地充当一次出租车，你仅需要几十卢布就可以开启你的行程。乘私家车在上车前也需先谈好价钱，不懂俄语的游客可能会有些不便。在圣彼得堡，提前预约一辆出租车也很重要，下边就来推荐几家可以提供预约服务的出租车公司。

出租车公司信息		
名称	电话	网址
Peterburgskoe taksi 068	812-3247777	www.taxi068.spb.ru
Taxi Blues	812-2718888	www.taxiblue.ru
Taxi-Million	812-7000000	www.taxi-million.ru
TAXISPB	812-9706664	www.taxispb.ru

🚌 自驾车玩转圣彼得堡

想要在圣彼得堡租车自驾是件很容易的事，这里有众多提供租车服务的公司，你可以先在网上了解情况，然后考虑与自己具体情况相符合的租车公司。

提供自驾车租赁服务的公司信息			
名称	电话	网址	交通
Astoria service	812-7121583	www.astoriaservice.ru	乘坐地铁在Ligovsky Pr站下
Avis	812-6001213	www.avis-rentacar.ru	乘坐地铁在Pl Alexandra Nevskogo站下
4 Drive	812-3352323	www. 4drive.ru	乘坐地铁在Mayakovskaya站下

冬宫

圣彼得堡市区景点

冬宫

冬宫（The Winter Palace）现在一般被叫作"艾尔米塔什博物馆"（The Hermitage Museum），是18世纪中叶俄国巴洛克式建筑的杰出典范。这座曾为叶卡捷琳娜二世女皇的私人博物馆的豪华建筑，是世界四大博物馆之一。整体建筑包括冬宫、小艾尔米塔什、旧艾尔米塔什、新艾尔米塔什以及国立艾尔米塔什剧院，气势雄伟，是圣彼得堡明信片上的建筑。置身冬宫中，数量庞大的收藏品令人眼花缭乱，专门腾出一天的时间游览冬宫，是很值得的。

旅游资讯

地址： Dvortsovaya nab 34

电话： 812-5713420

交通： 乘坐地铁在Nevsky Prospekt站下

门票： 成人套票400卢布，学生（国际学生证有效）、儿童免票

开放时间： 周二至周六10:30～18:00，周日10:30～17:00

网址： www.hermitagemuseum.org

圣彼得堡旅游示意图

旅游达人游玩攻略

1.在冬宫售票处旁有个存包处，在进入冬宫之前，需要先将随身携带的物品寄存在那儿。最好跟着导游游览，这样可以进一步帮助你了解冬宫，或者在买票后请位专业导游专门负责为你提供讲解。此外，

还可以选择语音导览，在冬宫租一个语音导览的价格是250卢布。

2.冬宫很大，假如你游览时间有限，可先重点参观古希腊的瓶绘艺术、古罗马的雕刻艺术和西欧艺术三部分藏品，这些在世界收藏界上很有名气。此外，冬宫每月第一个周四免费开放，假如需要摄影的话，需要另加费用，照相机200卢布/人；

3.假如你不想在排队上浪费太多时间，可提前在冬宫官网上买票，票价和门口购票一样，在订票成功后会收到确认邮件，需将确认函打印出来，在参观时将订票确认函和护照交到信息处即可。

滴血教堂

　　滴血教堂（Church of the Saviour on Spilled Blood）又名"复活教堂"，以莫斯科的圣瓦西里升天大教堂与雅拉斯拉夫斯基火车站为蓝本建造，建成的滴血教堂与瓦西里升天大教堂相比更为美丽。尤其是大教堂那五光十色的洋葱头顶，完全与俄国十六十七世纪典型的东正教教堂建筑风格相统一。教堂内部有大面积的以旧约圣经故事为体裁的镶嵌画，生动形象，那种美感令人震撼。

旅游资讯

地址： Canal Griboedova, 2A

电话： 812-3151636

交通： 乘坐地铁在Nevsky Prospekt站下

门票： 300卢布

开放时间： 夏天10:00~20:00，冬天10:00~19:00,闭

馆前一小时停止入场，周三闭馆

网址： www.cathedral.ru

圣以撒大教堂

　　圣以撒大教堂（Saint Isaac's Cathedral）坐落在圣以撒广场上，是圣彼得堡最大的教堂，在兴建时曾为俄罗斯最大的主教座堂。大教堂由沙皇亚历山大一世下令建造，是一幢新古典主义风格的建筑。曾一度在苏联时期变为宗教博物馆的大教堂，如今已是集博物馆与礼拜场所于一体的大教堂。站在教堂中的观景台上，可将圣彼得堡全景一览无余。

旅游资讯

地址： St. Isaac's Square, 4

电话： 812-3159732

交通： 乘坐地铁在Sadovaya或Sennaya Pl站下可到

门票： 观景台300卢布

开放时间： 周四至下周一11:00~19:00,每月最后一个周一关闭

网址： www.eng.cathedral.ru

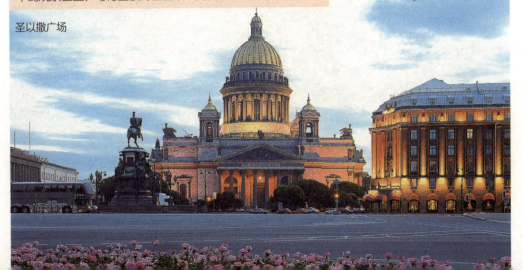

圣以撒广场

冬宫广场

冬宫广场（Palace Square）是圣彼得堡的中心广场。广场的建筑为不同时代的不同建筑师采用不同的建筑风格精心建造而成，整体建筑布局十分和谐，且拥有令人吃惊的规模与气魄。此外，在广场中央有一根为纪念战胜拿破仑而立的亚历山大纪念柱，顶尖上的手持十字架天使脚踩蛇的造型，是战胜敌人的象征。

旅游资讯

地址： Palace Square

交通： 乘地铁2线在Nevsky Prospekt站下，或乘3号线在Gostny Dvor站下可到

门票： 免费

开放时间： 全天开放

艺术广场

艺术广场因周围有众多与艺术相关的建筑而闻名。广场中央有普希金的塑像，周围尽是与艺术、音乐、美术相关的建筑。其中广场前面是俄罗斯博物馆，左侧为纪念穆索尔斯基歌剧·芭蕾剧院，右侧是俄罗斯民俗学博物馆。

旅游资讯

交通： 乘地铁至涅瓦大街、商场地铁站下车

门票： 免费

开放时间： 全天开放

十二月党人广场

十二月党人广场（Decembrists Square）又名《参政院广场》，紧邻海军司令部大楼，短暂的"十二月党人革命"就发生于此。在广场中央竖立着彼得大帝骑马铜像，是迄今为止世界上纪念性雕塑艺术最完美的作品之一，也因普希金的长诗《青铜骑士》而名扬世界。

旅游资讯

交通： 乘坐无轨电车5、22路可到

门票： 免费

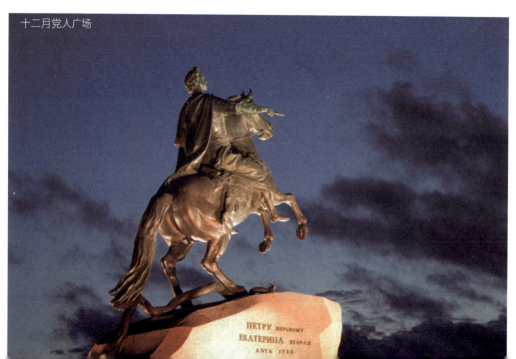
十二月党人广场

涅瓦大街

📍 涅瓦大街

　　涅瓦大街（Nevsky Prospect）是圣彼得堡的主街道，也是城市中最古老的道路之一。大街从旧海军部一直延伸到亚历山大·涅瓦大街，横穿整个城市的中心地带。这里遍地是圣彼得堡繁华的购物中心以及娱乐场所，想要发现圣彼得堡最深刻的内涵，一定不要错过这个美丽的地方。

💬 旅游资讯

交通： 乘地铁到涅瓦大街站下车即可　　**门票：** 免费　　**开放时间：** 全天开放

📍 俄罗斯博物馆

　　俄罗斯博物馆（Russian Museum）原名"米哈伊洛夫宫"（Mikhailovskiy Palace），是精美的俄罗斯艺术品的聚集地。这座圣彼得堡著名的博物馆，在其漂亮的外表下有着令人印象深刻的藏品，将近40万件的珍贵藏品中包含有12～20世纪苏联美术的俄罗斯美术史。在消化冬宫带给你的艺术收获之余，赶紧到俄罗斯美术馆猎奇吧。

💬 旅游资讯

地址： Address Sadovaya ul 2

电话： 812-5705112

交通： 乘坐地铁在Nevsky Prospekt站下可到

门票： 350卢布

开放时间： 周三至周日10:00～17:00，周一10:00～16:00，周二闭馆，闭馆前一小时停止入馆

网址： www.rusmuseum.ru

📷 旅游达人游玩攻略

馆内可以拍照，但需另付费用，不过禁止开闪光灯。在参观博物馆时，可先上二楼再回到一楼来到罗西楼，最后再去贝诺亚楼，因为房间基本上是逆时针按年代顺序进行编号的。在游览时，尤其不要错过第11展室（白厅white hall）及第14展室，这里有著名的油画布留洛夫的《庞贝的末日》（Last Day of Pompeii）和艾瓦佐夫斯基世界闻名的名画《海难》。

斯特罗加诺夫宫

📍 俄罗斯国家图书馆

　　俄罗斯国家图书馆位于涅瓦大街上，是俄罗斯最古老、最大的图书馆，也是世界上收藏量最大的图书馆之一。图书馆内馆藏极为丰富，大多为俄国及外国著名作家、诗人、艺术家、哲学家、政治家的手稿、作品及其所编著的最早版本的书籍等珍贵文献。此外，馆中还有部分为外文藏品。可以说在步入馆中的那一刹那，你就会被那浓郁的艺术氛围所感染。

💬 旅游资讯

地址：Ostrovsky Plaza
电话：812-3107137
交通：乘地铁至涅瓦大街、商场地铁站下
门票：免费
开放时间：9:00～11:00，周六、周日11:00～19:00
　　　　　（入馆需进行注册）
网址：www.nlr.ru

📍 斯特罗加诺夫宫

　　斯特罗加诺夫宫（Stoganov Palace)由拉斯特列利于18世纪中期建造而成，为典型的岁斯巴洛克式风格建筑，现已成为俄罗斯博物馆的分馆。富丽堂皇的宫殿中包括大型舞厅、部分客房以及俄罗斯陶瓷。在那些神秘而华丽的储藏室中还保存有帝国时代的精美瓷器。此外，楼下定期还会有展览。

💬 旅游资讯

地址：Nevsky Prospect, 17
电话：812-5718238
交通：在涅瓦大街、商场地铁站下车
门票：300卢布，学生150卢布
开放时间：周一10:00～17:00，周三至周日10:00～
　　　　　18:00，周二闭馆
网址：www.rusmuseum.ru

喀山大教堂

喀山大教堂

喀山大教堂（Kazan Cathedral）是19世纪初期沙皇保罗一世为安置《喀山圣母像》而建造的教堂。进入教堂内部不远处，你可以看到库图佐夫将军墓，上部摆有从法国军队手中夺得的战利品。在教堂前方的广场上，还设有库图佐夫元帅和巴克莱·德·托利的塑像。

旅游资讯

地址：Kazan Street 2
电话：812-3184528
交通：乘坐地铁在Nevsky Prospekt站下可到

门票：免费
开放时间：10:00～19:00
网址：www.kazansky.ru

圣彼得堡国立博物馆戏剧与音乐分馆

圣彼得堡国立博物馆戏剧与音乐分馆（St Petersburg State Museum of Theatre and Music）位于亚历山德林剧院（Aleksandrinsky Theatre）后面，是一个能够深切体会俄罗斯戏剧与音乐的地方。其中分多个区域充分展示了与音乐、戏剧等有关的藏品，还设有一个儿童区域。假如你热衷于戏剧及音乐，那么绝不可错过这里。

旅游资讯

地址：Ostrovskogo pl 6
电话：812-5712195
交通：乘坐地铁在Gostiny Dvor站下可到
门票：100卢布
开放时间：11:00～18:00，周三13:00～19:00，每月最后一周的周二、周五闭馆
网址：www.theatremuseum.ru

海军部大楼

海军部大楼（Admiralty Building）位于涅瓦大街西端，是圣彼得堡重要的地标建筑。大楼尖塔顶部的金色船形风向标十分显眼，在市内的任何地方都可看到它的身影。此外，大楼的尖塔曾为圣彼得堡的三条主要街道的焦点，这也是彼得大帝如此建立的目的所在，就是为了强调海军的重要性。

旅游资讯

地址：Admiralteysky proezd 1

海军部大楼

普希金大街10号

普希金大街10号（Pushkinskaya 10）这个最初由一群艺术家发展起来的"地下艺术中心"，如今已成为艺术工作室、画廊及音乐工作室的根据地。在这里，你会发现很多很有创意的工作室、画廊，这就是当代艺术者们向往的艺术殿堂，他们在这里尽情地施展着自己的才华，也为圣彼得堡的艺术发展历程画下了浓重的一笔。

旅游资讯

地址： Ligovsky Avenue 53
电话： 812-7645258
交通： 乘地铁至Pl Vosstaniya站下车可到
门票： 免费
开放时间： 周日至周三15:00～19:00
网址： www.p10.nonmuseum.ru

普希金故居博物馆

普希金故居博物馆是伟大的诗人普希金在逝世前约4个月的生活之地。博物馆中最有趣的是普希金的书斋，书桌上摆放有一个带有黑人木偶的墨水池，这是他十分珍爱的东西。与博物馆相连的院子很漂亮，在宁静的院落中漫步，可以追忆伟大的诗人，感受伟人的气息。此外，在博物馆中还设有咖啡厅，在闲逛之余，坐下来静静地喝杯咖啡，是件多么惬意的事情啊！

旅游资讯

地址： naberezhnaya Makarova, 4
电话： 812-3113531
交通： 乘地铁至涅瓦大街、商场地铁站下
门票： 100卢布 学生20卢布
开放时间： 10:30～18:00（闭馆前1小时禁止入内）
网址： www.pushkin.ru

亚历山大涅夫斯基修道院

亚历山大涅夫斯基修道院（Alexander Nevskiy Monastery）为供奉俄罗斯"圣人"亚历山大·涅夫斯基而建造。修道院中的名人公墓墓碑是由俄国著名雕刻师精雕而成，是精美绝伦的艺术品，修道院也因这些艺术墓碑而闻名于世。这里安葬有柴可夫斯基、鲍罗丁、格林卡等名人。

旅游资讯

地址： naberezhnaya Reki Monastyrki 1
电话： 812-2740409
交通： 乘坐地铁在Pl Alexandra Nevskogo站下可到
门票： 140卢布
开放时间： 修道院6:00～22:00；公墓3月至9月11:00～9:00，周一、周二关闭；10月至次年2月11:00～次日3:30，周一、周二关闭；其他时间，9:00～17:00（夏季19:00）
网址： www.pushkin.ru

旅游达人游玩攻略

在修道院内照相时，要注意不能在教堂里或对着神职人员照相，在以人取景时，最好提前得到他人的许可。

亚历山大涅夫斯基修道院

📍 动物学博物馆

　　动物学博物馆（Zoological Museum）由曾经的关税仓库改建而成，是世界上屈指可数的大规模动物学博物馆。这里有很多包括鸟类、鱼类、昆虫等在内的标本，其中包括灭绝的斯特拉海牛骨骼标本、塔斯马尼亚虎的剥制标本等珍贵物品，还有闻名的"镇馆之宝"——4.5万年前的"猛犸剥制标本"。在参观展览内容时，你会不禁像个小孩子般贪婪起来，不忍离去。

💬 旅游资讯

地址： Universitetskaya naberezhye, 1
电话： 812-3280112
交通： 乘坐地铁在Vasileostrovskaya站下
开放时间： 11:00～18:00，闭馆前一小时停止入场，周五、周日闭馆
网址： www.zin.ru

📍 中央海军博物馆

　　中央海军博物馆（The Central Naval Museum）以彼得大帝的模型收集为基础，集中展示了从苏联海军起始的俄罗斯的历史资料。中央大厅陈列着琳琅满目的模型与实物，其中最吸引人的当数3000年前的圆木舟。此外，这里还展示有很多日俄战争的相关内容。

💬 旅游资讯

地址： Birzhevaya Square, 4
电话： 812-3282502
交通： 乘坐地铁在Vasileostrovskaya站下可到
门票： 300卢布
开放时间： 11:00～18:00，周一、周二、每月最后一个周四休息
网址： www.museum.navy.ru

中央海军博物馆

📍 彼得保罗要塞

　　彼得保罗要塞（Peter and Paul Fortress）就像是一艘战舰，停泊在涅瓦河上，无论你站在圣彼得堡哪个地方，都可以看到它伟岸的身姿。彼得保罗要塞临河的一面由坚硬的花岗岩石砌成，其森严壁垒，固若金汤，难怪这里后来曾用作关押政治犯的监狱。要塞中有彼得堡罗大教堂、钟楼、圣彼得门、彼得大帝的船屋、十二月革命党人纪念碑等建筑。

💬 旅游资讯

地址： territoriya Petropavlovskaya Krepost' 3
电话： 812-2300329
交通： 乘坐地铁在Gorkovskaya站下可到
门票： 进入要塞免费，教堂收费，套票250卢布
开放时间： 教堂11:00~18:00，周二11:00~17:00；要塞6:00~22:00；闭馆前1小时停止入场
网址： www.spbmuseum.ru

📷 旅游达人游玩攻略

可在彼得保罗要塞参观下圣彼得堡历史博物馆，那里展示有从石器时代开始的该地区的历史资料，详细地介绍了近代圣彼得堡的发展史。

彼得保罗要塞

📍 鲁缅采夫宅邸

　　鲁缅采夫宅邸是圣彼得堡历史博物馆的分馆，主要分三个主题展示，其中最主要的是第二次世界大战中列宁格勒的相关展示，集中介绍了在长达900天的包围中人们忍耐、抗争的伟大功绩的相关资料。此外，宅邸内部的装修十分豪华，大厅中的大镜尤为壮观，令人惊叹。

💬 旅游资讯

地址： English Embankment, 44
电话： 812-7148893
交通： 乘坐5、22路无轨电车至终点站下
门票： 成人60卢布，学生30卢布
开放时间： 11:00~17:00
网址： www.spdmuseum.ru

尼古拉教堂

尼古拉教堂(Nikolsky Caehedral)为巴洛克风格，坐落在美丽的尼古拉广场上，其湖蓝色的墙面、金色的穹顶、孤傲的尖塔，处处散发着迷人的气息，是圣彼得堡最受欢迎的教堂之一。因教堂所祭祀的是航海者的守护神圣尼古拉，因此又得名为"大海的教堂"。

🗨 旅游资讯

地址：Nikolsky Plaza，1/3

电话：812-7147085

交通：乘地铁至花园、甘草广场地铁站下车

门票：免费

开放时间：9:00~19:00

尼古拉教堂

斯莫尔尼大教堂

斯莫尔尼大教堂为一座蓝白两色建筑，是18世纪时女皇叶卡捷琳娜为创办女子教育场所而修建。这是一座融合了巴洛克式和俄罗斯"洋葱头"式风格的建筑。附近的斯莫尔尼宫得名于斯莫尔尼修道院，为巴洛克式风格建筑。此外，值得一提的是，斯莫尔尼大教堂的夜景尤为绚烂，是圣彼得堡建筑的一大经典美景。

🗨 旅游资讯

地址：ploshchad' Rastrelli, 1

电话：812-7103143

交通：乘坐5路无轨电车或147路公交车

门票：免费

开放时间：9:00~19:00

网址：www.cathedral.ru

圣彼得堡周边景点

夏宫

夏宫（The Summer Palace of Peter the Great）又名"彼得宫"，位于夏花园东北角，是彼得大帝的消暑行宫，有"俄罗斯的凡尔赛"之称。夏宫中有众多喷泉，喷泉的造型各异，十分美丽。夏宫的主要建筑包括大宫殿、玛尔丽宫（Marly Palace）、奇珍阁、亚历山大花园和茅舍宫等。在夏宫中散散步，你就知道为什么这里曾是彼得大帝钟爱的地方了。

旅游资讯

地址： Nizhny Park

电话： 812-4200073

交通： 从波罗的海地铁站出发，乘坐K404路公交车；或从汽车站地铁站出发，乘坐K343路小型公交车

门票： 300卢布

开放时间： 9:00~20:00,周六、周日9:00~21:00

网址： www.peterhof.org

必游景点

大宫殿

豪华的大宫殿（Bolshoi Dvorets）位于夏宫的上花园，在彼得大帝时代是彼得大帝及妻子叶卡捷琳娜一世居住的地方。大宫殿作为大瀑布的一个绝美的背景，它常常给人留下极为深刻的印象。宫殿内的规模并不大，只是装饰华丽的外表，成为人们眼中的经典。宫内有庆典厅堂、礼宴厅堂和皇家宫室等。

大瀑布

大瀑布（Grand Cascade）位于大宫殿前面，

夏宫

是一座由140座喷泉组成的喷泉群，气势磅礴的喷泉群永远是宫殿外的一大看点，甚至比豪华的宫殿更为抢眼。除了动人的喷泉，独特的镀金雕像也是一大看点。其中最引人注目的是隆姆森撕裂狮子下巴的雕像，这是彼得大帝为纪念战胜瑞典人而建造的。

蒙普拉伊宫

蒙普拉伊宫（Monplaisir Plance)位于下花园的东部，为彼得大帝亲自设计，也是彼得大帝曾经最为钟爱的小屋，他常常在其平台上远眺大海。这座精美的别墅虽貌不惊人，却十分整洁雅致，即使人潮涌动，但依旧充满了宁静的气息。园内还有很多特效喷泉，一不小心还可能被喷泉喷到哦。

旅游达人游玩攻略

喷泉是夏宫内的一大独特景观，但在夏宫并不是随时都可以看到壮观的喷泉。应该在5月中旬至10月上旬的旅游季，也就是喷泉开放的时间前来。此外，夏宫每年8月会举办传统的喷泉节，届时，各种造型的喷泉争奇斗巧，是观赏夏宫喷泉的最佳时机。

普希金城

　　普希金城（Pushkin，Tsarskoe Selo）又名"皇村"，在过去的200多年里，这里一直是历代贵族们夏天的居所。来到皇村，首先要游览的自然是叶卡捷琳娜宫了，其中的"琥珀屋"更以独特的魅力而引人入胜。这座偏远的巴洛克式雄伟庄园，曾是彼得一世赠送给夫人叶卡捷琳娜的，后来又顺理成章地成为了下一代女皇伊丽莎白·彼得罗芙娜的财产，并在之后的叶卡捷琳娜二世女皇的点缀下变得更加富丽堂皇。

旅游资讯

地址： southern city 25 kilometers
电话： 叶卡捷琳娜宫812-4652024；亚历山大宫812-4652196
交通： 乘坐从莫斯科地铁站出发的标有"Palace&Park"标志的小型公交车，约30分钟到达
门票： 叶卡捷琳娜宫600卢布，学生300卢布；亚历山大宫260卢布，学生130卢布
开放时间： 展馆为10:00～19:00，广场为8:00～22:00
网址： 叶卡捷琳娜宫www.tzar.ru，亚历山大宫www.alexanderpalace.org

必游景点

叶卡捷琳娜宫

　　叶卡捷琳娜宫（Catherine Palace）是彼得一世赠送给妻子叶卡捷琳娜的。宫殿为华丽的巴洛克建筑，其中包括大客厅、食堂、肖像画室、琥珀屋等房间。经叶卡捷琳娜二世的改造，宫殿内饰更具古典主义风格。叶卡捷琳娜宫雄伟的外围墙壁给人以舒爽的感觉，尤以北部礼拜堂上的五个金色洋葱头造型更具吸引力。

琥珀屋

　　琥珀屋（Amber Room)位于叶卡捷琳娜宫内，房间的墙壁上布满了琥珀，这是前所未有的。它最早起源于18世纪初期普鲁士人所制作的几件琥珀壁板，之后由叶卡捷琳娜进行重新设计，并被转移到叶卡捷林娜宫内。第二次世界大战中琥珀屋被毁，之后经长期的修复才使其重新呈现在众人面前。

普希金城

叶卡捷琳娜公园

　　叶卡捷琳娜公园（Catherine Park）是叶卡捷琳娜宫附近十分美丽的公园。园中散布有众多纪念碑与小型公寓，还有一个十分显眼的大池塘。美丽的景物具有古朴的味道，使得公园的环境十分清幽，人文气息浓厚，是皇村中的人气景点。

旅游达人游玩攻略

在游览时可先游叶卡捷琳娜宫，再沿叶卡捷琳娜宫花园散步并返回。在游览宫殿时请个导游是必须的。著名的琥珀屋（Amber Room)是叶卡捷琳娜宫的必游景点，同时也是宫殿中唯一不允许拍照的地方。

📍 巴甫洛夫斯克

　　巴甫洛夫斯克（Pavlovsk)主要由占地约600公顷的公园，以及该地带的宫殿群构成。美丽的巴甫洛夫斯克公园，有河流与湖泊穿插其中，更有雕像与寺庙林立，是散步的好去处。精美的巴甫洛夫斯克宫殿带不仅拥有华美的装饰，其内部展示的优秀美术作品也深受人们喜爱。

💬 旅游资讯

地址：4 km southeast of Pushkin
电话：812-4702155
交通：在莫斯科地铁站乘坐K299路等小型公交车
门票：巴甫洛夫斯克宫370卢布，学生185卢布；巴甫洛夫斯克公园80卢布
开放时间：巴甫洛夫斯克宫10:00~18:00（闭馆前1小时禁止入内），巴甫洛夫斯克公园9:00~18:00
网址：www.pavlovsk.org

📷 旅游达人游玩攻略

可将巴甫洛夫斯克宫与皇村一并游览，在宫殿内拍摄需另收取费用，照相100卢布，摄像200卢布。

📍 科特林岛

　　科特林岛（Kotlin）是一座在俄罗斯历史十分悠久的岛屿，也是圣彼得堡下辖城市。其形状狭长，扼守着俄罗斯进入芬兰湾的水道。在岛上还建有喀琅施塔得市，是俄罗斯重要的海军基地。

💬 旅游资讯

地址：Finland Bay 29 kilometers

📷 必游景点

喀琅施塔得大教堂

　　美丽的喀琅施塔得大教堂（Morskoy Sobor)为一座新拜占庭式建筑，在这里有为纪念水手而点燃的永不熄灭的火焰。教堂中的海军中央博物馆（Central Naval Museum)十分有趣，可以进去参观一下。

喀琅施塔得大教堂

最容易让人忽略的景点

战神广场

战神广场

　　战神广场(Mars Field)是圣彼得堡最古老最美丽的广场之一。19世纪起，这里成了阅兵和军队操练的场所，因而被称为战神广场。在广场中心的不灭之火，是为了纪念1917年在大革命以及随后而来的内战中牺牲的人们而燃烧的。

主显圣容大教堂

　　主显圣容大教堂（Transfiguration Cathedral）是一栋古典风格的大教堂。壮观的大门门口摆设有很多枪支，这是1828—1829年俄罗斯人在与土耳其人的战争中所缴获的战利品。教堂的内部装饰极尽奢华，是圣彼得堡大教堂中最为金碧辉煌的建筑。

主显圣容大教堂

地址： The East of Foundry Street
电话： 812-2723662
门票： 免费
开放时间： 祷告仪式为10:00和18:00

📍 大理石宫

大理石宫（Marble Palace）是一座几乎全部采用大理石装饰的豪华宫殿，其中巧妙运用了36种风格不同的大理石。大理石宫还是建筑从巴洛克风格向古典主义风格转变的一个重要代表。这里作为俄罗斯博物馆的分馆，宫殿内展示有许多在俄罗斯居住的外国画家们的力作。

大理石宫

💬 旅游资讯

地址：Millionnaya ul 5　电话：812-3129196
交通：从宫殿广场出发徒步约5分钟
门票：350卢布，学生150卢布
开放时间：周三至周一10:00～18:00（闭馆前1小时禁止入内）
网址：www.rusmuseum.ru

📍 俄罗斯民俗学博物馆

这是一座非常具有研究价值的博物馆，也是俄罗斯关于民俗学规模最大的博物馆，这里是了解原苏联民族和俄罗斯各民族风俗的最佳场所。在博物馆的展示橱窗内，你会发现各式各样的民族服饰、首饰、手工艺品，即使你对那些专业的知识并不是很了解，也会感到这些展示的乐趣。

💬 旅游资讯

地址：Inzhenernaya, 4/1　电话：812-3134421
交通：乘地铁至涅瓦大街、商场地铁站
门票：250卢布，学生150卢布
开放时间：10:00～18:00（闭馆前1小时禁止入内）
网址：www.ethnomuseum.ru

📍 俄罗斯米哈伊洛夫城堡

米哈伊洛夫城堡（Mikhailov Castle）是18世纪沙皇保罗一世下令建造的一座防御能力很强的大型宫殿。如今的米哈伊洛夫城堡是俄罗斯美术馆分馆，其中最著名的部分是北侧楼房三楼的皇后玛丽亚·费奥多罗夫娜即位时的房间和就餐室。无论是精美的雕刻，还是观赏价值很高的天井画，都值得好好欣赏一下。

💬 旅游资讯

地址：Sadovaya St, 2　电话：812-5705112
交通：搭乘地铁至涅瓦大街、商场地铁站下
门票：350卢布，学生150卢布
开放时间：周一、周三至周日10:00～17:00,周二闭馆
网址：www.museum.ru

📍 奥斯特洛夫斯基广场

这是为纪念剧作家奥斯特洛夫斯基而命名的广场，广场周边的一些建筑，其设计均是出自著名的意大利建筑家罗西之手。广场上建有叶卡捷琳娜二世铜像，但这并非是罗西的作品，这是圣彼得堡市内唯一的叶卡捷琳娜二世塑像。

💬 旅游资讯

交通：在涅瓦大街、商场地铁站下车
门票：免费
开放时间：全天开放

圣彼得堡美食

圣彼得堡是俄罗斯最大的港口，因而海产丰富，尤其以三文鱼和咸鱼干最为美味。在圣彼得堡，你会发现很多别具特色且口味众多的餐厅。这些餐厅可满足各种口味与消费水平，因而，在圣彼得堡你不用发愁就餐这个问题。此外，圣彼得堡还有很多快餐店，麦当劳、肯德基随处可见，更有很多餐厅提供实惠的商务午餐。在纳尔夫斯基大街上，有许多俄式快餐店，供应热狗、汉堡包等食物，价钱比较实惠。此外，还有一些有特色的快餐，比如可夹生菜、红肠、芝士等食物的长条面包，价格为30～50卢布/个。你还会发现，在每个地铁站出入口都有几个土耳其烤肉摊，用薄面饼卷上烤好的羊肉或牛肉，再配上洋葱就是一顿简单的午餐，再喝点伏特加酒，那就更棒了。

俄罗斯风味

· Palkin

这是一家地道的俄罗斯餐厅，优雅的环境适合商务用餐、情侣约会、宴请宾客。这里的食物总是能给人以无限惊喜，每道菜都很有特色，在这里享受一个轻松的晚餐，你将会享受到俄罗斯"沙皇"的待遇。

地址：47, Nevsky Prospekt St
电话：812-7035371
网址：www.palkin.ru

· Chehov

这家地处郊区的餐厅中，处处充满了古老的氛围，老式留声机与白色钢琴，让人们倍感亲切。伴随着悠扬的古典音乐，品尝传统的俄罗斯精美菜肴，你似乎能重新认识圣彼得堡这座城市。

地址：Petropavlovskaja ul, 4
电话：812-2344511
网址：www.restaurant-chekhov.ru

· Levin

这家餐厅内饰十分美丽，且拥有一个精致的餐饮，尤其是地道的罗宋汤，值得品尝。假如你想找一个舒服的就餐环境，吃一顿轻松愉快的晚餐的话，就不要错过这里。餐厅提供了各种美味的菜肴，还有各种风格的酒可以选择。

地址：ulitsa Malaya Morskaya, 21
电话：812-6121966
网址：www.levins.me

· Russian Vodka Room No 1

这里绝对是圣彼得堡的一家高档餐厅，高拱形天花板、宽敞明亮的客房，以及美味的各种俄罗斯美食，都会让你感到惊奇。无论是商务晚宴，还是生日聚会，这里都可以满足你的需求。饭后还可以参观餐厅特有的俄罗斯伏特加酒博物馆，将整个人投入到一个独特的酒精氛围中去。

地址：Konnogvardeysky Bulvar, 4
电话：812-5706420
网址：www.vodkaroom.ru

· Cafe Singer

这个咖啡馆拥有别具一格的气氛及优越的地理位置，在馆中，你可远观喀山大教堂全景及街景。浓香的咖啡与新鲜出炉的糕点，都令人赞不绝口。此外，这里还提供方便的商务午餐。对于来圣彼得堡游玩的朋友来说，这里确实是一个完美的休息之地。

地址：28 Nevsky Prospect
电话：812-5718223
网址：www.singercafe.ru

· Stolle

在俄罗斯，你会发现有很多同名店，正如你所想，这是一家连锁餐厅。这里有十分美味的咖啡和风格多样的馅饼。无论是肉馅，还是果酱馅的馅饼，都十分可口。

地址：pereulok Konyushennyy, 1/6, St Petersburg
电话：812-3121862
网址：www.stolle.ru

· Stroganoff Steakhouse

这家餐厅提供地道的俄罗斯菜及精美的美国菜肴，其中，俄式肋眼牛排十分美味。餐厅的墙壁上装饰有描绘革命前俄国的日常生活场景的照片，耐人寻味。此外，餐厅独特的设计，时刻提醒着前来的就餐者回顾俄罗斯曾经的历史。

地址：bulvar Konnogvardeyskiy
电话：812-3145514
网址：www.stroganoffsteakhouse.ru

· Tsar

这在圣彼得堡拥有很高的名气，正宗的菜肴简直让人无可挑剔。独特的风格及氛围，让人沉醉。绝佳的地理位置，让人们不可忽视它的存在。此外，在莫斯科你也能看到这家店。这里的酒比较贵，但味道很好。

地址：Sadovaya St, 12
电话：812-6401900
网址：ginzaproject.ru

· Mechta Molokhovets

这家餐厅装饰得简单优雅，从罗宋汤到斯特罗加诺夫牛肉，都很受欢迎。餐厅的招牌是金黄色面饼，不过最好提前预订，不然要等很久。

地址：ulitsa Radishcheva, 10
电话：812-5792247
网址：www.molokhovets.ru

· Baku

精致的内饰设计、传统的色彩和图案，让人们真切感受到这个寒冷国度中来之不易的温暖。在温馨浪漫的环境中，欧洲美食，特别是俄罗斯美食以及东方美食都让人兴奋。无论是酱菜、果酱，还是奶酪与蛋糕，都充满了浓浓的香味。此外，周四到周六晚上这里还有现场音乐表演，周五和周六还有现场娱乐表演。

地址：Sadovaya St, 12
电话：812-5719123
网址：www.baku-spb.ru

🍴 中国风味

· 红楼酒家

这是一家在涅瓦大街上的中餐厅，提供各种炒饭、三鲜水饺、肉丝汤面等，很受欢迎。你在这里会看到汉语菜单，服务员通常是俄罗斯人。不过，菜单上的菜都有对应的数字，在点菜时直接告诉服务员相应的数字就可以了。

地址：Nevsky Prospect,74

电话：812-2720781

网址：www.redterem.spb.ru

· 筷子餐厅

筷子餐厅（Chopsticks）提供美味的广东菜和四川菜。餐厅采用的是传统的中国装饰风格，异国情调十分浓厚。在这里，你可以深切感受中国的文化气息，尤其是在圣彼得堡庆祝中国农历新年和中秋节期间，这里的人气就更加旺盛了。

地址：1/7, Mikhailovskaya Ulitsa

电话：812-3296000

网址：www.grandhoteleurope.com

· 红城

这家餐厅靠近地铁站，交通十分便利。餐厅装饰为中国风格，提供美味的东北菜。这里的食物都是由有中国厨师资格的大厨制作，因而中国菜肴都很正宗。此外，餐厅还提供俄罗斯本国和欧洲其他国家的酒精饮料和啤酒，以及来自中国的多品种绿茶。

地址：Nevsky Prospect, 74

电话：812-5795862

网址：www.redterem.spb.ru

🍴 世界美味

· Terrassa

　　这家餐厅在浮华世界（Vanity)购物中心顶层，拥有极为开阔的视野，在餐厅中你可以俯瞰喀山大教堂。在这里，你可以品尝到世界各地的精美菜肴，其中以意大利、亚洲各国及混合式菜肴为主。

地址：Kazanskaya 3
电话：812-9376837
网址：www.terrassa.ru

· Lumiere

　　这家高调的法国餐厅，在大皇宫购物广场顶部，在餐厅中你可以看到艺术广场全貌。餐厅中的各种菜式不仅风格多样，而且具有很好的创新性，深受当地人及世界各地游客喜爱。

地址：Nevsky Prospect, 44
电话：812-4499482
营业时间：www.lumiere-spb.ru

· Teplo

　　这是一个很不错的餐厅，这里的服务人员服务态度非常好，并且菜品价格合理。餐厅提供美味的沙拉和地道的俄罗斯菜肴，并且拥有一个舒适的就餐氛围。此外，在露台上吃午饭是个很好的选择，你可以尽情观赏周边美景。

地址：45 Bolshaya Morskaya Ulitsa
电话：812-5701974
网址：www.v-teple.ru

· Gosti Restaurant

　　餐厅提供早餐及午餐，邀请朋友一起到这里进餐是很好的选择。餐厅地处圣彼得堡中心位置，拥有一个格外温暖及舒适的环境，且价格十分合理。

地址：Malaya Morskaya, 13
电话：812-3125820
网址：www.gdegosti.ru

· Botanika

　　这里有美味的素食食品菜单，菜单使用英文标注。此外，还有许多传统的俄罗斯菜。这里融合了古代和当代的烹饪方法，其中经典菜肴包括意大利香蒜寿司卷、南瓜姜汤、椰子香蕉饼干等。

地址：Pestelya Street 7
电话：812-2727091
网址：www.cafebotanika.ru

· Gogol

　　这家餐厅为古老的俄罗斯上层中产阶级建筑，推荐其中的罗宋汤、奶油花椰菜汤、沙拉酱。这里的葡萄酒价格比较合理，可以根据自己的需求进行选择。此外，这里还常常去举行一些现场音乐表演。

地址：ulitsa Malaya Morskaya, 8
电话：812-3126097
网址：www.restaurant-gogol.ru

· Tandoor

　　餐厅主要提供精美的传统印度美食，曾获得烹饪大奖。这里的厨师都很有创意，几十年的烹饪经验，可满足你任何口味。再加上迷人的气氛、优质的服务，以及会讲英语的员工，都让人倍感轻松。

地址：Voznesensky Ave, 2
电话：812-3123886
网址：www.tandoor-spb.ru

· Zoom Cafe

这家小店主要供应欧洲及俄罗斯美食，氛围很好，并且设有吸烟区。由于食物美味，且价格实惠，因而很受当地学生的欢迎。此外，这里还会定期更换艺术展品，具有浓厚的艺术氛围。

地址：Gorokhovaya St, 22
电话：812-6121329
网址：www.cafezoom.ru

· miX in St. Petersburg

这里的食物是完美的，无论是美味的面包、山羊奶酪，还是立方体法式三明治，都无可挑剔。这里的菜肴清淡爽口，很有新意，尤其是栗子浓汤、红烧比目鱼香槟，都是十分经典的菜肴。

地址：Voznesensky Prospect 6
电话：812-6106166
网址：www.mixinstpetersburg.com

· Mops

这是一家著名的泰国餐厅，专业的大厨可烹饪出极为正宗且美味的泰式食物。走进餐厅，你就会被其别致的设计所吸引。这里的食物都比较便宜，如果你想在圣彼得堡吃到实惠的泰式食物，一定不要错过这里。

地址：ulitsa Rubinshteyna, 12
电话：812-5723834
网址：www.mopscafe.ru

圣彼得堡购物

　　圣彼得堡是旅游的天堂，也是购物的胜地。相比古老气息较浓厚的莫斯科，圣彼得堡更能让人有购物欲。在众多大型商场及超市中，你可以买到众多俄罗斯风格的纪念品。在涅瓦大街、历史中心区，你都可以找到很多可以讨价还价的纪念品商场。在圣彼得堡，除了一些购物街及商场之外，还有很受欢迎的跳蚤市场。在跳蚤市场内你会发现很多好东西，俄国风情画、精美套娃、军用行头等应有尽有。在滴血大教堂附近的纪念品市场上，你可以买到价格实惠的小特产。这里有很多曾经的贵族使用的东西，假如幸运的话，还真能淘到不少宝贝。此外，值得一提的是，在阿罗拉号战舰内还有小卖部，专售各种海运徽章，海军博物馆内也可以买到不同样式的徽章，造型独特，是很有意义的纪念品。此外，在圣彼得堡，具有俄罗斯风情的物品还有彩绘木碗、琥珀、木勺子、鱼子酱等。

人气旺盛的购物大街

·涅瓦大街

　　涅瓦大街（Nevsky Prospect）是圣彼得堡的一条特色主街道，也是著名的购物中心。在街道附近有许多大型商场、百货商店及一些艺术品小店。此外，在这条繁华的街道上，还聚集了圣彼得堡最大的书店、食品店以及最昂贵的购物中心。在购物的同时，你还可以欣赏教堂、名人故居等历史遗迹。

涅瓦大街

🎁 名牌集中的大本营

· 商人货栈

商人货栈（Bolshoy Gostiny Dvor)是一家大型的百货商店，占地面积非常大，是圣彼得堡祖母级百货公司。商店经全面修整之后，如今看来变得十分壮观。商场内经营着各种各样的商品，包括各种时尚物品，是一个理想的购物地。

地址：Nevsky Prospect
电话：812-7105408
营业时间：10:00～22:00，周三、四10:00～22:30
网址：www.bgd.ru

· Baltiysky

这个大型购物中心拥有100多个零售商店，主要销售时尚女装、精品男装、鞋类、内衣及配饰等。这里还有很多俄罗斯时尚设计师精心打造的服装与作品。同时，这里也是举行时尚派对、时装秀以及国际时尚比赛的理想场所。在这里，你不仅可以享受高质量的购物，还可以在商场的餐厅中休息、就餐。

地址：Bolshoy pr 68
电话：812-3226979
网址：www.fashiongallery.spb.ru

🎁 物美价廉的淘宝地

· 叶利谢耶夫食品店

这家食品店具有十分悠久的历史，从沙俄时期就开始经营，其内部装饰具有20世纪初的建筑风格，为俄罗斯"新型风格"的代表作。这里的食品十分丰富，即使你没有什么可买的，到这里来参观一下也值得。

地址：Nevsky Prospect, 56
电话：812-3119323
开放时间：周一至周六9:00～21:00，周日10:00～19:00

·库兹涅奇市场

库兹涅奇市场中的鱼类小卖店十分有趣，除了常见的鱼子酱、盐渍鲑鱼子等之外，还有很多新鲜的鳟鱼等。不过，有的商品价格会偏高，在购买时要看清价格。

地址：Kuznechnyy pereulok，3

电话：812-3124161

网址：8:00~20:00，周日8:00~19:00

·干草市场

这是一家综合性市场，市场内从食品到日常生活品应有尽有。市场中的商品种类丰富，且价格十分便宜，很受当地人欢迎。

地址：Hay square

电话：812-3101209

·书之家

涅瓦大街上的"书之家"，主要经营英语观光指南、旅游书等各种图书，还有丰富多样的明信片、卡片、地图、纪念品等。在二楼的咖啡店，你还可以欣赏克山大教堂和涅瓦大街景观，是理想的品尝下午茶的地点。

·艺术工艺品店

在涅瓦大街拉迪松皇家宾馆附近的艺术工艺品店购物是不错的选择。你可在其中购买到各式各样具有俄罗斯风情的礼品，如精美的首饰、古杰利陶瓷、手工刺绣、民族服饰等罗斯工艺品，这些都是值得选购的目标。

地址：Nevsky Prospect, 62

电话：812-5706402

营业时间：周一至周六9:00~22:00，周日10:00~21:00

地址：Nevsky Prospect，51

电话：812-7131495

营业时间：11:00~20:00

书之家

· Gallery of Dolls

地址： Bolshaya Morskaya 53/8
电话： 812-3144934

　　这是一家专卖旅游纪念品的商品，主要销售各类玩偶。其中有芭蕾舞演员、小丑、老太婆、骑士等多种造型，均栩栩如生，值得购买一件留作纪念。

· Apraksin Dvor

　　这个市场主要出售廉价的服装、鞋子以及皮革商品。在这里，通过讨价还价，购得一件物美价廉的商品还是挺有成就感的。随着近几年的整修，商场逐渐趋于规范化、整洁。

地址： Sadovaya ul 30
电话： 812-3106121
网址： www.apraksindvor.piter-center.ru

· Sekunda

　　这是一个不错的二手市场，在这里，你可以发现很多有趣的小东西，是发掘惊喜的好地方。此外，你还可以找到一些很别具一格的纪念品、旧的明信片等。

地址： Liteyny pr 61
电话： 812-2757524
营业时间： 周一至周六11:00～19:00

圣彼得堡娱乐

　　圣彼得堡是个艺术之城，在这里，你可以直接与世界一流的芭蕾表演团队面对面。你的每个夜晚都可以被话剧、歌剧、舞蹈等娱乐活动所填满。这里遍布着各式各样的剧院，在当地人眼中，假如你没有在这里看一场芭蕾舞表演或是听一次歌剧，是非常遗憾的事。通常圣彼得堡一流的舞蹈家大多夏天去国外进行交流学习，冬天才回国集训和表演，因而冬季是欣赏顶尖表演的最佳时段。不过夏天来，你也不会感到无聊。因为在圣彼得堡有各式各样的酒吧、俱乐部与电影院，无论你作何选择，都将让你趣味多多。此外，圣彼得堡素以"白夜"世界闻名。每年6月22日前后的一周，是白夜最长的时期。每逢"白夜"，圣彼得堡都会举行白夜艺术节，期间会有各种音乐会、歌舞和其他演出，十分热闹。另外，作为"北方威尼斯"的圣彼得堡还有一项有意思的活动，那就是游船。游船分为外河和内河两种形式，外河游船主要游览涅瓦河两岸景色，内河游船游览市内的运河。

热闹之地

·Tower Pub

　　酒吧紧邻彼得保罗要塞，虽地处圣彼得堡中心地带，可这个正宗的英式酒吧总让人感觉自己有点像英国人。这里有各种瓶装啤酒、威士忌和鸡尾酒，无论是白天还是黑夜前来，你都会有一种轻松愉悦的感觉。美味的食物和饮料、漂亮的装饰以及美妙的音乐，都将会让你爱上这个地方。

地址：Nevsky Prospect, 22　　**电话**：812-3151431　　**网址**：www.pub-tower.ru

·Kheminguey Bar

在这里，你可以找到任何口味的美食与不同花样的娱乐活动。伴随着卡拉OK中的激情音乐在舞池中像个摇滚明星一样尽情舞动，可以让自己完全放松下来。在这里，你常常会看到有DJ明星前来进行现场音乐演出，在欣赏表演的同时，享受各种美味食物，真的是太棒了。

地址：ulitsa Lomonosova, 3
电话：812-3107007
网址：www.hembar.ru

·Barrel

这是圣彼得堡一家经典的鸡尾酒酒吧，内部的暗色调给人以低调奢华之感，简约的设计风格与优雅的气氛，让人们可以享受一个轻松的夜晚。酒吧中提供各种优质的葡萄酒或鸡尾酒，在周末还会放DJ音乐。来到这里，喝着美酒，欣赏着音乐，那感觉真是太美妙了。

地址：ulitsa Kazanskaya, 5
电话：812-9298298
网址：www.project-barrel.ru

·Dickens Pub

这个具有英式色彩的酒吧，装饰有彩色的玻璃窗，无论外边的天气多么寒冷，你在这里都会感觉到温暖与舒适。这里有来自世界各地的酒精饮料，以及各种美味咖啡，是一个不错的娱乐场所。

地址：naberezhnaya Reki Fontanki, 108
电话：812-3807888
网址：www.dickensrest.ru

·Griboedov

这是圣彼得堡的一个新潮之地，这里的每个夜晚，都是那么的美妙。当地的80后年轻人，常常在周三晚上到这里来跳迪斯科。此外，这里还有咖啡馆兼酒吧的Griboedov Hill，这里晚上会举办现场音乐表演，十分热闹。

地址：ulitsa Voronezhskaya, 2 A
电话：812-9737273
网址：www.griboedovclub.ru

🅾ℹ 剧院

· 亚利山德林剧院

　　这座气势磅礴的大剧院是圣彼得堡最古老的话剧院，以尼古拉一世皇妃的名字亚历山德林娜命名。契科夫的经典之作《海鸥》，就是在这里首演的。夏日，这里常常举行芭蕾舞特别演出。

地址：pl Ostrovskogo 2
电话：812-3121545
开放时间：12:00～19:00
网址：www.alexandrinsky.ru

· 圣彼得堡大剧院

　　圣彼得堡大剧院（Bolshoy Drama Theatre)是圣彼得堡的一家主流剧院，主要上演一些创新性的戏剧作品。剧院的三楼为休息室，精致的天顶画和别具一格的灯柱，使其富有很强的艺术气息。

地址：naberezhnaya Reki Fontanki, 65
电话：812-3109242
网址：www.bdt.spb.ru

· 小剧院

　　小剧院（Maly Drama Theatre）由列夫·多丁主持修建，在国际上享有盛誉。曾经上演陀思妥耶夫斯基的《魔鬼》（The Devils）以及契科夫的《无名游戏》（Play Without a Name），均备受欢迎。

地址：ul Rubinshteyna 18
电话：812-7132078
网址：www.mdt-dodin.ru

亚利山德林剧院

· 玛丽亚剧院

　　在圣彼得堡的众多话剧、芭蕾舞、歌剧院中，一定不要错过玛丽亚剧院。这里每天都会有精彩的俄罗斯传统歌剧，以及唯美的芭蕾舞演出上演。在容纳一千多人的观看席上，你可以充分感受浓厚的艺术氛围。

地址：Teatralnaya pl 1
电话：812-7141211
开放时间：11:00～19:00
网址：www.mariinsky.ru

·埃尔米塔日剧院

　　埃尔米塔日剧院是埃尔米塔日博物馆的一部分，规模较小，但氛围非常好。这里经常上演俄罗斯古典芭蕾舞和节日音乐会，吸引了众多游客慕名前来观看演出。此外，小巧精致的剧院，整体造型优雅而独特，这也是它吸引人的一大妙处。

地址：Dvortsovaya nab 34
电话：812-2790226
网址：www.balet-spb.ru

·大木偶剧院

　　大木偶剧院（Bolshoy Puppet Theatre）是木偶演出的主要场所，节目单上16种不同的演出，主要是针对儿童的表演，只有2种是针对成人演出的。

地址：ul Nekrasova 10
电话：812-2728215

·马林斯基剧院

　　马林斯基剧院（Mariinsky Theatre)是俄罗斯皇家歌剧和芭蕾舞团的落脚之处，是每个游客的必去之地。柴可夫斯基的经典之作《睡美人》和《胡桃夹子》均在此演出过。在剧院附近还有个音乐厅，其内部音响设计完美，美妙的音乐与建筑融为一体，是个欣赏音乐的好地方。

地址：ploshchad' Teatralnaya, 1
电话：812-3264141
开放时间：11:00～19:00
网址：www.mariinsky.ru

马林斯基剧院

🎳 电影院

·Dom Kino

这家电影院主要放映俄罗斯本国和外国的艺术电影，比如上映好莱坞大片。此外，这里还是举办电影节的好地方。

地址：ulitsa Karavannaya, 12
电话：812-3145614
网址：www.domkino.spb.ru

·Avrora

这是一家历史悠久的电影院，也是圣彼得堡最好的电影院之一。电影院经重建后，内部设备先进，音响效果极佳，且座椅柔软舒适，是人们休闲娱乐的好去处。

地址：Nevsky Prospect, 60
电话：812-3155254
网址：www.avrora.spb.ru

🎳 现场音乐演出

·圣彼得堡爱乐交响乐团（大厅）

圣彼得堡爱乐交响乐团（Philharmonia）乐队非常有名，李斯特、柴可夫斯基等世界著名的音乐家都曾在此演出过。现在这里经常会举办大型的音乐会，因而在这里，你可以享受一个完美的视觉盛宴。

地址：ulitsa Mikhaylovskaya 2
电话：812-714257
网址：www.philharmonia.spb.ru

·爵士音乐大厅

爵士音乐大厅(Jazz Philharmonic Hall)拥有两个特有的乐队，演奏照谱直奏的爵士乐（straight)和迪克西兰爵士乐（Dixieland)。来这里演出的外国人，主要演奏主流爵士乐和现代爵士乐。

地址：prospekt Zagorodnyy, 27
电话：812-7648565
网址：www.jazz-hall.ru

圣彼得堡爱乐交响乐团演奏

·Place

这里可以说是圣彼得堡最高档的场所，从包厢内可以看到整个舞台。音乐类型从民歌到恐怖艺术，应有尽有。

地址：ulitsa Marshala Govorova, 47
电话：812-2524683
网址：www.placeclub.ru

·Zoccolo

这里有摇滚、街舞、拉丁等各种音乐，在这样一个热烈的气氛当中，人们总是可以很轻松地度过一个美好的夜晚。

地址：3-ya Sovetskaya 2/3
电话：812-2749467
网址：www.zoccolo.ru

·JFC Jazz Club

这家俱乐部很有情调，是圣彼得堡最好的俱乐部之一。它以爵士乐和蓝调音乐为主要特色，吸引了俄罗斯及世界各地著名的乐队前来演出。

地址：ulitsa Shpalernaya, 33
电话：812-2729850
网址：www.jfc-club.spb.ru

·Mod

俱乐部包括两个酒吧和小包厢，是个有趣的小地方，这里总是人潮涌动。当你看到新潮的乐队表演时，会不自觉地眼前一亮，会被他们极高的感染力深深吸引。

地址：ploshchad' Konyushennaya, 2
电话：812-3123696
网址：www.modclub.info

·Fish Fabrique

这家富有传奇色彩的酒吧，其前卫的艺术、热闹的氛围总会吸引很多人前来。每天22:00，这里的现场乐队就会掀起音乐风暴，把人们带到狂欢中去。

地址：Ligovsky Ave, 53
电话：812-7644857
网址：www.fishfabrique.ru

其他娱乐

·乘船游圣彼得堡

每年5～10月主要旅游季期间，有大量的船可供游客使用。在喷泉河边的阿尼奇科夫大桥、埃尔米塔日博物馆附近，Griboedova运河边以及涅瓦大街处的Moyka河岸边，都可乘坐游船游览。

·圣彼得堡国立马戏团

圣彼得堡国立马戏团（St Petersburg State Circus）是俄罗斯主要的马戏团之一，自1877年起就一直有著名的马戏团在这里表演。

地址：Naberezhnaya Fontanki 3
电话：812-5705390
网址：www.circus.spb.ru

·童话木偶大剧场

一听名字，就知道这里是个精彩的儿童乐园。这里不仅是小孩子的天堂，同时也很受大人们的欢迎。这里上演的剧目非常丰富，其中包括经典剧目《丑陋的青蛙王子》、《青鸟》等。

电话：812-2728215
开放时间：10:30～15:00，16:00～19:00
网址：www.puppets.ru

圣彼得堡住宿

在圣彼得堡，酒店的选择范围很大，可以找到各种档次的宾馆。其星级酒店主要集中在市中心，交通十分便利，步行就可前往各大景点。通常选择一个位置较好的旅馆，可以节省很多体力和钱。5～8月旅游旺季期间，高档酒店1 3000卢布起，四星级酒店在7700卢布左右，家庭旅馆和青年旅舍多在2000～3500卢布。此外，在6月份"白夜节"期间，住宿价格会更高。而在11月至来年3月的淡季，无论是酒店还是旅舍，价格都会有很大幅度的下降。

假如担心语言不通，还可选择华人旅馆。在当地有部分华人出租的房间，通常每天约600卢布/人。假如，你的俄语沟通没问题，可选择家庭旅馆；假如，你的资金不够宽裕，则可以选择公寓旅馆或者是B&B旅店。

经济型宾馆			
名称	地址	电话	网址
Soul Kitchen Junior Hostel	Moika embarkment 62 app 9	911–2377969	www.soulkitchenhostel.com
Nevsky Inn	pereulok Kirpichnyy, 2	812–3158836	www.nevskyinn.ru
Big Bang Hostel on Zhukovskogo	naberezhnaya Griboyedova Kanala, 81	812–3184072	www.bigbanghostel.ru
Azimut Hotel	prospekt Lermontovskiy, 43/1	812–7402640	www.azimuthotels.ru
Cubahostel	ulitsa Kazanskaya, 5	812–9217115	www.cubahostel.ru

swissSTAR	naberezhnaya Reki Fontanki	812-9292793	www.swiss-star.ru
Rossi Boutique Hotel	ulitsa Artilleriyskaya, 1	812-9139657	www.hoteloktiabrskaya.ru
Underground Hall Hostel	Voznesensky Ave, 41	812-9200204	www.hostel-undhall.ru
Apart-hotel Nevsky 78	prospekt Nevskiy, 64	812-3371223	www.nevsky-hotel.com

中档酒店

名称	地址	电话	网址
Tradition Hotel	prospekt Dobrolyubova, 2	812-4058855	www.traditionhotel.ru
NasHOTEL	liniya 11-ya, 50	812-3232231	www.nashotel.ru
Casa Leto Private Hotel	Bolshaya Morskaya street, 34	812-6001096	www.casaleto.com
Hotel 3mostA	naberezhnaya Reki Moyki, 3 A	812-3323470	www.3mosta.com
Comfort Hotel	Bol'shaya Morskaya,25	812-5706700	www.comfort-hotel.ru
Staybridge Suites St. Petersburg	Moskovsky Prospekt, 97	812-4482050	www.ihg.com
Cameo Hotel	naberezhnaya Reki Fontanki, 90	812-3120858	www.cameohotel.ru
Herzen House	25, Bol'shaya Morskaya	812-3146406	www.herzen-hotel.ru
Demetra Art Hotel	ulitsa Vosstaniya, 44	812-6400408	www.demetra-art-hotel.com

高档酒店

名称	地址	电话	网址
Pushka Inn	naberezhnaya Reki Moyki, 14	812-3120913	www.pushkainn.ru
Alexander House Boutique Hotel	naberezhnaya Kryukova Kanala, 27	812-3343540	www.a-house.ru
Grand Hotel Europe by Orient-Express	ulitsa Mikhaylovskaya, 1/7	812-3296000	www.grandhoteleurope.com
Rocco Forte Hotel Astoria	Rue Bolchaïa Morskaïa, 39	812-4945757	www.astoriaspb.ru
Domina Prestige	naberezhnaya Reki Moyki, 99	812-3859900	www.dominarussia.com
W St. Petersburg	Voznesensky Ave, 6	812-6106161	www.wstpetersburg.com
Petro Palace Hotel	ulitsa Malaya Morskaya, 14	812-5713006	www.petropalacehotel.com
Corinthia Hotel St Petersburg	Nevsky Prospect, 57	812-3802001	www.corinthia.ru
Radisson Royal Hotel	Nevsky Prospect, 49/2	812-3225000	www.radisson.ru
Sokos Hotel Palace Bridge	pereulok Birzhevoy, 2-4	812-3352200	www.sokoshotels.fi

2 圣彼得堡 → 普斯科夫

Shengbidebao ⟶ Pusikefu

普斯科夫交通

🚌 从圣彼得堡前往普斯科夫

·乘火车前往

　　从圣彼得堡维捷布斯克火车站有前往普斯科夫的火车，火车17:20发车，5个多小时到达，票价为1000卢布。可在圣彼得堡中央售票处（812-7623344，周一至周六8:00～20:00)或中央航空公司售票处以及很多旅行社买到车票。

维捷布斯克火车站信息	
名称	维捷布斯克火车站（Vitebsky ovkzal）
地址	Zagorodny pr 52
电话	812-7685807
地铁站	Pushkinskaya

·乘汽车前往

　　每天有9班汽车往返圣彼得堡与普斯科夫之间。

🚌 乘公共汽车游普斯科夫

　　在火车站（8112-707427）有1路、11路、17路公共汽车前往市中心，途经Hotel Oktyabrsaya旅馆，然后穿过市中心，票价10卢布。此外，还有2路、17路公共汽车可将你从Hotel Rizhskaya带到车站。

普斯科夫市区景点

普斯科夫国立博物馆

普斯科夫国立博物馆（Pskov State Museum）收藏有普斯科夫旧城斯巴达人的考古发现，一楼的展品主要有刀、珠宝、古老的钥匙等，它们的历史都十分悠久，附属房间中有轮换艺术展览，这些艺术展品均由当地艺术家创作。在二楼的第二个展厅中，有个法院内庭，陈列有17世纪普斯科夫珍贵的行政文件，值得一看。

旅游资讯

地址：ulitsa Nekrasova, 7
电话：8112-669688
开放时间：11:00～18:00
网址：museum.pskov.ru

旅游达人游玩攻略

1.在博物馆外边可以看到著名的Dovmont Town，这里用围墙围成，穿过里边的通道可以到达现在的克里姆林宫，可以去看一下。

2.在博物馆附近有个Sotstourprof旅行社（8112-723257，10:00～18:00），这里提供俄语导游服务，如果你提前预订的话，还有英语或中文导游。在游览之前，需要提前在这里询问清楚。

克里姆林宫

克里姆林宫简称为"克罗姆"，它那坚固的石墙与塔楼，以及高耸的教堂圆顶，异常地壮美，这也使它成为了普斯科夫的旅游"名片"。这里曾经是市民选举王子，并将王子送往战场的地方。如今的克罗姆依旧保存着中世纪城堡的面貌，通向城堡内的入口跟真正的防御性建筑一样，只是一个狭窄而倾斜的通道。

旅游资讯

地址：ulitsa Nekrasova

克里姆林宫

📍 圣三一大教堂

圣三一大教堂（Trinity Cathedral）建于1669年，是普斯科夫的中心景点，同时也是市议会和档案馆的所在地。大教堂中央的镀金圆顶十分雄伟，在晴朗的日子里，即使是在30千米外的地方都能看到它。教堂内有很多圣母像，由珠宝装饰，高贵典雅。此外，值得一提的是，教堂的宗教仪式通常在早上举行。

🗨 旅游资讯

地址：ulitsa Kreml
电话：8112-724059

📷 旅游达人游玩攻略

教堂角楼上的库杰克罗姆塔（Kutekrom Bashnya）是普希金可以远眺到普斯科夫河的地方，可以去看看。不过尖塔比较隐蔽，需要穿过远处围墙上的铁门才能看到，如果你想要追寻普希金的足迹，还要多留意一下。

📍 米罗日斯基修道院

米罗日斯基修道院（Mirozhsky Monastery)中的主显圣容教堂（Cathedral of the Transfiguration)，位于普斯科夫河对岸。其教堂建于12世纪，是俄罗斯最古老的历史建筑之一，是联合国教科文组织保护的地方。教堂中还保存着自修建完成时起保存至今的壁画，具有很大的艺术价值。

🗨 旅游资讯

地址：Mirozhskaya observer, 2
电话：8112-446406

📷 旅游达人游玩攻略

当地在过于炎热或寒冷、潮湿等情况下，教堂通常是关闭的。在前往之前，最好打电话提前确认一下教堂是否开放，以免白跑一趟。

圣三一大教堂

📍巴干克内大屋

　　巴干克内大屋（Pogankin Chambers）建于17世纪中叶，是一个庞大的建筑物群。这是普斯科夫城中为数不多的彼得大帝前期的民用建筑，这样的建筑在俄罗斯其他城市中都很难看到，现已成为普斯科夫博物馆的历史分馆。在普斯科夫还有很多类似的建筑物，如缅什科夫大屋、亚姆斯基宅院等，不过它们的规模和知名度都无法与巴干克内大屋相媲美。

巴干克内大屋

💬 旅游资讯

地址：ul. Nekrasova, 7
电话：8112-663311
网址：museums.pskov.ru

📍 普斯科夫周边景点

📍古伊兹博尔斯克

　　古伊兹博尔斯克（Stary Izborsk)位于普斯科夫西面30千米处，曾是古俄罗斯最为重要的城市之一，现如今是与普斯科夫同样有名的地方。这个宁静的村庄中，至今还完好地保存着14世纪时的城堡和2座教堂。在城堡和小城下面，还有几股泉水从悬崖中如喷泉般倾泻而出，一直流向山下的湖中，这就是著名的斯洛文尼亚泉，在民间它们又被称为"十二使徒泉"。

💬 旅游资讯

地址：west of the Pskov

📷 必游景点

圣尼古拉教堂

　　圣尼古拉教堂（Church of St Nicholas)是一个以绿色装饰为主的小型建筑物，其中还有座古老的石塔，顶部还有一个视野极为开阔的观景台（viewing plafform）。在城墙的背后有一条小路，沿着小路前行，你还会遇到来自十二泉背着水壶的当地人。

圣谢尔久斯教堂

圣谢尔久斯教堂（Church of St Sergius)中最有看头的就是其中的小型展览了，主要展示的是当地的考古文物，其中有些文物的历史甚至可以追溯到8世纪。

伊兹博尔斯克国立考古博物馆

伊兹博尔斯克国立考古博物馆（State Historic-Archaeological Museum Izborsk)收藏有来自于古伊兹博尔斯克的考古文学发现，同时，还配有用俄文写的城市历史说明。

📍 米哈伊洛夫斯克

普希金大部分岁月是在米哈伊洛夫斯克（Mikhaylovskoe）度过的，并最终安眠于附近的教堂中。这里优美的乡村风情以及文化底蕴深厚的景点，深深地吸引着普希金的那些忠实的读者。假如你痴迷于这个伟大的诗人，那么这里绝对会带给你不一样的收获。

💬 旅游资讯(普希金博物馆）

地址： Pushkinskie Gory
电话： 8112-22560
开放时间： 12月到来年3月，周二至周日10:00～17:00，5月到10月，周二至周日9:00～20:00

📷 必游景点

普希金博物馆

普希金博物馆（Pushkin Museum Reserve)占地20公顷，其中最吸引人的地方是普希金的书房，里边舒适的皮椅、小型的拿破仑雕像等物品都安放如初。

📍 佩乔雷修道院

佩乔雷修道院（Pechory Monastery）建于1473年，历史十分悠久，比它的年龄更为神秘的是它的地理位置，它就位于一个峡谷中，外边的地面很高，具有很强的防御功能。中心教堂的底层为圣母升天大教堂，楼上是代祷教堂。在修道院的广场上，你可以看到一辆彼得大帝女儿所乘坐的夏季马车。

💬 旅游资讯

地址： International ul, 5, Pechory
电话： 8114-822145
网址： www.pskovo-pechersky-monastery.ru

📷 旅游达人游玩攻略

在这里，你可以拍摄建筑，不过禁止拍摄修道士；在修道院大门外有个旅行办事处（8114-21493，10:00～17:00)，提供俄罗斯境内的导游服务；在修道院广场上女人应穿裙子，男人需穿长裤。

佩乔雷修道院

普斯科夫美食

普斯科夫是一个小城镇，餐饮主要以俄罗斯风味美食为主，还有少数的欧洲其他国家美食。餐馆的装饰都具有浓郁的当地特色，总能给人以温馨的感觉。这里的食物无疑是实惠的，通常花100多卢布就足以满足你的味觉。值得一提的是，在普斯科夫的公共汽车站附近就有一家朴素的餐厅，搭乘汽车之前，在这里吃点东西是很值得的。

· Staryy Tallinn

这家餐厅针对广大顾客的不同口味，提供各种口味的美食。富有情趣的餐厅装饰，与可口的菜肴，常常会吸引很多人慕名前来。

地址：A212, 54, Pskov
电话：8112 724158
网址：www.caferp.ru

· Komandor

这是家连锁餐厅，提供令人无可挑剔的欧洲其他国家与俄罗斯当地美食。专业友好的工作人员，总让人深切感受到温暖。室内装饰以古典风格为主，有助于人们放松身心。在这里，无论是进行商务会餐，还是浪漫约会，你都将收获一个美丽的夜晚。

地址：ul Rokossovskiy,22 A
电话：8112-559195
网址：www.kaleydoskopcafe.ru

· Restaurant Rus

这家餐馆在普斯科夫城堡内，内部的石头装饰十分炫酷，透过墙上的裂缝，你可以看到韦利卡亚河的风景。推荐这里腌制的蘑菇和土豆、螃蟹、西红柿沙拉、三文鱼炖西红柿。此外，这里还提供英文菜单。

地址：Kremlin, 7, Vlasyevskaya tower
电话：8112-720090

· Karl Freidrich

这家餐厅就像一个啤酒吧，很有情调。主要提供高卡路里的菜肴，如猪排、俄式馄饨等。值得注意的是，英文菜单上的价格要比俄文菜单上的价格偏低一些。

地址：ul Lenina 3
电话：8112-721111
网址：www. k-f.ru

其他美食餐厅推荐			
名称	地址	电话	网址
Zebra	A212, 56	8112–669993	www.superpskov.ru
Natali	ulitsa Sovetskaya, 60 A	8112–794048	www.caferp.ru
Double Coffee Pskov	A212, 20	8112–663539	www.facebook.com
Sunduk	ploshchad' Lenina, 1	8112–722467	www.cafesunduk.ru

在普斯科夫，你会找到很多令人惊喜的小纪念品，如一些工艺品、陶瓷、琥珀等。在普斯科夫的大街上流连，在欣赏那些历史悠久的景点的同时，你随时都有可能邂逅一个特色小店，进去淘些宝贝回去，也就不枉此行了。

购物场所推荐			
名称	地址	电话	网址
Knizhitsa	A212, 22, Pskov	8112–626252	www.knigitsa.ru
Moye Bel'e	A212, 54, Pskov	8112–727119	www.moe–belye.ru
Pskovskaya Investitsionnaya Kompaniya	A212, 54, Pskov	8112–793793	www.novostroy60.ru
Gorodskoy Lombard	ulitsa Lenina, 11/4	8112–724092	www.lombard.sp.ru
Magazin "Master"	ulitsa Lenina, 6 A	8112–721834	www.masterts.ru
Krasnyy Kub	Municipal ul, 41	8112–577230	www.redcube.ru

普斯科夫是一个朴素的小镇，因而这里的夜生活并不是很热闹，不过那亲切的味道与小镇得到了完美的契合。这里最受欢迎的娱乐场所主要集中在ul Rizhsky大街上，找个酒吧放松心情，或是到俱乐部欣赏一场现场音乐会，都是十分美好的享受。

娱乐场所推荐			
名称	地址	电话	网址
Platforma	ul Rizhsky, 16	8112–443132	www.pskovbowling.ru
R 16	ul Rizhsky, 16	8112–445142	www.culture.pskov.ru
Pivnoy Dom	ul Sovetskaya, 1/2	8112–627898	www.zn–hotel.ru
Bingo	ul Gor'kiy, 22	8112–563939	www.club–bingo.ru
Oktyabr	ploshchad' Lenina, 3	8112–722072	www.pskov–october.ru

普斯科夫住宿

普斯科夫有很多不同档次与价位的宾馆酒店，可以满足旅游者的不同需求。相比俄罗斯其他城市，普斯科夫的住宿价格较便宜，其中利日斯卡宾馆（Hotel Rizhskaya）性价比较高，是一个老式前苏联大酒店，不过已经全面更新。

住宿场所推荐			
名称	地址	电话	网址
Oktyabrskaya	A212, 36, Pskov	8112–664246	www.okthotel.ru
Hotel Krom	Metallistov Ulitsa, d. 5	8112–73900	www. hotelkrom.ru
Old Estate Hotel & Spa	ulitsa Verkhne–Beregovaya, 4	8112–794545	www.oldestatehotel.com
Dvor Podznoeva	Nekrasova Street 1 B	8112–797000	www.dvorpodznoeva.ru
Balthouse Hotel	Leningradskoe Shosse, 1	8112–666792	www. balt–house.ru
Golden Embankment Hotel	A212, 2	8112–627877	www. zn–hotel.ru
Best Eastern Pleskov Hotel	Pechki Village	8112–793474	www.otelpleskov.ru
Transit Hotel	Dekabristov Street 64	8112–736006	www. pstranzit.ru
Hotel Favorit	Detskaya street 1B	8112–700631	www.favorit–pskov.ru

3 普斯科夫 → 加里宁格勒
Pusikefu → Jialininggele

加里宁格勒交通

🚌 从普斯科夫前往加里宁格勒

从普斯科夫前往加里宁格勒可先乘从圣彼得堡前往维尔纽斯的火车091R，途经9站，运行8小时，然后再从维尔纽斯乘火车425U前往加里宁格勒南站，运行时间为9:08~15:31。

加里宁格勒的铁路交通系统比较发达，在这里乘坐火车，你可以前往附近城市，俄罗斯其他地区及部分国际地区。在加里宁格勒地区有两个主要的火车站，其中北站（Severny vokzal）较小，而南站（Yuzhny vokzal）较大，是大部分当地火车和所有长途火车的出发地。从这里出发的火车也较多。南站的电话是401-600888，北站的电话是401-601838。

🚌 乘市内公交游加里宁格勒

在加里宁格勒市旅行，主要的交通工具为公共汽车与无轨电车。这里的公共汽车线路基本上覆盖了市内大部分景点，可选择乘坐。

🚌 自驾车玩转加里宁格勒

在加里宁格勒，自驾车旅行比较方便，你可在City-rent租赁汽车，地址为pr Mira 46和Moskovsky pr 182A，电话为401-509191，网址www.city-rent39.ru。此外，也可在机场的租车机构处租赁汽车。

加里宁格勒市区景点

大教堂

　　大教堂（Catherdal）为一幢用红砖砌成的哥特式建筑，外表装饰精美，是加里宁格勒的标志性建筑，现已被列入世界文化遗产。二战后，这里很长一段时间都是一片废墟，20世纪90年代，教堂的修复工作取得了很大的进展。在教堂的外壁上，你还可以看到很多保存下来的墓志铭。值得一提的是，在教堂的东北角安放着哲学家伊曼努尔·康德的坟墓（Immanuel Kant's Grave），其采用玫瑰色大理石建造，设计十分精美。

加里宁格勒旅游示意图

大教堂

💬 旅游资讯

地址：Kanta ulitsa

电话：401-272583

交通：从加里宁广场沿列宁大街向南走1千米

门票：70卢布

开放时间：9:00～17:00

琥珀博物馆

　　琥珀博物馆（Amber Museum）收藏了世界上极为珍贵的琥珀，正因此，加尔宁格勒获得了"琥珀之都"的美称。在博物馆中收藏的大规模琥珀艺术品中，有珍奇的远古虫子、植物琥珀、中世纪的美术品、现代艺术家作品，其展示数量之多、范围之广、令人称奇。在众多琥珀艺术品中，最为著名的还是来自前苏联时代的琥珀艺术品。

💬 旅游资讯

地址：pl Marshala Vasilevskogo

电话：401-4666888

门票：90卢布

开放时间：10:00～19:00，冬天10:00～18:00

网址：www.museum.ru

📷 旅游达人游玩攻略

在琥珀博物馆中，有售卖琥珀制品的柜台，其中的物品也很价廉物美；你还可以到外面的小摊贩处购买一些琥珀珠宝，以作纪念或送亲戚朋友，是很不错的。

甜蜜桥

甜蜜桥（Honey Bridge）是加里宁格勒最古老的桥梁，漫步在桥上，你会发现桥两侧的栏杆上挂满了新婚夫妇们挂上去的形形色色的锁，锁上刻有他们的名字，这也许就是甜蜜桥的真正魅力所在吧。桥的一边有个酷似迪斯尼乐园的渔村，这里聚集了各种旅馆、饭店，十分热闹，可以顺便过去住宿或就餐。

旅游资讯

地址：Kanta Ulitsa

苏维埃之家

苏维埃之家就在中央广场东侧，呈"H"形，是一座象征苏维埃政权的建筑。中央广场曾是德意志骑士团夺取普鲁士人土地，并在此建造柯尼斯堡城的所在地。第二次世界大战期间这里被夷为平地，之后便建了现在的"H"形建筑，而这座建筑也顺理成章地成为了加里宁格勒历史的伟大见证。

旅游资讯

地址：Central Plaza
交通：乘1、4路无轨电车可到

苏维埃之家

腓特烈门

腓特烈门（Friedrich Gate）内部有一座小型的博物馆，展示着曾经的战前生活用品、战争中使用的武器等。此外，还有一张巨幅地图，描绘着伏尔加格勒以前的13扇大门的位置。这座城门几乎未经修缮，与王门相比，更富有历史韵味。从院内，你可以看到部分曾作为防御体系的护城河。

旅游资讯

地址：pr Kalinina 6
电话：4012-448920
交通：从火车南站沿着加里宁大街向东行走约15分钟
门票：50卢布
开放时间：周二至周日10:00～17:00

海洋博物馆

海洋博物馆（Ocean Museum）位于列戈利亚河岸的宽阔地带，收藏着众多与海洋息息相关的物品。博物馆主楼为一个小型的水族馆，二、三楼为与海洋历史相关的展示室，顶层是仿造灯塔的真实透镜。探究博物馆前边普列戈利亚河岸上的"比奇亚基号"、"宇航员维克多·帕萨耶夫号"这两艘船只，以及"B-413"潜艇，成为了博物馆最大的亮点。现在都可以进入到船只及潜艇内部去回味那神奇的海洋历史。

旅游资讯

地址：nab Petra Velikogo 1
电话：4012-538915
门票：80卢布
开放时间：周三至周日10:00～17:00
网址：www.vitiaz.ru

王门

📍 王门

　　王门（King's Gate）是市中心残留下来的6座城门之一，因建造在以前的"大王的道路"上而得名。从左至右，城门塔中央依次为波西米亚王鄂图卡二世、普鲁士王腓特烈一世、阿尔西布雷希特公爵的雕像。城门经一系列的修复之后，如今已用作展示加里宁格勒地区外交历史等的博物馆，其中还收藏有柯尼斯堡旧城模型。

💬 旅游资讯

地址：ul Frunze 112

电话：4012-581272

交通：从琥珀博物馆、胜利广场等地乘坐4路电车，从中央广场出发徒步行走10分钟即可

门票：80卢布,学生40卢布

开放时间：周三至周日10:00~18:00，冬天10:00~17:00（闭馆前1小时禁止入场）

📍 地壕博物馆

　　地壕博物馆（Bunker Museum）是第二次世界大战中德军使用过的地壕，如今已成为一座伟大的博物馆，主要展示有战争中的城市照片、情景模型等。1945年4月9日，在地壕中，德意志将军签写投降书，在曾经签署投降书的房间内，还有当时情形的再现。

💬 旅游资讯

地址：Universitetskaya ul 2

电话：401-536593

门票：70卢布

开放时间：10:00~17:00

网址：www.museum.ru

加里宁格勒周边景点

斯韦特洛戈尔斯克

斯韦特洛戈尔斯克（Svetlogorsk）拥有狭窄美丽的海滩、古朴典雅的普鲁士时代建筑、郁郁葱葱的森林，以及经改造后的疗养院等众多看点。这个美丽的地方是当地居民度过炎炎夏日的天然海水浴场。

必游景点

赫尔曼·布拉赫特故居博物馆

赫尔曼·布拉赫特故居博物馆（Herman Brachert House-Museum）是著名的雕刻家赫尔曼的故居，在斯韦特洛戈尔斯克，随处可见这位著名的雕刻家的作品。故居的规模虽不大，却珍藏着赫尔曼更多的经典作品。

水塔

水塔（water tower）为新艺术风格，站在水塔上，可俯瞰恬静的疗养院，甚至连钱币上的彩色壁画都能看得一清二楚。

纪念礼拜堂

纪念礼拜堂（Memorial Chapel）是为纪念1972年前苏联军用运输机撞毁于此时丧生的人们而修建的，其中包括23名儿童以及11名成人。

旅游达人游玩攻略

夏天在当地火车站北侧，还有升降机停靠，乘坐它可以直接到达海边沙滩；在城镇上的十月大街上，有很多贩卖琥珀的小摊、咖啡屋，以及作为城市象征的以前的浴场，和一些奇妙的建筑物，你可以前去看看。

斯韦特洛戈尔斯克

📍 阿马利纳乌地区

　　这里是第二次世界大战战前的住宅街道，保留着未受到战争破坏的普鲁士时代的建筑物。这些建筑与其他地区的钢筋混凝建筑相比，更有一番风味。道路两边栽满了青葱的树木，环境十分清幽，这大概是曾经的中产阶级住宅区吧。该区域的中心地区由胜利大街、库图佐夫街等组成。

💬 旅游资讯

交通： 从火车南站乘坐4路无轨电车，或从列宁大街乘坐6路无轨电车都可到达
门票： 免费
开放时间： 全天开放

📍 库尔斯沙嘴

　　库尔斯沙嘴（Kurshskaya Kosa）为绵延98千米的沙丘半岛，自古以来，这里便长期受到海风、潮汐等自然力量的侵蚀，历代当地人长期以来不断与沙嘴的侵蚀做斗争，才使遗址得以保留下来。这里保存下来了多处历史、考古、建筑等遗迹，此外，古朴传统的生活方式也得以保存。现在，这里已成为了迷人的度假胜地，并且沙嘴上出产品质极佳的琥珀，是不折不扣的琥珀王国。

💬 旅游资讯

地址： 98 Km peninsula Nationalpark KursiU Nerija
电话： 4012-532907
网址： www.park-kosa.ru

📷 必游景点

库尔斯沙嘴国家公园

　　库尔斯沙嘴国家公园（Kurshskaya Kosa National Park）位于一个原始海滩之上，环境十分优美。无论是探险还是休闲，这里都是不错的选择。

博物馆

　　在博物馆中，你可以进一步了解公园的环境与历史，里边有很多当地艺术家创作的木雕。

库尔斯沙嘴

加里宁格勒美食

在加里宁格勒，有各种可供选择的餐馆，其主要供应俄罗斯风味菜肴，同时也有一些餐厅提供国际风味及当地美食。加里宁格勒还有一些自助餐厅，这往往是外地游人的最佳选择。另外，也可以选择一些商务午餐。假如你吃不惯当地菜，还可以选择自己做饭，在Leninsky pr 30上的Viktoriya超市，以及位于ul Chernya Khovskogo街的中心市场里有各种食材可供选择。

俄罗斯风味

· Razgulyay

在俄罗斯，有很多这样的自助餐厅。餐厅内部装饰为民间风格，给人以回归大自然的感觉。推荐这里的美味烤肉、新鲜水果沙拉，在热情友好的服务中，感受这里轻松愉悦的氛围。在这里就餐，价格一般为100~200卢布。

地址：ulitsa Batal'naya, 17a
电话：4012-713506
网址：www.razgulyay-samara.ru

· Dolce Vita

这家餐厅环境十分优雅，食物也格外美味。在这里，你会在不知不觉间为这些食物动容，这甚至会超出你的就餐预算。这里的甜瓜和薄荷冷杂拌汤尤其美味。就餐之后，可直接到附近的Dona Hotel住宿休息。

地址：pl Marshala Vasilverskogo 2
电话：4012-351612

· Zarya

这家时尚的啤酒屋在一个电影院大厅中，它周围的环境十分引人注目，因而常常会吸引很多看完电影路过这里的人。你可以选择在室外就餐，在外边的座位上用餐可以欣赏到非常不错的景色。这里的食物供应种类多样，并且服务员服务良好，也因此吸引了更多的人前来。

地址：Prospekt Mira 41/43
电话：401-213929
网址：zarya.eu

· Hmel

这家在中央广场附近的小餐馆，很受当地人欢迎。这里提供多样化的菜单，包括俄罗斯以及德国的美食。推荐这里的鱼子酱煎饼、自制香肠与罗宋汤。此外，这里还有很多啤酒类型可以选择。总之，这里绝对是一个下次你还想光临的地方。

地址：Pobedy square, 10
电话：4012-593377

· Kropotkin

这是中央广场上的一家小酒馆，主要供应自酿啤酒以及各种俄罗斯、国际菜肴。值得一提的是，假如你喜欢安静的氛围，那么这里可能不太适合你，与之相反，这里总是十分热闹。

地址：prospekt Sovetskiy, 13
电话：4012-214897
网址：www.tuta-bonus.ru

· Tetka Fisher

餐厅为德国设计风格，主要供应俄罗斯以及欧洲其他国家食物。假如你是一个素食主义者，那么这个餐厅，你就一定不能错过。在这里就餐，烤肉和海鲜一定要品尝，不然可就吃亏了。

地址：ulitsa Shevchenko, 11 a
电话：4012-387447

去俄罗斯
终极实用版

🍴 世界风味

· Croissant Cafe

假如你对甜点和烘制食品钟爱有加，那么就可以在这家以烘制食品为主的咖啡馆中得到味觉上的满足。这里供应如薄饼、乳蛋饼、松饼等食物。喝杯咖啡，吃点糕点，便会感到十分惬意。早餐时，你可以在这里品尝美味的俄式薄饼和煎蛋饼，通常100卢布左右就可以吃得很好。

地址：pr Mira 24
营业时间：周日至周四9:00~23:00，周五和周六24小时

· Britannica

这家英式酒吧提供20多个品种的啤酒以及30多个品种的威士忌。此外，这里还提供主题派对、商务午餐、宴会聚餐、儿童套餐等，在周末，根据套餐不同还会有与之相对应的折扣，并有精美礼品相送，这使得孩子们很开心。

地址：Gor'kogo ul., 2
电话：4012-300030
网址：www.pubkaliningrad.ru

· Pivovar

这家舒适的餐厅拥有一个安静的环境，各种新鲜的自酿啤酒是餐厅的最大特色。推荐这里的烤牛柳、炖猪肉、饺子等美食。这里有各式各样的菜肴可供选择，再搭配自酿啤酒，那简直太完美了。

地址：Aleksandra Nevskogo, 137b
电话：4012-585999
网址：www.pivovar-kld.ru

· Pizzeria Papasha Beppe

这应该是加里宁格勒比萨种类最齐全的外送比萨店之一了吧，有30多种正宗的意大利比萨薄饼提供给人们。除了主要的比萨食物，还有面食、沙拉、热菜、甜品等。此外，你还可以订购啤酒、可乐、果汁或其他饮料。

地址：prospekt Leninskiy, 20/26
电话：4012-532525
网址：www.pizza.gorodok-kaliningrad.ru

· Bukhara

这家餐厅拥有一个温馨的氛围，这样的环境有助于人们更好地享受高品质的食物。餐厅中除了一个非吸烟的大厅之外，还有一个温馨的儿童房，你可以与孩子在这里度过美好的时光。

地址：Baranova St, 34
电话：4012-668102

· Croissant

这是一家美味的咖啡店，在加里宁格勒城市及周边地区有很多此类的小店。店中有各种口味的咖啡以及种类多样的糕点，你可以根据自己的需要选择与自己口味相近的食物。

地址：Aleksandra Nevskogo, 24-30
电话：4012-766885

加里宁格勒购物

　　加里宁格勒是俄罗斯最西部的城市，因生产众多精美的琥珀艺术品而闻名，有"琥珀之都"的美誉。这里有各种各样的琥珀制品，是大多数来加里宁格勒旅游的旅行者的首选。漫步在列宁大街上，有各式各样的商店，店中最引人注目的就是各式各样的琥珀制品，如胸针、项链、耳环、手镯、戒指，以及装有镜子的琥珀框、可爱的小企鹅等。在阳光照耀下，这些琥珀闪着耀眼的光泽，十分美丽。随意挑选几个精美的小物品留作纪念，真的很棒。

· Akropol'

　　这个商场就位于市中心的繁华地段，是一个集购物、展览、娱乐、商务及社会活动于一体的综合性建筑。这里的商品种类繁多，可在这里尽情享受购物的乐趣。逛累了还可在里边的餐厅休息一下。

地址：ulitsa Professora Baranova, 34
电话：4012-668203
网址：www.acropolmall.ru

· Kaliningrad Amber Factory

　　从这家店的名字上便可得知，它就在琥珀博物馆附近。这里有各式各样的琥珀首饰，以及形形色色的工艺品。在这里选购一些琥珀珠宝或者首饰，是非常值得的。

地址：ul Chernyakhovskovo 62
电话：4012-530545

其他购物场所推荐			
名称	地址	电话	网址
Solnce-shop	ulitsaBarnaul'skaya 2	4012-772711	www.solnce-shop.ru
Evropa	ulitsa Teatral'naya, 30	4012-616377	www.europecentre.ru
Zapad 39	ulitsa Dachnaya, 6	4012-701001	www.zapad39.ru
United Colors OfBenetton	prospekt Leninskiy 29	4012-463964	www.benetton.com
Promod	ulitsa Chernyakhovskogo, 6 a – 12 a	4012-355246	www.promod.eu
Crocs StoreKaliningrad	ulitsa General–leytenanta Ozerova,17	9062-398468	www.crocs.eu
SOKhO	ulitsa Tretyakovskaya	4012-971116	www.coxo.ru
Russkiy Glyanets	ulitsa Rokossovskogo, 16/18	4012-728052	www.sh39.ru

去**俄罗斯**
终极实用版

加里宁格勒娱乐

　　加里宁格勒有很多俱乐部、剧院、音乐厅及酒吧等娱乐场所。当地的俱乐部经常会有DJ表演，因而这里总是很热闹。剧院及音乐厅内经常举办各种音乐会，足以让你享受一个美好的夜晚。此外，加里宁格勒会在每年6月到11月举办"波罗的海季节"，届时会有各种音乐和戏剧作品呈现在你的面前。

·爱乐音乐厅

　　爱乐音乐厅（Philharmonic Hall）为一座漂亮的哥特式教堂，以优质的音响效果而知名，常常举办如管风琴音乐会、室内乐吟诵、交响乐之类的音乐演出，环境优美。

地址：ul Bog-dana Khmelnitskogo 61a
电话：4012-448890

爱乐音乐厅∨

· Vagonka

　　这是家很受年轻人喜爱的俱乐部，这里的气氛十分活跃，充满年轻的气息，尤其是周末，总能看到很多年轻人在这里聚集。此外，这里还有很多价格低廉的饮料。

地址：Stanochnaya ul 12
电话：4012-956677
网址：www.vagonka.net

· Teatr Kukol

　　这家木偶剧院在加里宁格勒最美丽的建筑物之———路德教教堂内，40多年的木偶戏表演赢得了观众无数。木偶剧院在波兰、白俄罗斯、德国、立陶宛等地都曾参加过国际艺术节，并取得了辉煌的成就。木偶剧院早已从一个简单的儿童文化中心，演变成了一个包含儿童派对、嘉年华会、各种竞赛、节日活动等的综合型剧院，可谓是孩子们的天堂。

地址：pr Pobedy 1
电话：4012-214335
网址：www.teatrkukol39.ru

其他娱乐场所推荐			
名称	地址	电话	网址
Tokio	ulitsa Epronovskaya, 4/6	4012–631540	www.360tokio.ru
Red Club	ulitsa Professora Sevast'yanova 14	4012–772119	www.sauna39.ru
Best	ulitsa A. Nevskogo, 53	4012–770270	www.bestclub.su
Kaliningradskiy Oblastnoy Dramaticheskiy Teatr	prospekt Mira, 4	4012–212422	www.dramteatr39.ru
Kaliningradskiy Oblastnoy Muzykal'nyy Teatr	prospekt Mira, 87	4012–935657	www.musteatr.ru
Karo–film	prospekt Leninskiy	4012–535454	www. karofilm.ru

加里宁格勒住宿

　　加里宁格勒中档和高档的住宿地有很多，其中经济型宾馆则相对较少，你可根据自己的需求选择相应的住宿地。假如你对住宿的预算较少，可以选择三星级以下的酒店，还可到较为偏远的地方选择住宿。

经济型宾馆			
名称	地址	电话	网址
Zolotaya Bukhta	53 Bogdan Khmelnitsky st	4012–645777	www.slavhotels.ru
Paraiso	ulitsa Turgeneva, 32 a	4012–955447	www.hotelparaiso.ru
Skipper Hotel	Oktyabrskaya Str. 4A	4012–307237	www.skipperhotel.ru
Villa Glamour Hotel	ulitsa Verkhneozernaya, 26	4012–340000	www.glamour–hotel.ru
Las Palmas Hotel	Kaliningrad Highway, 50	4012–999771	www.las–palmas.ru
Villa Severin	ulitsa Leningradskaya, 9 A	4012–365373	www. villa–severin.ru
Amigos Hostel	ulitsa Yablonevaya Alleya, 34	9114–852157	www.amigoshostel.ru

加里宁格勒渔村

中档酒店			
名称	地址	电话	网址
Chaika	ulitsa Pugacheva, 13	4012–3522–11	www.hotelchaika.ru
Hotel Moskva Kaliningrad	prospekt Mira,19	4012–3523–33	www.hotelmoskva.info
Kaliningrad Hotel	prospekt Leninskiy, 81	4012–4694–40	www.hotel.kaliningrad.ru
Baltika Hotel	prospekt Moskovskiy, 202	4012–3534–00	www.baltica–hotel.ru
Navigator Hotel	prospekt Sovetskiy, 285	4012–5662–22	www.hotel.navigator–group.ru

高档酒店			
名称	地址	电话	网址
Heliopark Kaiserhof	Oktyabrskaya str. 6A	4012-592222	www.heliopark.ru
Radisson Hotel	Pobedy Square 10	4012-593344	www. radisson.ru
Tourist Hotel Kaliningrad	Alexander Nevsky Str.53	4012-354400	www.hotel-tourist.net
Triumph Palace Hotel	3 Bolshevistsky per	4012-777733	www.triumph-palace.ru
Oberteich Luxe Hotel	ulitsa Gogolya 17	4012-332244	www.oberteich.com

叶卡捷琳堡

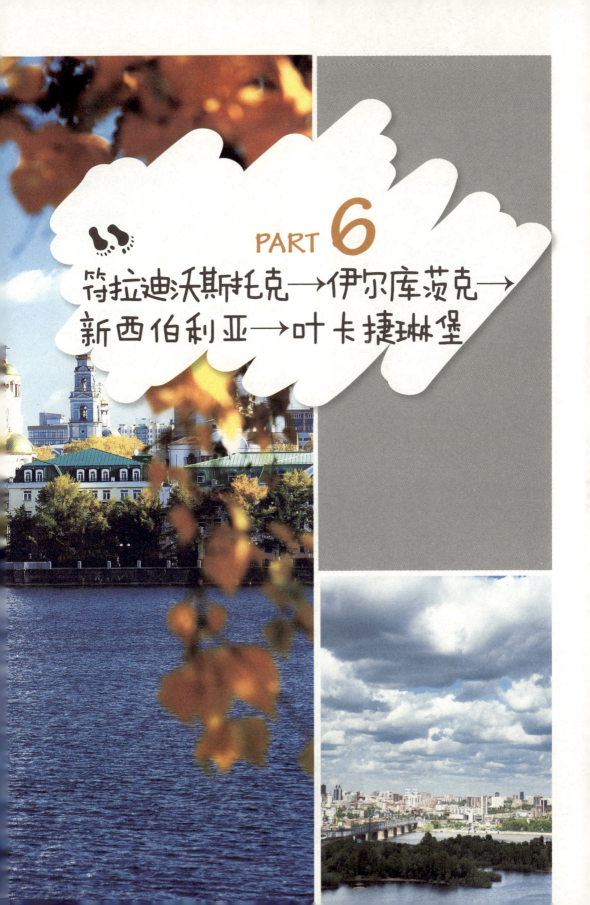

PART **6**

符拉迪沃斯托克→伊尔库茨克→
新西伯利亚→叶卡捷琳堡

1 符拉迪沃斯托克
Fuladiwo situoke

符拉迪沃斯托克交通

从机场前往市区

　　符拉迪沃斯托克机场（Vladivostok AIRPORT, VVO）位于符拉迪沃斯托克市郊阿尔乔姆，是符拉迪沃斯托克航空公司的基地。机场内部设有一座国际航站楼和一座国内航站楼，国内航线旅客服务厅与国际航线部距离很近。从机场可直飞中国的哈尔滨。此外，还有飞往土耳其、泰国、日本、韩国等众多国家的航班。符拉迪沃斯托克的航空公司提供哈尔滨与符拉迪沃斯托克之间的往返航班，每周二、周五各有一班。此外，西伯利亚航空公司提供北京与符拉迪沃斯托克之间的往返航班，每周一、周四、周六飞行，飞行时间约2小时20分。

·机场至市内交通方式

　　在机场前的广场处，有通往俄罗斯符拉迪沃斯托克、纳霍德卡和乌苏里斯克的公共汽

车。从该符拉迪沃斯托克机场到市区的发车时间为10:00、11:35、15:00、16:00，周日加有两次班车，发车时间是7:20 、18:00,公共汽车全程44千米，运行时间为一个小时左右。此外，从飞机场到阿尔乔姆市中心设有7路公共汽车，白天每30分钟一趟，票价为5卢布。值得注意的是，这里的公共汽车不能准确按照时刻表运行，常有班次取消、变更和延误的事情发生。

乘电车游符拉迪沃斯托克

在符拉迪沃斯托克市内，你可乘坐有轨电车和无轨电车，这是当地人最主要的交通工具，你可乘坐它们前往市内的大多数地区。有

轨电车和无轨电车的票价均为10卢布，上车买票即可乘坐。要想去往海湾的话，你可以在火车站前乘坐4路、5路有轨电车，电车向北沿ul Svetlanskaya行驶，一直到达海湾。此外，可乘7路有轨电车沿ul Aleutskaya大街行驶，经过Clovers Leaf购物中心的公交站。

乘出租车逛符拉迪沃斯托克

符拉迪沃斯托克比较特殊，差不多每个家庭都有汽车，因而当地只有一家出租车运营公司——普利姆出租车公司（4232-555555）。假如你想乘车，可直接朝马路上的汽车招招手，就会有路过的汽车停下来，你可付费顺路搭乘即可。

符拉迪沃斯托克市区景点

📍 斯维特兰那大街

斯维特兰那大街（Svetlanskaya）是符拉迪沃斯托克市内的主要街道之一，以其拥有众多风格各异、历史悠久的建筑而闻名。大街的名字几经修改，在很长的一段时间内曾改名为列宁大街，最后还是改成了现名。大街两旁高楼林立，东西方风格交错，成为市区的一大特色。假如你想进一步了解符拉迪沃斯托克这个城市，这条街是你一定要去。

💬 旅游资讯

地址： ul Svetlanskaya

📍 红旗舰队战斗光荣纪念广场

红旗舰队战斗光荣纪念广场的主体建筑物为C-56近卫军潜艇，这艘潜艇在第二次世界大战中为俄罗斯做出了突出的贡献。如今，潜艇内部已改建为纪念馆。在内部，你既可以看到潜艇的内部原貌，也可以看到当年牺牲的士官兵的战绩与历史介绍。纪念广场中央常年燃烧着永不熄灭的长明火，在北侧的大理石影壁上，还雕刻着二战时期海参崴保卫战中牺牲的众多将士的名字。

💬 旅游资讯

地址： The central square

📍 远东苏维埃政权战士纪念碑

远东苏维埃政权战士纪念碑矗立在符拉迪沃斯托克中心广场上，是远东地区最大的纪念碑。这个纪念碑是为纪念1917年的俄国二月革命和十月革命而建的，这对于俄罗斯人来说，历史意义非常重大。这里周边聚集有众多商贩，热闹非凡，假如你到符拉迪沃斯托克游玩，这里无疑是一个必游之处。

💬 旅游资讯

地址： Vladivostok Central Square

远东苏维埃政权战士纪念碑

📍 阿尔谢尼耶夫地区博物馆

阿尔谢尼耶夫地区博物馆（Kravedchesky muzey Arsenyeya）是市中心一座非常有趣的博物馆。博物馆中展有一系列与符拉迪沃斯托克历史有关的展品，同时，你还能看到形如跳舞的老虎和熊的标本、俄罗斯茶壶、20世纪的电话亭等。在博物馆中，你可进一步了解符拉迪沃斯托克的历史。

💬 旅游资讯

地址：ul Svetlanskaya 20
电话：4232-413977
门票：100卢布
开放时间：周二至周日10:00～18:00

📍 涅维尔斯基将军纪念碑

涅维尔斯基将军纪念碑是符拉迪沃斯托克的第一座纪念碑，它是证明萨哈林不是半岛，而是岛屿的一个有力证据。就是这个重要的地理发现，为俄罗斯海员进一步了解远东海域提供了十分有利的帮助。

💬 旅游资讯

地址：Vladivostok
门票：免费

📍 符拉迪沃斯托克要塞博物馆

符拉迪沃斯托克要塞博物馆（Vladivostok Fortress Museum）由一座堡垒改建而成，主要展出有大批曾经威力强大的大炮，以及标有英文名称的模型、照片等。此外，博物馆中还有一个武器陈列室。除了珍贵的展品这个重要看点外，又因博物馆建于山顶，视野极为开阔，在山顶你还可以俯瞰周边海港的景色。

💬 旅游资讯

地址：ul Batereynaya 4A
电话：4232-400896
交通：从ul Zapadnaya街步行可到
门票：70卢布
开放时间：10:00～18:00

📷 旅游达人游玩攻略

自彼得大帝时起，俄罗斯所有的海上军事要塞便有午时放炮的传统，符拉迪沃斯托克要塞依旧保持着这一传统，在每天12:00会准时鸣炮一次。

符拉迪沃斯托克要塞博物馆

滨海艺术馆

滨海艺术馆（Primorsky Art Gallery）之中的收藏主要以19世纪末至20世纪初的油画作品及当地画家作品为主。艺术馆还有一座旧馆，不过相对而言，藏品较少。假如你对艺术感兴趣，可到普罗沃(Provotsky)公园以东的两个主要藏馆去参观，相信你可以在那里找到很多乐趣。

旅游资讯
地址：pr Partizanski 12
电话：4232-427748
门票：东展厅40卢布，西展厅50卢布
开放时间：周二至周日9:00～18:00

索道铁轨

索道铁轨（Funikulor）应该是最让人愉快的旅行工具了吧，它使人们每次上山的过程变成了一个享受美景的轻松旅程。虽然这段行程是短暂的，但这个美好的旅程绝对值得。在顶部的观景台上，你可以欣赏到符拉迪沃斯托克最美的一面。

旅游资讯
地址：ul Pushkinskaya
开放时间：7:00～20:00

旅游达人游玩攻略
从山顶沿着ul Sukhanova大街向下走，你将会看到著名的远东国立科技大学（DVGTU），在它的旁边有个瞭望塔，在这里可以欣赏到美丽的海湾美景。

符拉迪沃斯托克火车站

符拉迪沃斯托克火车站因拥有特色鲜明的建筑而闻名，那黄色的三层小楼，内部装修十分豪华，是该地最具俄罗斯建筑风格的一座建筑。在火车站不远处还有一个在第二次世界大战时期由苏联工程师设计的蒸汽机车头，旁边有一个标有"9288"的铁铸标志，这标志的是世界上最长的铁路西伯利亚大铁路，从莫斯科开始到终点符拉迪沃斯托克的距离是9288千米。

旅游资讯
地址：Vladivostok

符拉迪沃斯托克火车站

符拉迪沃斯托克周边景点

俄罗斯岛大桥

俄罗斯岛大桥（Bridge to Russky Island）是一座跨越东博斯普鲁斯海峡的大桥，连接了符拉迪沃斯托克大陆和俄罗斯岛屿，是滨海边区运输系统的重要链条。该桥于2012年7月完工，并由俄罗斯总理梅德韦杰夫主持通车。大桥中心跨度为1104米，是世界上主跨最大的斜拉桥。不用亲眼目睹，只是想象，你就会不禁为大桥的雄伟深深地折服了。

俄罗斯岛大桥

旅游资讯

地址：Nazimov peninsula, Vladivostok

金角湾

金角湾（Golden Horn Bay）是一个美丽的喇叭状海湾，被什科特（Shkota）半岛、高尔多宾那半岛、虎尾（Tigrovy）角以及彼得大帝湾分开。作为俄罗斯港口的符拉迪沃斯托克，就在金角湾尽头的山丘上。到19世纪中叶，海湾被中国人称为"海参湾"，后经多次被命名之后，于1859年被命名为现名。

俄罗斯岛

俄罗斯岛（Russian Island）是符拉迪沃斯托克市辖区内的一个海岛。在苏联时期，这里是苏联太平洋红旗舰队的一个重要军港，直到苏联解体后，才转交到地方政府实行非军事化管理。俄罗斯岛作为一个军事化岛屿，直到最近十年才开始对外国人开放。俄罗斯岛面积很大，你甚至很难找到一个真正的海滩，你可以试着找个当地人做向导。

旅游资讯

地址：Ostrov Russkij

符拉迪沃斯托克美食

符拉迪沃斯托克市内有很多不同档次的餐厅，提供各种风味的菜肴，可满足人们对众多口味的需求。在这里，你既可以尝到俄罗斯当地的精美菜肴，也能找到欧式风味、亚洲风味十足的各类美食。在这座海港城市内，除了可欣赏美妙的海景，还可在海港附近的餐厅中用餐，一边赏景一边品美味。在符拉迪沃斯托克，有很多餐厅都会提供商务午餐，通常是12:00～16:00，在16:00之前就餐通常会有10%的优惠，一般一顿商务午餐的价格为200～300卢布。

🍴 俄罗斯风味

· Republic

这家在符拉迪沃斯托克火车站对面的餐厅，因拥有一个美丽的锥形玻璃建筑而引人注目。餐厅中提供美味的俄罗斯菜肴、自酿啤酒等自助食物。此外，餐厅在索道站附近还有一家分店，其价格与营业时间与总店一样。

地址：ul Aleutskaya
电话：4232-640101

· Gutov

这是家很特别的酒馆，里边有很多矮木桌，看起来比较有趣。这里有很多食物可供选择，多为无骨的鱼和肉排，分量都很足。这里的自酿啤酒味道很棒，值得一尝，小心不要喝醉。此外，这里还提供实惠的商务午餐。

地址：ul Posyetskaya 23
电话：4232-414821

· Shtukkenberg

餐厅中提供地道的俄罗斯美食，包括煎饼、伏特加酒等。餐厅中所供应的美食，均由专业的厨师团队采用优质的材料精制而成，你将在这里尝到最为美味与丰富的俄罗斯食物。

地址：prospekt Okeanskiy, 28
电话：4232-266949
网址：shtukkenberg.ru

· SAVOY Fete Resto

这家位于市中心的餐厅，拥有一个宽敞明亮的内部环境，并且处处充满了悠扬的音乐声，无论是进行商务会议，还是家庭聚餐，这里都将是你的最佳之选。餐厅中提供丰富的葡萄酒以及各种俄罗斯菜肴，无论你来自哪个国家，都将会被这里的美味震撼到。

地址：Admirala Fokina, 3
电话：4232-228667
网址：www.savoy-fete.ru

· Presto

这是一家高档的咖啡厅，供应各种美味的蛋糕、咖啡和餐点。食物的价格并不便宜，不过其美味与服务，值得你支付相对略高的价格。在这里吃午饭是不错的选择，你可在他们长长的菜单列表中，选择你的最爱。

地址：15 Svetlanskaya St
电话：4232-266386

· Lesnaya Zaimka

这家餐厅始建于1974年，是符拉迪沃斯托克历史的一个见证。这里的食品和服务质量一直保持着最优质的状态，你可以在这里品尝到特色的熊肉、鹿肉等。这家餐厅曾接待过很多俄罗斯以及国外的名人，这也是它出名的一个重要原因。此外，这里晚上还常常有现场音乐演出，十分热闹。

地址：M60, 290, Vladivostok
电话：4232-931133
网址：www.lesnaya-zaimka-vl.ru

· Michelle

假如你想要暂时逃脱喧嚣的环境，拥有一段轻松的就餐时光，那么这里就是一个很值得推荐的地方。无论你想要一个雅致的晚餐，还是实惠的商务午餐，或是浪漫的约会，这里都可以满足你的需求。餐厅就像一个良好的观景平台，透过精致的彩色玻璃窗，便可观赏到壮丽的城市美景。

地址：Uborevicha ul., 5a, Vladivostok, Russia
电话：4232-308116
网址：www.vladmichelle.ru

· Nostalgiya

这家局促的小餐厅提供丰盛的俄罗斯美味，尤其是精美的套餐，让人无可挑剔。营养鲜美的汤、丰盛的热菜、新鲜的沙拉与甜点，都让你赞不绝口。到这里来就餐绝对划算，不仅食物分量足，而且常常会有很大折扣，这都将是令人心动的。

地址：ul Pervaya Morskaya 6/25
电话：4232-410513
网址：www.nostalgy.ru

🍴 中国风味

· Mauro Gianvanni

这家意大利比萨饼店，提供各种松脆的比萨饼，有"乌拉尔山以东地区最好吃的比萨"的美誉。除了比萨外，这里还供应意大利面、汉堡等美食。餐厅的内部装饰具有现代风格，你还可以到餐厅的室外区域用餐。

地址：ul Fokina 16
营业时间：周日至周四的正午至午夜，周五和周六全天

· Edem

这家寿司店是符拉迪沃斯托克最好的寿司店之一，提供寿司、生鱼片套餐等食物。餐厅所处的位置比较偏远，在这里用餐比较安静。

地址：ul Fokina 22
营业时间：周日至周四9:00～23:00,周五9:00至午夜

· Zuma

　　餐厅主要提供亚洲融合式美食，适合情侣、朋友以及商业会餐。这里总是人潮涌动，尤其是周末更是满座，建议提前预订。舒适的环境，以及友好且会讲英语的工作人员，真是太赞了。推荐这里的寿司、比目鱼、面条。

地址：ul. Fontannaja, 2
电话：4232-222666
网址：www.zumavl.ru

· Iz brasserie

　　这家欧式风格餐厅主要提供欧洲菜肴，以肉类和海鲜为主。推荐这里的甜品、兔子肉炸肉丸和远东饺子。值得一提的是，这家餐厅还有个阳台，可以欣赏外边的风景，用餐更为惬意。

地址：ul. Pogranichnaya, 10
电话：4232-222535

· Syndicate

　　这家餐厅融合俱乐部和餐厅于一体，其室内装饰为20世纪30年代芝加哥式风格。这里的美食和服务在符拉迪沃斯托克众多餐厅中可谓是首屈一指的，再加上晚上的现场音乐表演，就让人更是无可挑剔了。推荐Papay汤、菲力牛排、热熏鳟鱼。

地址：ul Komsomol'skaja , 11
电话：4232-953585
网址：www.club-syndicate.ru

· Tokyo Sushi bar

　　这是一家日本料理餐厅，提供各种质量上乘、品种多样的寿司，尤其适合浪漫的情侣约会。这个餐厅晚上总是有很多人，你最好是提前预订。此外，这里饮料品种非常多，有非酒精类、酒精类及鸡尾酒。

地址：prospekt Ostryakova, 8
电话：4232-227777
网址：www.tokyo-bar.ru

· La Strada

　　餐厅就在现代酒店附近，交通十分便利，其内部装饰优美，并且价格合理。这里的美食总能给人无限惊喜，新鲜出炉的面包，以及丰富的酒水单，都将令人印象深刻。

地址：Tul'skaja ul, 2, Vladivostok, Russia
电话：4232-600501
网址：www.lastrada.sumotori.ru

符拉迪沃斯托克购物

在符拉迪沃斯托克，你会发现很多小门脸商店，其招牌也十分简单，通常是一块小小的牌匾，仅写有街和门牌号而已。可是就在这些看似很小的商店中，当你推开门的那一刻，便会发现里面竟然很大，并且各种物品琳琅满目，任你选购。在当地的俄罗斯特产商店中，你可以买到俄罗斯巧克力、伏特加、前苏联的邮票、徽章等。当地比较出名的购物商品当属套娃和望远镜，不过正宗的俄罗斯望远镜、精美套娃的价格也相当可观，在购买紫金首饰、望远镜等贵重物品时要记得要开发票。俄罗斯产的旅游工艺品及日用工业品质量不错，可以适当选购。另外，由于海关税低，XO、人头马等会比国内便宜很多，在这里购物最好别指望人家打折，他们通常是不会给你打折的。

·斯维特兰那大街

无论什么时候，你来到这里，都会被它的繁华所吸引。这条大街两侧聚集了符拉迪沃斯托克最大、最繁华的商店，如国立百货商店、粮店、妇幼商店、金店等，其中的商品更是琳琅满目，可不要挑花眼了啊。

地址：ul Svetlanskaya

斯维特兰那大街

·Magazin Kollektsionera

这家前苏联纪念品店已营业20多年了，由一个退休的海军老兵所开。店中有前苏联产的照相机、手表、军舰钟表、斯大林画像等，品质都很高。你可以选择一些回去留作纪念，再好不过了。

地址：ul Fokina 5/3
营业时间：10:00~18:00

·俄罗斯国立百货大楼

国立百货大楼（GUM）建于1907年，为苏联风格，是建筑文物保护单位，同时也是远东地区艺术风格最为高雅的建筑。百货大楼中的物品应有尽有，一楼有各种传统的纪念品出售，可以选择性购买一些。

地址：ul Svetlanskaya 35
电话：4232-222054
营业时间：周一至周六10:00~20:00，周日10:00~17:00
网址：vladgum.ru

· Arka Gallery of Contemporary Art

这家艺术画廊创建于1995年4月，位于符拉迪沃斯托克市中心。这里有很多展览活动，活动期间会集合很多形形色色的艺术家的作品。这些艺术作品不便宜，假如你对其有研究，并且很感兴趣的话，可以针对性地买些作品回去。

地址：ulitsa Svetlanskaya, 5
电话：4232-410526
网址：www.arkagallery.ru

符拉迪沃斯托克娱乐

符拉迪沃斯托克人的生活十分悠闲，他们的工作比较自由随意，到点即下班，生活规律。青年人下班后，他们很少会待在家中，通常会去影视厅，或漫步于大海边，或三五成群地到酒吧去喝酒。此外，符拉迪沃斯托克还是一个风景秀丽的疗养胜地，是仅次于黑海、波罗的海沿岸的第三旅游疗养胜地。独特的山丘地形、绝佳的临海位置和大片茂盛的森林，在规划设计之后，使得这个滨海山城变得更加别具一格，令人心旷神怡。每逢夏季，良好的海滨浴场总会聚集成千上万的游客、疗养者前来，你也可以在此时前来凑凑热闹。

· Mumiy Troll Music Bar

这是一个很美好的地方，你可在欣赏悠扬音乐的同时，尽情享受美味的鸡尾酒。这里提供的食物也相当美味，美妙的独奏总让人充满活力，这里有众多才华横溢的女孩演唱十分动听的时尚音乐，这简直是激动人心的。

地址：Pogranichnaya St, House 6, Vladivostok, Russia
电话：4232-620101
网址：www.mumiytrollbar.com

·Cuckoo Club

这家位于符拉迪沃斯托克老城中心的俱乐部，在当地可是赫赫有名的，是最受欢迎的夜总会之一。每周五，这里都会有DJ表演及派对，此时这里到处都充满了热闹、欢乐的气氛。俱乐部的门票是500卢布。

地址： prospekt Okeanskiy
电话： 4232-995858
网址： www.cuckooclub.ru

·New Wave Cinema

在电影院宽敞的大厅中安装有适合任何年龄游客娱乐的设施，还有两个电影酒吧，里面提供了各种饮料、糖果、咖啡、茶和爆米花。电影放映室中的巨大屏幕，有三层楼高，为观众放映壮观的现代电影。电影院的设备精良，拥有德国电影放映机、现代数字电影放映机，以及更高级别的音响系统，这都为观众带来了空前的视觉体验。

地址： prospekt Okeanskiy, 111
电话： 4232-446777
网址： www.nwcinema.ru

·Street Bar

这家酒吧是符拉迪沃斯托克最受欢迎的娱乐场所之一，很受音乐爱好者和艺术家们的欢迎。平时到这里来，你可以轻松地享用午餐、喝咖啡、美酒等，以消磨时光，周末时这里有本地乐队的音乐演出。

地址： ul Svetlanskaya 83

·Okno

这是符拉迪沃斯托克最时尚的酒吧之一，这里的消费还是挺高的，也正因此这里便顺理成章地成为了一个奢侈的消费场所。这里还有年龄限制，男孩25岁，女孩21岁以及以上年龄才能进入。此外，在这里你还可以俯瞰远处美丽的海景。

地址： ul Batareynaya
电话： 4232-555222
网址： www.okna-etalon.ru

地址：ul Naberezhnaya 9A

电话：4232-215715

网址：www.zabriskie-point.com

·Zabriskie Point

　　这家俱乐部主要为摇滚乐及爵士乐俱乐部，除了每周一之外，其他时间的23:00之后，这里会有现场音乐表演。在这里消费有些贵，但是是值得的。

·Teatr molodezhi

　　这家剧院成立于1946年6月，它的剧目适合各种年龄和口味的观众。伴随着世界戏剧的经典演出，剧院内主要演出由当代作家创作的剧目。从一开始就作为一个为儿童和青少年创作的剧院，其大部分剧目是孩子们喜爱的作品。60多年来，剧院上演了300多场演出，其专业的演员和影院技能倍受赞誉。

地址：ulitsa Svetlanskaya, 15 A

电话：4232-225216

网址：www.theatrepk.ru

符拉迪沃斯托克住宿

　　符拉迪沃斯托克的旅馆并不是很多，其中最好的为四星级酒店，其次是三星级旅馆及二星级旅馆。不过，值得一提的是，旅馆的星级与旅馆的品质并没有绝对的关联，有些经过重新装修的二星级旅馆要比三星级旅馆还要舒适，甚至别具一格。总的来说，符拉迪沃斯托克的旅馆多为欧洲风格，拥有一个干净的室内环境，不过面积都不是很大，设备也比较简单。此外，还要带上必要的洗漱用品，在这里只有少数旅馆才提供牙刷、牙膏等一次性盥洗用品。由于旅馆的规模较

小，因而很多四星级酒店大都用于商务住宿，三星级和二星级旅馆的规模较大，房间数量也较多，比较适合观光游客住宿。

经济型宾馆			
名称	地址	电话	网址
Sibirskoe Podvorie	prospekt Okeanskiy, 26	4232-518132	www.otelsp.com
Renaissance Hotel	Sukhanova Ulitsa, 3	423-2406866	www.renins.com
Vlad Motor Inn	Sanatornaya,35 8th St	423-2388888	www.vlad-inn.ru
Hotel Gavan	ulitsa Krygina, 3	4232-495363	www.gavan.ru
Granit Hotel	ulitsa Kotel'nikova, 13	4232-203865	www.hotelgranit.ru
Azimut Hotel Vladivostok	ulitsa Naberezhnaya, 10	4232-411941	www.azimuthotels.ru
Slavyanskaya	Narodnyy prospekt, d. 28B	423-2308070	www.hotelslavyanskaya.com
Hotel Izumrud	Russkaya ulitsa, d. 71	4232-327742	www.izumrud-oao.narod.ru
Avanta	ul Gogolya,41	4232-404044	www.hotel-avanta.ru
Ostrovok Hotel	ul Borisenko, 35A	4232-215515	www.primhotel.ru

中高档酒店			
名称	地址	电话	网址
Hotel Hyundai	Semenovskaya Street, 29	4232-402233	www.hotelhyundai.ru
Villa Arte Hotel	Makovskogo Street 290	4232-384444	www. villa-arte.ru
Aquilonis	Zharikovskaya ulitsa, d. 37	4232-229621	www. aquilonis.ru
Meridian Hotel	ulitsa Ochakovskaya, 5	4232-650444	www. meridian-vl.ru
Acfes Seiyo Hotel	M60, 103	4232-319000	www. acfes-seiyo.ru
Equator Hotel	ulitsa Naberezhnaya, 20	42324-11254	www.hotelequator.ru

2 符拉迪沃斯托克→伊尔库茨克

Fuladiwosituoke→Yi'erkucike

伊尔库茨克交通

从符拉迪沃斯托克前往伊尔库茨克

·乘飞机前往

从符拉迪沃斯托克机场可以直接乘飞机前往伊尔库茨克国际机场，每周周一、周二、周五及周六共有6趟飞机运营，运行时间为4小时，价格为8300～10000卢布。

伊尔库茨克国际机场是一座小型的国际机场，位于伊尔库茨克市中心以东约4千米处，是俄罗斯重要的交通枢纽。从中国北京、沈阳、大连等城市都有飞往伊尔库茨克的航班，其中从北京飞往伊尔库茨克，可乘坐海南航空、西伯利亚航空的航班，全程约2.5小时。

伊尔库茨克国际机场信息	
名称	伊尔库茨克国际机场（Irkutsk International Airport）
电话	3952-266210
网址	www.miat.com

· **乘火车前往**

　　从符拉迪沃斯托克到伊尔库茨克的火车隔天运行，途经哈巴罗夫斯克，全程约70小时，最终抵达伊尔库茨克火车站。伊尔库茨克火车站主要分为4个部分，其中1号厅主要出售当天车票，2号厅预售国内车票，3号厅楼上出售国际车票，还有一个无编号的区域出售电气火车车票。

乘市内公交游伊尔库茨克

　　伊尔库茨克城市不大，主要景点集中在市区，步行即可完成游览。此外，假如你不喜欢步行，可在这里乘坐伊尔库茨克市内主要的公共交通工具：公共汽车、电车和定线小巴。

公共汽车	
名称	运行线路
7路	横穿pl Kirova大街，绕市中心，经过兹纳曼斯基修道院
16路	沿列宁大街前行，经圣十字教堂，最终到达安加拉河水坝
3路	从中央市场，前往西海岸

有轨电车	
名称	运行线路
1路、2路	从火车站开往列宁大街和ul Timiryazeva
4路	从中央市场出发经过公共汽车车站和卡赞斯基教堂
5路	从Sun Hotel开往中央市场

定线小巴	
名称	运行线路
12路、72路	从火车站途径ul Lermontova大街，可到达西海岸
20路	从机场发出经过ul Dekabrskikh Sobyty、ul Karla Marksa大街、列宁大街和火车站。

伊尔库茨克市区景点

地区博物馆

地区博物馆

　　地区博物馆（Kraevedchesy muzey）建于19世纪的砖式建筑中，是一栋富有摩尔式风格的建筑，曾为西伯利亚地理协会的所在地，后改建为博物馆。在博物馆中，你会了解到更多与伊尔库茨克相关的资料，包括历史与现在等各方面的知识。游览地区博物馆之后，你对伊尔库茨克将有更为充分的了解。

旅游资讯
地址：ul Karla Marksa 2
电话：3952-333449
门票：100卢布
开放时间：周二至周日10:00～18:00

白宫

　　白宫是西伯利亚商人在安加拉河岸边建造的一个具有帝国风格的宫殿，曾作为伊尔库茨克的首府，现已成为俄罗斯最大的高校图书馆之一——伊尔库茨克国立大学科学图书馆。这是一座十分出众的宫殿，是由杰出的夸伦吉设计师设计而成。在白宫的对面还有很有气势的亚历山大三世雕像。

旅游资讯
地址：bul'var Gagarina, 20
电话：3952-243453
开放时间：www.isu.ru

📍 救世主教堂

💬 旅游资讯
地址：Irkutsk
开放时间：8:00～20:00

救世主教堂（Saviour's Church）是当地人们于1710年将伊尔库茨克要塞中的木教堂用石料重建而成，是伊尔库茨克的主要名胜之一。这个大教堂是城市中最古老的石制建筑，也是西伯利亚地区唯一的东正教教堂。19世纪初，救世主教堂墙上开始出现人们绘制的壁画，其覆盖了教堂的室内墙面以及外墙上。壁画中绘制的原住民布里亚特人接受洗礼的场景，具有浓郁的文化特色。如今，在这座建筑中还设有地方史博物馆。

📍 喀山圣母教堂

喀山圣母教堂（Kazan Cathedral）建于1892年，其明艳的色彩，总是让人可以很轻松地认出它。教堂为拜占庭式风格建筑，由伊尔库茨克当地人集资修建，用于供奉俄罗斯的守护神——喀山圣母。教堂的外部装饰极其精致，美丽的宝石蓝洋葱头屋顶搭配砖红色的外墙，为寒冬时节的伊尔库茨克增添了一道亮丽的风景。

喀山圣母教堂

💬 旅游资讯
地址：Sukhe-Batora St, 1a
电话：3952-790484

📷 旅游达人游玩攻略
女性朋友在进入教堂前要记得用头巾将头发围住，这是当地的习俗。此外，在教堂对面有一家批发市场，可以买到比较划算的伏特加、点心、巧克力、红茶等，比去商店购物要便宜，质量也相差不多。

📍 兹那曼斯基修道院

兹那曼斯基修道院（Znamensky Monastery）由一位富商出资将先前的建筑改建为现在的石质建筑。修道院拥有雪白素雅的外墙，并没有救世主大教堂那般恢宏，不过一度被视为向西伯利亚传播基督教的桥头堡。修道院拥有一个非常美丽的内部装饰，绝对值得一游。

兹那曼斯基修道院

💬 旅游资讯
地址：Angarskaya, 14　电话：3952-778730　网址：www.iemp.ru

安加拉河

🔴 滨河公园

滨河公园（Riverside Park）中山水相依，树木茂密，环境清新。此外，园内还有各种各样的游乐设施，是当地人最喜爱的休闲公园之一。在滨河公园，你可以漫步在美丽的风景中，或者体验多种有趣的娱乐活动，都很轻松。

滨河公园

🔴 安加拉河

安加拉河（AngaraRiver）贯穿伊尔库茨克市区，并有大桥连通贝加尔湖的东南端。安加拉河是流出贝加尔湖的唯一河流，自贝加尔湖流出后，便形成了一个美丽的大湖湾，即著名的伊尔库茨克海，风景十分美丽。

💬 **旅游资讯**
地址：ul Gagarin
开放时间：8:00～20:00

💬 **旅游资讯**
地址：Irkutsk

🔴 美术馆

美术馆（Art Gallery）在市内还有一座分馆，因而它常被叫作老美术馆。老馆内的展品主要有俄罗斯印象主义油画和蒙古人的唐卡，分馆主要展示的是17世纪的肖像、西伯利亚风景画等。美术馆的展品具有很高的艺术及历史价值，是伊尔库茨克的必游景点。

🔴 十二月党人革命博物馆

伊尔库茨克的历史与十二月党人密不可分，这些十二月党人多为俄罗斯显赫的贵族后代，他们于1826年8月末首次来到伊尔库茨克。十二月党人革命博物馆曾是著名的十二月党人谢尔盖·沃尔孔斯基的居所，如今改建为博物馆，主要展览一些19世纪20年代女性的照片。

💬 **旅游资讯**
地址：老馆 ul Lenia 5，分馆 ul Karla Marksa 23
门票：老馆100卢布，分馆100卢布
开放时间：老馆周二至周日10:00～17:30，分馆周
　　　　　二至周日10:00～18:00

💬 **旅游资讯**
地址：沃尔孔斯基胡同10号
电话：3952－207532
门票：450卢布
开放时间：周二至周日10:00～18:00

去**俄罗斯**
终极实用版

贝加尔湖

伊尔库茨克周边景点

贝加尔湖

贝加尔湖（Lake Baikal）是世界上最深、最大的淡水湖，有"西伯利亚的明眸"之美誉。在游过伊尔库茨克的名胜之后，美丽的贝加尔湖成为了众人心目中的首选游玩之地。在清透如玛瑙般的湖泊中，拥有种类繁多的生物；林木斑驳的湖畔则山林幽静，气候宜人。贝加尔湖不仅仅是移步换景那么简单，在不同的时间将呈现给你不同的韵味，湖光与山色完美交融，是最受欢迎的旅游胜地。

旅游资讯

地址：伊尔库茨克向西66千米
交通：自驾或从伊尔库茨克乘坐旅游车前往

必游景点

利斯特维扬卡

利斯特维扬卡（Listvjanka）是贝加尔湖西南岸上的小镇。这里有一座小型的木质教堂，在教堂

内，随处可见各种圣人的画像和当地居民献上的鲜花。这里的雪景格外美丽，人们总说有雪的地方就是天堂，那么这里肯定是最美丽的天堂。在这里，你可以看到贝加尔湖岸边渔民最纯真的生活方式。

奥利洪岛（Olkhon Island）

奥利洪岛是贝加尔湖这颗著名的"心脏"，在这个美丽的岛屿上，你会看见优美的自然景观及大量的古代建筑。在岛上游览需要两到三天，奥利洪岛上的胡日尔村旁有布尔汗海角岩崖，这是块亚洲圣地，值得游览。

海豹馆

在利斯特维扬卡村有个著名的海豹馆，馆内你能看到训练有素的海豹进行各种花样百出的表演。在惊讶海豹会出现在贝加尔湖这样的淡水湖水域之余，你还会被它们跳舞、滚球、跳跃等一系列有趣的动作所感染。

贝加尔湖博物馆

贝加尔湖博物馆综合介绍了贝加尔湖的相关资料，包括气候、水文、生物等。与此同时，这里还展出了很多动物标本，可以让餐馆的游客更直观地认识贝加尔湖。

📷 **旅游达人游玩攻略**

1. 假如你的行程安排得不紧的话，可在贝加尔湖乘坐专门的环湖火车，行程一天，火车从每周三、周六的8:00及每周四、周日的11:00出发。在贝加尔湖畔选择住宿，十分便捷，而且你还有机会欣赏贝加尔湖的日出与日落。

2. 贝加尔湖的旅游高峰期在7月份，这是一年中最温暖的时期，此时的湖水温度都可以洗澡。通常贝加尔湖的旅游旺季为6月到9月，不过冬季也会有许多的游客前来，此时是欣赏雪景的最佳时期，还可进行十分有趣的冰下捕鱼，可以捕捉到著名的贝加尔湖秋白鲑。不过，冬天这里会很冷，一定要注意防寒。

3. 伊尔库茨克州政府每年都会举办贝加尔湖冬季运动会暨贝加尔湖国际联欢节，期间最引人注目的是开幕式，开幕式上有舞蹈、音乐和体育团体表演。节日期间还会举行一系列的体育娱乐活动，以及花样滑冰演出。此外，还有一些很有特色的"谢肉节"、"西伯利亚人冬季娱乐"节等传统节日。

贝加尔湖的小镇利斯特维扬卡

📍 露天博物馆

　　露天博物馆（Open-Air Museum）在安加尔河沿岸，是俄罗斯国内最好的露天博物馆之一。博物馆内有80多个建筑古迹，是当地居民在17~20世纪修建的建筑。此外，这里还保存有10~20世纪反映民族风俗文化的藏品，其中有从伊尔库茨克、阿尔巴津发掘的物品，以及迁往西伯利亚的乌克兰、白俄罗斯移民的织物等。在这里，参观者可以直观地了解到贝加尔湖附近居民的物质文化以及精神文化。

💬 **旅游资讯**

地址： 47 km of Irkutsk

📷 **旅游达人游玩攻略**

博物馆中经常会有庆祝传统的民间和民俗节日的活动，如圣诞节、谢肉节、复活节、圣三主日等。此外，馆中定期还会举办一些民间创作展，展出期间，将会有一些自制和专业制作的藏品出现。

伊尔库茨克美食

伊尔库茨克有50多家餐厅和300多家咖啡厅。在这些形形色色的餐厅中，你可以吃到俄罗斯传统美食鱼子酱，上等的鱼子酱价格比较昂贵，你可以根据自身情况选择。此外，特色煎饼制作得十分精巧，具有明显的当地风味。伊尔库茨克大多数餐厅都提供各种肉类。除了牛肉、羊肉等常见肉类，还有用肉做成的香肠，您可以在餐厅中选择此类香肠美食。在伊尔库茨克，美味的罗宋汤和红菜汤也是不容错过的美食。在伊尔库茨克，早餐的花费在200卢布左右，午餐花费较多一些，通常为350卢布，晚餐相比较早、中餐而言就更为昂贵，上千卢布都是很常见的。

· Figaro

这不仅是一个比萨饼店，更是一个意大利风格餐厅。这里的服务人员十分友好，并且会讲一口流利的英语。此外，这里提供的甜品十分美味，可以选择一些。

地址：ulitsa Karla Marksa, 22
电话：3952-2906

· Kochevnik

这家餐馆内主要提供蒙古草原的风味美食，其中包括羊肉、羔羊肉、肉排等。餐厅中大多是荤菜，假如你喜欢吃别具特色的肉类食物，那么一定不要错过这里。这里的主菜价格一般为150～400卢布。

地址：ul Gorkogo 19
电话：3952-200459
营业时间：18:00至次日2:00

· Snezhinka

这是伊尔库茨克最火的餐厅之一，这里提供的食物性价比较高，是一个高端的餐饮标准，在这里就餐并不便宜。此外，餐厅还设有吸烟区及非吸烟区。在餐厅中，你可以欣赏伊尔库茨克的古老建筑，还是挺惬意的。

地址：ul. Litvinova, 2   电话：3952-344862

· Govinda Cafe

　　这家优雅的素食主义者餐厅，提供俄罗斯及印度美食。推荐这里的沙拉、馅饼、砂锅炖菜、炒饭等。此外，这里还提供各式各样的果汁、酒类、咖啡。餐厅的室内装饰非常漂亮，是享受素食的理想之地。

地址：Furye St, 4
电话：3952-684524
网址：www.vk.com

· Place to Meet

　　这是一家地道的西伯利亚餐厅，无论是精致的早餐、丰盛的午餐，还是优雅的晚餐，这里都将给予你完美的就餐氛围。推荐这里的鸡尾酒、三文鱼、山羊奶酪等食物。不过这里就餐价格有点高。

地址：Chkalov Street 15
电话：3952-781000
网址：www.place-to-meet.ru

· Prego Italian Restaurant

　　这家餐厅不大，不过很温馨，提供意大利美食。推荐这里的松露酱比萨饼、意大利面食和香蒜面食。无论你在任何季节或时间前来，都会感到无比安静，让人倍感轻松。

地址：15a Karl Marx St
电话：3952-979757
网址：www.pregoitaly.ru

· Asbatski Dvorik

　　这是伊尔库茨克的一家高档餐厅，其内部装饰十分精美，且食物种类丰富多样，口感独特，值得品尝。主菜价格为350～500卢布。

地址：ul Uritskogo
电话：3952-200633
营业时间：11:00至午夜

· Na Zamorskoy

这里是享受安静用餐的理想之地，新鲜的玫瑰、翠绿的盆栽植物与藤编家具，将餐厅装点得十分优雅。在餐厅中，你可以看到附近美丽的教堂。推荐这里的俄式薄饼、拿铁咖啡。

地址： ul Timiryazeva
电话： 3952-290891

·Na Zamorskoy

这家餐厅十分安静，绝对是享受美味午餐的好去处。无论是香醇的咖啡，还是美味的俄式薄饼及其他食物，都让人想着下次光临。咖啡的价格为35～200卢布，在此用一餐的价格为200～400卢布。

地址： ul Timiryazeya
电话： 3952-290891

· Kafe 16

这家小咖啡店有着浓浓的艺术氛围，低沉的爵士乐与店内的黄色基调相吻合，让你在这独特的装饰艺术中，享受一份宁静与快乐。现场研磨咖啡豆烹煮而成的咖啡，真的很不错，还有蒜味油炸乳酪也很可口。

地址： ul Sukhe Batora 16
电话： 3952-202116

其他美食餐厅推荐

名称	地址	电话	网址
Rio Grande	Rossiyskaya St., 17	3952-242971	www.rio-grandeirk.ru
Nezhny Bulldog	Makovskogo Street 290	4232-384444	www. villa artc.ru
Kyoto	7 Karl Marks Str 13a	3952-500000	www.sayen.ru
Rassolnik	130 Kvartal, 3july st, 3	3952-686878	www.rassolnik.su

伊尔库茨克购物

对于喜欢购物的朋友来说，伊尔库茨克绝对能让你逛个够。走在市区的大街小巷中，你便会发现很多大大小小的商场及超市，里面有各式各样充满异域风情的商品，其款式新颖，让人大开眼界。尤其是在马克思商业大街两侧，你可以购买俄罗斯的宝石、碧玺、紫龙晶等商品，其价格比较便宜，可以选购些留作纪念。在伊尔库茨克购物，你还可以选择到贝加尔湖旅行时，在附近购买一些贝加尔湖的特产，如用贝加尔湖的湖水制作成的饮料、精良的标本，用天然珊瑚制作的工艺品等。

·马克思商业大街

马克思商业大街（Karla Marksa）是伊尔库茨克最大的购物街，是当地特产最常见的销售地。这里有各种百货商场，里面的商品琳琅满目，有油画、漆盒、潜水艇上用的钟表、飞行员的头盔等富有当地特色的商品。此外，街上小摊还会卖20世纪贵族们的日常用品，具有很高的收藏价值。在这里逛街就像逛跳蚤市场，什么样的商品都会有，不经意间就能找到令你心仪的商品。

地址：Karla Marksa ul

其他美食餐厅推荐			
名称	地址	电话	网址
Swatch	October Revolution str 1	902–5776782	www.swatch.ru
Carlo Pazolini	ul Sergeeva 3	3952–722980	www.carlopazolini.com
Fanat	ul Timiryazava	3952–290250	www.fanat-shop.ru
Torgovyy Kompleks	ulitsa Litvinova, 17	3952–240600	www.tk-irkutsk.ru

去**俄罗斯**
终极实用版

伊尔库茨克娱乐

在伊尔库茨克，有酒吧、夜总会、剧院、音乐厅、马戏团等各种类型的娱乐场所。此外，伊尔库茨克州在山地滑雪休闲运动领域有很大名气，其拥有久负盛名的山地滑雪中心，以及山地滑雪疗养地。在冬季来伊尔库茨克，你一定不可错过体验滑雪的乐趣。此时，可进行山地滑雪、登山运动、自由滑雪等娱乐活动。

·Stratosphera

这是伊尔库茨克的一家赫赫有名的夜总会，也是当地最主要的娱乐活动场所之一。这家综合娱乐场所，不仅有迪斯科舞厅及酒吧，还有保龄球场等娱乐设施。在夜晚来临之际到这里来感受一下当地的娱乐吧。

地址：ul Karla Marksa 15

·Musical Theatre

这家音乐剧院经常有各种戏剧演出，如哑剧、芭蕾舞剧和音乐喜剧等。在这里，你会看到各种具有俄罗斯民族特色的戏剧演出，这是件很美妙的事情。其演出票价为500卢布起。

地址：ul Sedova
电话：3952-277795

其他娱乐场所推荐			
名称	地址	电话	特色
Forex Club	ul Dzerzhinskogo,25	3952-290920	www.fxclub.org
Paper Club	ulitsa Zimnyaya,1	914-8715078	www.paper-club.ru
CSzone	ul Rabochego Shtaba, 137/1	3952-668882	www.cszone-club.ru
Vtoroy Etazh	ul Karla Marksa, 15	3952-200380	www.strata-club.com

伊尔库茨克住宿

　　伊尔库茨克的住宿环境很好，且有很多可供游客选择的住宿类型。从高档星级酒店、中档特色酒店到经济型的青年旅馆，这里应有尽有。此外，在美丽的贝加尔湖也有很多住宿类型可供选择，比如湖畔上的家庭式公寓，不但住宿条件良好，而且服务完善，是你在贝加尔湖旅行的不二选择。此外，在离市区较远的地方往往住宿价格比较便宜。夏季为旅游旺季，应该提前预订。在伊尔库茨克，平均的住宿价格为豪华套间10000卢布、半套间7000卢布、双人标准间5000卢布、单人标准间3700卢布。

经济型宾馆			
名称	地址	电话	网址
Admiral Hostel	Building 6, Apt	3952-742440	www.rkutskhostel.irk.ru
Angara Hotel	ulitsa Sukhe-Batora, 7	3952-255106	www. angarahotel.ru
Irkutsk City Lodge	ulitsa Baykalskaya, 124/2	3952-486084	www.irkutskcitylodge.com
Arthouse	Ul. Styepana Razina 11	3952-290103	www.arthouse.ru
Hotel Rus	ulitsa Sverdlova, 19	3952-243818	www.rusbaikal.ru

中档酒店			
名称	地址	电话	网址
Courtyard by Marriott Irkutsk City Center	Chkalov Street 15	3952-481000	ww marriott.com w.
Delta Hotel	ulitsa Karla Libknekhta, 58	3952-28048	www. deltairkutsk.ru
Zvezda Hotel	Yadrintseva Street 1	3952-540000	www. zvezdahotel.ru
Hotel Europe	ulitsa Karla Libknekhta, 58, Irkutsk,	395 22-80480	www. deltairkutsk.ru
Hotel Victori	ulitsa BogdanaKhmel'nitskogo, 1	395 2-792882	www. victoryhotel.ru
Gloria Hotel	58, Sovetskaya stree	3952-540896	www. gloriahotel.org
Sun Hotel	ulitsa Baykal'skaya, 295B	3952-255910	www.sun-hotel.ru

高档酒店			
名称	地址	电话	网址
International Hotel Sayen	ulitsa Karla Marksa, 13	3952-500000	www.sayen.ru
Empire Hotel	ulitsa Pol'skikh Povstantsev, 1	3952-210210	www.empirehotel.ru.
Baikal Business Centre	ulitsa Baykalskaya.	3952-259120	w bbc.ru ww.

俄罗斯伊尔库次克

3 伊尔库茨克→新西伯利亚

Yi'erkucike→Xinxiboliya

新西伯利亚交通

🚌 从伊尔库茨克前往新西伯利亚

·乘飞机前往

从伊尔库茨克国际机场乘飞机到新西伯利亚机场，全程约需1小时25分钟。新西伯利亚有两座机场，其中新西伯利亚机场（Novosibirsk Tolmachevo Airport）规模较大，距市中心约16千米。这座机场主要有2个客运大楼，有定期飞往北京、曼谷、慕尼黑、法兰克福、迪拜及一些国际城市的定期航班。此外，这座机场还有一些定期的国内航班起降。

机场信息	
名称	新西伯利亚机场（Novosibirsk Tolmachevo Airport）
电话	383-2169230
网址	www.tolmachevo.ru

·乘火车前往

　　从伊尔库茨克火车站可乘火车前往新西伯利亚，全程需29～32个小时，票价一般为2526卢布。列车最终抵达新西伯利亚格拉夫火车站（Novosibirsk Glavny），这个火车站是新西伯利亚最主要的火车站，位于西伯利亚铁路大干线上，每天有多趟长途火车从这里发出，去往俄罗斯其他地方。

🚌 乘地铁游新西伯利亚

　　地铁是新西伯利亚市内最为便捷的交通工具，通常花费16～25卢布就可到达市区的任何地方。其中，当地的地铁主要沿南北方向行驶，沿线经过ul Krasny大街，到达pr Karla Marksa广场。

新西伯利亚火车站

新西伯利亚景点

国立艺术博物馆

国立艺术博物馆（State Art Museum）拥有众多藏品，其中包括雕塑、绘画、西伯利亚艺术品等，在当地艺术史上占有重要地位。此外，在这里，你可以看到尼古拉·格里楚可的画作及著名宗教画家尼古拉·勒里希的山水画。如果你对艺术感兴趣的话，一定不要错过这里。

国立艺术博物馆

旅游资讯

地址：Krasny pr 5
电话：383-2233516
门票：180卢布

开放时间：周二至周五10:00～17:20，周六至周日11:00～17:20
网址：www.gallery.nsc.ru

地方志博物馆

地方志博物馆（Local Museum）是由城市商贸大厦改建而成，这栋大楼曾为新西伯利亚最大、最完美的建筑。在博物馆之中，有各种介绍西伯利亚历史的展品，详细解读了新西伯利亚市的历史。其中主要展示了西伯利亚土著居民的文化生活，及从19世纪中叶至20世纪初的新西伯利亚州移民开发过程。

旅游资讯

地址：Krasnyy Prospekt 23
电话：3832－218595

地方志博物馆

圣尼古拉礼拜堂

圣尼古拉礼拜堂（Chapel of St Nicolaev）是一座美丽、精致的教堂，在1915年建造之时为俄罗斯地理中心的标志。圣尼古拉礼拜堂是为纪念罗曼诺夫王朝300周年而建立的，在苏维埃政权年代曾被毁坏，并于1992年庆祝新西伯利亚市建立100周年时重新修建，使其得以恢复。

💬 旅游资讯
地址：Krasny pr

耶稣升天教堂

耶稣升天教堂（Cathedral of the Ascension）在1913年建成之时，为当时最具历史意义的教堂之一。尽管它的外表并不是那么出众，比不上经过修饰的圣尼古拉礼拜堂，但大教堂内部的装饰却绝对令人叹为观止，其高耸的空间、金色的圆形屋顶、华丽的饰物，绝对拥有令人折服的力量。

💬 旅游资讯
地址：ul Sovetskaya 9

新西伯利亚动物园

新西伯利亚动物园（Novosibirsk Zoo）是世界上最大的动物园之一。这里拥有数量众多的动物，并且有好多十分出名的种类。动物园尤以猫科动物而闻名，拥有世界上品种最多的猫科动物。此外，值得一提的是，新西伯利亚动物园是世界上唯一养殖盘羊和雪羊的动物园。更令人感兴趣的是，这里还有难得一见的狮虎兽。

💬 旅游资讯
地址：ulitsa Timiryazeva 71/1
电话：383-2209779
交通：从沿江路步行前往
网址：www.zoonovosib.ru

新西伯利亚动物园里的老虎

新西伯利亚美食

新西伯利亚人生活得很悠闲，咖啡馆、酒店、餐厅比比皆是。在新西伯利亚旅行，你完全不用担心饮食的问题，因为这里有太多的餐厅、咖啡馆、酒吧等用餐地，其中以列宁广场附近最为集中。当地的特色美食无非是一些俄罗斯风味菜肴，除此之外，也有着如中国菜、日本菜、朝鲜菜等种类的国际风味的菜肴。各种餐厅的档次、价格、服务等各不相同，你可根据自己的需要选择。

俄罗斯风味

· Leroglif

这家餐厅以多种不同口味迎合了大众需求，其中既有俄罗斯本土风味菜肴，也有中国菜、日本菜、朝鲜菜。尤其是到了晚上，这里总是人潮涌动。如果你想过来用餐的话，最好提前预订。

地址：Krasny pr 35
电话：383-2225712

· Vilka-Lozhka

这是一家具有当地特色的自助餐厅，不仅提供美味、丰富的食物，同时兼具时尚的现代装饰，且这里的食物价格低廉，因而很受当地市民以及国外游客喜爱。推荐12卢布起价的烤薄饼。在这里就餐，一餐的价格为100～180卢布。

地址：ul Frunze 2

· Ekspeditsiya

　　这是一家独特的餐厅，总能够为人们提供各种不寻常的食物。这里的鲟鱼、帝王蟹等都是十分鲜美的，还有各种开胃小菜及甜品，也是很值得一尝的。此外，餐厅中每天19:00都会有现场音乐演出。

地址：Zheleznodorozhnaja ul., d. 12/1
电话：383-3630101
网址：www.expedicia-nsk.ru

· Skomorohi

　　这家餐厅是新西伯利亚最古老的餐馆之一，自经营40余年来，餐厅一直深受客人喜爱。菜单中主要提供了俄罗斯和欧洲其他国家的美食菜肴，其中传统泡菜及精美甜点尤其美味。

地址：Karla Marksa Av, House 39, Novosibirsk, Russia
电话：383-3152979
网址：www.skomorohi.info

· Sibirskaja Korona

　　这家餐厅提供地道的西伯利亚美食。其低矮舒适的沙发、软座垫、桌椅，以及由木材和石头设计成的天然内饰，都给人以温暖舒适的感觉，有效地促进人们的食欲和放松情绪。此外，这里的午餐菜单每三个月就会改变一次，且提供实惠的商务午餐。在温暖的月份，餐厅还会打开夏季露台，十分有情调。

地址：uliza Frunze 5
电话：383-2270812
网址：www.siberian-crown.rosinter.ru

· Fenimore Cooper

　　餐厅很大，室内装饰颇具时尚的风格。每道菜都是无可挑剔的，且环境非常舒适。当然这家餐厅的价格不便宜，不过相对于优质的食物来说，这是很值得的。

地址：Sovetskaya, 64
电话：383-2362563

🍴 世界美味

· Goodman Steak House

这是一家牛排馆，主要提供美国和欧洲菜肴。这里的肋眼牛排、纽约牛排、烤里脊肉、沙拉酱牛肉等食物真的很美味。此外，这里还提供精美的商务午餐，包括美味的沙拉与汤，绝对令人满意。

地址：Sovetskaya St, House 5
电话：383-2892525
网址：www.goodman.ru

· Beerman & Grill

这是在新西伯利亚的一家连锁餐厅，提供美味的沙拉、香肠、海鲜、烤肉，以及各种热的开胃菜。此外，这里还提供珍贵的啤酒，让你可以品尝到一些新口味啤酒，独特的口感必定让你印象深刻。

地址：Vokzalnaya Magistral St, House 1
电话：383-2201220
网址：www.beerman.ru

· Mexico

这家餐厅在列宁广场附近，主要提供墨西哥菜肴，各种龙舌兰酒和各种酒精饮料，此外，这里还提供早餐和小吃。这家餐厅很热闹，用餐的人很多，假如你不想排队等待，最好提前打电话预约。

地址：Oktjabr'skaja ul,d49
电话：383-2103420
网址：www.mehico.ru

· T.B.K. Lounge

这家欧洲餐厅在新西伯利亚简直是人尽皆知，餐厅具有独特的乡村设计风格，远离繁华的市中心，靠近风景如画的大自然，菜肴不但精致而且多样，有各种肉类、海鲜、沙拉等美食。

地址：11 Zolotodolinskaya St
电话：383-3303756
网址：www.tbklounge.ru

· Mao

　　这家餐厅主要提供传统的中国美食，餐厅装饰也充满了中国古典元素，假如你是一个中国美食爱好者，那么就一定要到这里来。餐厅中的轻音乐，让人感到轻松，边听音乐边用餐实在是一件很享受的事。推荐这里的什锦拼盘、虾仁拌白菜、四川野山椒兔片、酱焖虹鳟鱼。

地址：Borisa Bogatkova, 208/1, Novosibirsk, Russia
电话：383-2560044
网址：www.mao-nsk.ru

· Tiflis

　　这家餐厅主要提供正宗的格鲁吉亚菜肴，食物价格实惠，并且能够最大限度地满足不同美食爱好者的需求，推荐品尝格鲁吉亚奶酪面包。在这里就餐，一餐的价格通常为350～800卢布。

地址：ul Sovetskaya 65
电话：383-2228181

· Uno Restaurant

　　这个精致的意大利美食餐厅，以温馨的氛围、高水平的服务，以及地道的意大利菜肴而闻名于新西伯利亚。餐厅时尚的内饰、恬静的现场音乐，能让你快速地融入到这里的就餐氛围中。除了意大利菜肴，更值得一提的还有香甜的意大利葡萄酒。

地址：Oktyabrskaya, 34
电话：383-2230577
网址：www.uno.su

其他美食餐厅推荐

名称	地址	电话	网址
Sibirskaya Troyka	Krasnyy Av, House 17, (2 Floor)	383-2236919	www.sibtroika.ru
Gorod N	Chelyuskintsev St, House 14/2	383-2010460	www.gorodn-restoran.ru
Rayskiy Sad	Krasnyy Av, House 218/2	383-2361400	www.paradisegarden.ru
Butterfly	Krasnyy Av, House 49	383-2184532	www.nskfood.ru
Vodkin dom	Metro Krasnyj Prospekt	383-2226576	www.egozin.ru
Vilka-Lozhka	Ilyicha St, House 6	383-3308290	www.food-master.ru
Sushi Yama	prospekt Krasnyy, 37	383-2271615	www.teppan.ru

新西伯利亚购物

　　新西伯利亚作为俄罗斯的大城市，购物可选择的地方还很多的，你可以到一些大商场里去选购一些高档商品，也可以去跳蚤市场里淘些自己喜欢的宝贝。在平民化的小市场中，你更容易接近俄罗斯人的生活，也能更好地体验淳朴的俄罗斯风情。在新西伯利亚，除了选购俄罗斯风格的油画、套娃、漆盒、小酒壶外，还可以淘到飞行员头盔、潜水艇上的钟、军官制服等纪念品。此外，在大街小巷中你还可以看到很多小摊，出售以前贵族为生活所迫而出售的银餐具等。假如你用心一点，能淘到很多有纪念价值的物品的。

购物场所推荐			
名称	地址	电话	网址
Lenta	shosse Gusinobrodskoye, 64	383–2105969	www.lenta.com
Granit, Tk	ploshchad' Karla Marksa, 5	383–3350905	www.tk–granit.ru
Ermenegildo Zegna	Potaninskaya Street, 3	383–3540620	www.zegna.com
Parfyumtorg	prospekt Krasnyy, 171/4	383–2285796	www.parfumtorg.ru
Mascotte	ulitsa Vatutina, 107	383–2301347	www.mascotte.ru
AroMagic	ulitsa Stantsionnaya	383–2927068	www.aromagica.ru

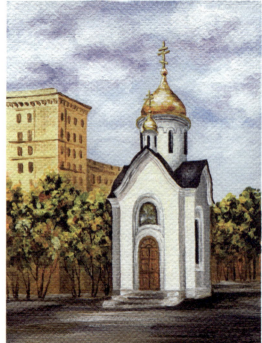

新西伯利亚娱乐

　　新西伯利亚拥有很多形形色色的酒吧、俱乐部，是一个彻夜狂欢的好地方。此外，这里有众多的剧院，假如你想看一场戏剧表演，或是芭蕾舞演出，这里肯定能满足你的需求。

· 歌剧和芭蕾舞剧院

　　歌剧和芭蕾舞剧院（Opra & Ballet Theatre）是新西伯利亚重要的象征。剧院内的装饰极为华丽，采用高科技设备与超强的技术，使其成为俄罗斯最受欢迎的剧院之一，在这里，你能欣赏到韵味独到的古典音乐。上午剧院的票价比较便宜，不过晚上的表演更吸引人，假如资金充足，还是建议晚上来剧院观看表演。

地址：Lenin Square
电话：383-2226040

· 木偶剧院

　　这家小木偶剧院（Puppet Theatre）拥有舒适宜人的环境，是孩子们的乐园。剧院中有很多十分有才华的专业剧团演员在此表演，总能深深吸引孩子的目光。剧院中的木材雕刻的大厅，颇具童趣，表演的剧目最适合8~10岁的孩子观看。假如你想感受这里的童话气氛，让孩子开心地玩一下午，那么，带孩子到这里来看一场表演将会是不错的选择。

地址：ul. Lenina, d.22
电话：383-2102483
网址：www.puppets-nsk.ru

· 爱乐音乐厅

　　爱乐音乐厅（Philharmonia）中常常举办各种音乐会，有古典交响乐、迪克西兰爵士乐等。假如你对音乐有浓厚的兴趣，那么这里就是听音乐的首选之地。

地址：prospekt Krasnyy, 32
电话：383-2221511
网址：philharmonia-nsk.ru

· 青年剧院

　　青年剧院（Globe Academic Youth Theater）是新西伯利亚最流行的剧院之一，这里的歌剧和芭蕾舞表演十分震撼人心。剧院拥有一个小舞台和一个主舞台，很多有才华的演员都曾在这里奉献过表演。

地址：Kamenskaya ul, d.1
电话：383-2236684
网址：www.globus-nsk.ru

·斯巴达克体育场

　　斯巴达克体育场（Spartak Stadium）是一个很大的体育赛场，这里每周六通常会有球赛进行，爱好体育的游客可以到这里来观看比赛。在新西伯利亚的海报上你可以找到相关的比赛信息。

地址：ul Frunze 15
电话：383-2170474
网址：www.fc-sibir.ru

·Rock City

　　想要感受西伯利亚的娱乐文化，这里是一个佳选。作为新西伯利亚的高级娱乐场所，从拉丁舞到摇滚音乐表演，这里应有尽有。

地址：prospekt Krasnyy, 37
电话：383-2270108
网址：www.rockcity.ru

其他娱乐场所推荐			
名称	地址	电话	网址
Truba	ulitsa Frunze, 2	383-2271569	www.clubtruba.ru
PUB-501	ulitsa Lenina, 20	383-2180939	www.pub501.ru
Old Irish Pub	prospekt Krasnyy, 37	383-2226206	www.oldirish.ru
Pobeda	ulitsa Lenina, 7	383-3620211	www.kinopobeda.ru
Pioner	ulitsa Maksima Gor'kogo, 52	383-2101093	www.kino.nsk.ru

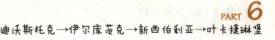

新西伯利亚住宿

　　新西伯利亚的住宿地很多，各种档次的都有，不过需要注意的是，当地的大部分宾馆只接待通过旅行社预订的国外旅行者，因而在前往新西伯利亚旅行前，你要尽量通过旅行社预订当地的酒店。

经济型宾馆			
名称	地址	电话	网址
Zokol Hostel	ulitsa Shchetinkina, 34	383-2233611	www. zokolhostel.ru
Hostel Dostoevsky	Inskaya 56-8	913-0027189	www.hosteldostoevsky.com
Hotel Alterna	Novaja Zarja street 51A	383-2717536	www.alterna-nsk.ru
Avrora Hotel	ulitsa Panfilovtsev, 53	383-2117344	www.avrora-sauna.ru
Eltsovsky Hotel	ulitsa Lesosechnaya, 18	383-3064518	www.eltsovsky.ru
Hotel Uyutnaya	ulitsa Belinskogo, 143	383-2062020	www.hotel143.ru
SibHotel	ulitsa Arbuzova, 10	383-2147297	www.sibhotel.com
Hotel Latitude 55	ulitsa Denisa Davydova, 1/3	383-3620280	www.latitude-55.ru

中档酒店			
名称	地址	电话	网址
The Avanta Hotel	189/1 Gogol st	383–2808080	www.avanta–hotel.ru
River Park Hotel	ulitsa Dobrolyubova, 2	383–2669666	www.riverpark.ru
Hotel Novosibirsk	ulitsa Vokzal'naya magistral', 1	383–2201120	www.hotel–novosibirsk.ru
AZIMUT Hotel Siberia	ulitsa Lenina, 21	383–2231215	www.hotel–sibir.ru
Hotel Dynasty	prospekt Krasnyy, 153 A	383–2875518	www.hoteldynasty.ru
Hotel Nord Castle	ulitsa Aeroport, 88/8	383–2001200	www. nchotel.ru
Garden Apple Hotel	ulitsa pos Vostochnyy	383–2913221	www.garden–apple.ru

高档酒店			
名称	地址	电话	网址
Doubletree by Hilton Novosibirsk	ulitsa Kamenskaya, 7/1	383–2230100	www.placesdoubletree.com
Electron Hotel	pereulok Krasnodonskiy 2–y, 3	383–2762703	www.hotel–elektron.ru
Usadba Guest House	ulitsa Aleksandra Nevskogo, 30	383–2923137	www.nskhotel.ru
Skyport Hotel	1 Airport Tolmachevo square, Chik	383–2169065	www.tvtrip.hu

新西伯利亚

4 新西伯利亚→叶卡捷琳堡

Xinxiboliya→Yekajielinbao

叶卡捷琳堡交通

🚌 从新西伯利亚前往叶卡捷琳堡

·乘飞机前往

　　从新西伯利亚乘飞机前往叶卡捷琳堡，全程约需2小时，最终抵达叶卡捷琳堡机场（Koltsovo）。叶卡捷琳堡机场又被称为"科利佐沃机场"，距离市区约16千米。机场每天都有飞往俄罗斯国内其他城市的飞机，如飞往莫斯科、圣彼得堡、新西伯利亚等地的航班。

·乘火车前往

　　想要从新西伯利亚乘坐火车前往叶卡捷琳堡，你可在新西伯利亚格拉夫火车站乘坐前往莫斯科

的25次列车，途中会经过叶卡捷琳堡，也可以选择价格较为便宜的339次列车。值得一提的是，现在叶卡捷琳堡在火车时刻表上有时仍会被叫作"斯维尔德洛夫斯克"。叶卡捷琳堡与新西伯利亚一样，也是西伯利亚铁路上的一个重要铁路枢纽。铁路通向七个方向，其中从叶卡捷琳堡东去的火车主要是前往鄂木斯克和新西伯利亚。

🚌 乘地铁玩叶卡捷琳堡

叶卡捷琳堡当地人均以拥有专属于自己的地铁而自豪，市区中的单程地铁线连接市中心和东北郊区，地铁是当地人出行的重要交通工具。地铁站点主要包括火车站、ul Kuybysheva大街及pl 1905 goda广场。

🚌 乘市内公交游叶卡捷琳堡

叶卡捷琳堡市中各个街区均有无轨电车、有轨电车和公共汽车相连，多条公共汽车线路及电车线路在市内运行，为当地市民以及国外游客的出行提供了方便。值得一提的是，大多数公共汽车都经过火车站旁边的公共汽车北站。

公共汽车	
名称	运行线路
1路	往返于Sverdlovsk–Passazhirskaya火车站和Koltsovo机场
4路	经列宁广场到公共汽车总站
26路	往返于pl 1905 goda广场和机场

电车	
名称	运行线路
无轨电车	线路主要覆盖火车站和列宁大街
有轨电车	4路、13路、15路和18路覆盖了列宁大街的大段路程

叶卡捷琳堡市政府大楼

叶卡捷琳堡市区景点

叶卡捷琳堡市政府大楼

叶卡捷琳堡市政府大楼是城市的地标性建筑之一，其最初建成时为一幢5层大楼，楼顶上有6个酷似北欧女神的劳动英雄雕像，之后经过不断修整，又增加了时钟镀金尖顶和其他建筑。如今的政府大楼已成为一座极富现代特色的大楼，是叶卡捷琳堡市政府办公之地。

💬 旅游资讯
地址：1905 Square

叶卡捷琳堡艺术博物馆

叶卡捷琳堡艺术博物馆（Museum of Fine Arts）是整座城市的灵魂所在，它全面展现了叶卡捷琳堡的艺术变迁历程，以及俄罗斯的现代文化气息。博物馆以其独特而绝世的藏品成为俄罗斯艺术文化中的瑰宝，馆内收藏有18～20世纪俄罗斯的艺术作品。

💬 旅游资讯
地址：ul Voevodina5
门票：150卢布
开放时间：周三至周日11:00～18:00

乌拉尔矿物博物馆

乌拉尔矿物博物馆(Urals Mineralogical Museum)集中展示了当地近千种矿物、宝石、水晶标本。置身于博物馆中，绝对会让人大开眼界，而最令人想不到的是，这些珍贵的展品竟都是来自于Vladimir Pelepenko的个人收藏。

💬 旅游资讯
地址：Bolshoy Ural Geology Hotel
门票：50卢布　电话：343-3506019
开放时间：周一至周五10:00～19:00，周六和周日10:00～17:00

叶卡捷琳堡奠基人纪念碑

📍 叶卡捷琳堡奠基人纪念碑

叶卡捷琳堡奠基人纪念碑（Monument to the Founders of Yekaterinburg）建立在伊赛季河左岸的水塔旁，这附近的区域被称为"小水坝地区"，这里是1723年叶卡捷琳堡开始形成的地方。纪念碑上有城市规划和设计者的雕像，雕像并不严肃，看起来有点像两个卡通人物。

💬 **旅游资讯**

地址：Plotinka

📍 叶卡捷琳堡滴血教堂

叶卡捷琳堡滴血教堂（Church upon the Blood）是俄罗斯最大的东正教堂之一，为纪念罗曼诺夫最后一位沙皇而建立。教堂为俄罗斯拜占庭风格建筑，其内部装饰有精美的圣像，据传，这些圣像是当初花高价请人画的。如今，教堂已成为叶卡捷琳堡最受欢迎的旅游景点之一，总是以一副高姿态而引人注目。

💬 **旅游资讯**

地址：ul Tolmachyova 34

电话：343-3716168

📍 伊谢季河

伊谢季河（Iset River）发源于乌拉尔山脉东坡，沿乌拉尔山流向辽阔的库尔干平原。它是叶卡捷琳堡的母亲河，也是这所城市的发祥地与摇篮，现在更是该城的重要地标之一。伊谢季河与卡缅卡河共同汇流汇入托博尔河，而托博尔河又汇入额尔齐斯河，因而伊谢季河还是额尔齐斯河的二级支流之一。

💬 **旅游资讯**

地址：Metro Pervomajskaja

📍 耶稣升天教堂

耶稣升天教堂（The Church of Ascension）拥有一个很漂亮的外观与内饰，蓝白相间的墙壁给人以朴素的感觉，到了教堂内部，你会被那神圣的氛围所感染。

💬 **旅游资讯**

地址：ulitsa Klary Tsetkin

耶稣升天教堂

涅维扬斯克

叶卡捷琳堡周边景点

涅维扬斯克

涅维扬斯克（Nevyansk）是俄罗斯斯维尔德洛夫斯克州北部的一个城市，这里曾是杰米多夫家族的中心地带，现已成为著名的旅游之城。这里最大的亮点就是涅维扬斯克斜塔（Nevyansk Leaning Tower），这座斜塔在建造时出就呈现出倾斜的状态，一直延续至今。此外，这里还有一个历史建筑博物馆，在这里可购买登塔门票。

旅游资讯

地址： 97 km north of Yekaterinburg
交通： 从叶卡捷琳堡乘短途列车R60前往

欧亚分界线碑

叶卡捷琳堡市正好在欧洲与亚洲的分界处，这座城市也因这一点而闻名世界。在市区以西的欧亚分界线碑也理所应当地成为了当地的标志性建筑。叶卡捷琳堡有新、老两座分界线碑，在界碑的两侧都分别标明了欧洲和亚洲。现在的欧亚分界线碑已经成为闻名世界的旅游景点，在老界碑处，经常可以看到前来度蜜月的新婚夫妇。

旅游资讯

地址： 老界碑，叶卡捷琳堡市西郊新莫斯科大道17千米处；新界碑，叶卡捷琳堡市西北郊42千米处
交通： 从叶卡捷琳堡市中心沿着通往莫斯科的联邦公路向西行驶可到

去**俄罗斯**
终极实用版

叶卡捷琳堡美食

众所周知，俄罗斯人比较讲究饮食，叶卡捷琳堡当地人也是如此，这里的菜肴品种丰富多彩，尤其是独具特色的"俄式大餐"更是让人垂涎。在这里，随便在市中心找家餐厅，你就可以找到营养丰富的黑面包及刺激的伏特加。最近几年，叶卡捷琳堡很多的咖啡馆和餐馆相继开张，提供各式各样的美食，在赏景、购物之余，你不妨到街边的咖啡馆中坐坐，也别有情趣。

俄罗斯风味

· Uralskiye Pelmeni

这家俄罗斯美食餐厅有良好的用餐氛围和美味的食物，尤其是各种肉类和鱼类菜肴，都让你得到满足。在这里就餐，你不用为价格而担心，因为这里的价格相当便宜。餐厅以时尚的俄罗斯流行音乐为背景，营造了一个温馨的就餐环境。

地址：prosp. Lenina, 69/1
电话：343-3507150
网址：www.rest-up.ru

· Onegin Restaurant

餐厅为俄罗斯古典主义的设计风格，巨大的落地窗让你可以俯瞰叶卡捷琳堡城市的市容。晚上在这里就餐无疑是件浪漫的事，尤其适合情侣约会。此外，在20:00之后经常会有古典音乐表演。

地址：Rozy Luxemburg, 49
电话：343-2535691
网址：www.hotelonegin.com

· Pelmennaya Dyuzhina

　　餐厅在叶卡捷琳堡一家购物中心的顶部，深受当地人的喜爱。这里提供传统的俄罗斯饺子，有12种肉馅可供选择。此外，餐厅还有各种果汁、酸奶、牛奶等。

地址：Vaynera St, House 10
电话：343-2530772
网址：www.univerfood.ru

· SSSR (USSR)

　　这家地道的俄罗斯餐厅不仅内部装饰极富个性，就连菜单也富有浓厚的当地特色。这里的服务员服务态度很好，使客人就餐更加舒适、顺心。此外，假如你幸运的话，还可以在晚上欣赏到音乐表演。

地址：Pervomayskaya St. 27, Yekaterinburg 620000, Russia
电话：343-3505246
网址：www.cccp-r.ru

🍴 世界美味

· Serbian Courtyard

　　这家家常餐馆带有很强的乡村气息，在这里，你可以品尝到美味的巴尔干菜肴。餐厅外有个小亭子，在那里还可以买到烤肉串和肉夹馍，价格比较便宜，并且味道十分美味。

地址：pr Lenina 53
电话：343-3503457

· Shoco

　　这是一家漂亮的法国餐厅，是情侣会餐的好地方。温馨的氛围、热忱的服务、丰富的菜肴，都值得你带上你的另一半前来，在美食中度过一个不一样的夜晚。推荐这里的甜点、咖啡及手工制作的巧克力。

地址：Malysheva ul, 74
电话：343-3500660
网址：www.restoraciya.ru

· Asado

　　这家餐厅主要提供阿根廷菜肴，这里的里脊肉、炸土豆、烤蔬菜、烤肉、馅饼，都十分可口，简直是无可挑剔。餐厅提供高品质的服务，提供的食物价格也较便宜，因而在叶卡捷琳堡很受欢迎。

地址：ulitsa Sakko i Vantsetti, 99
电话：343-2159166
网址：www.tikhvin-dom.ru

· Mamma's Biscuit House

　　这里24小时营业，是一家时尚的就餐小屋，很受年轻人的欢迎。这里提供美味的甜点、比萨饼、咖啡等。店内环境温馨，服务周到，总会给人在家的感觉。

地址：pr Lenina 26
电话：343-2221905

· Balkan Grill

　　这家餐厅供应午餐及晚餐，这里的巴尔干烤肉、地中海三明治、波斯尼亚甜点、土耳其咖啡都十分美味。此外，还有一些开胃菜可供选择。无论是生日派对，还是家庭聚会，这里都可以满足你的需求。

地址：Prospekt Lenina, 103
电话：343-3748172
网址：www.balkangrill.us

· Pashtet

　　这是一个令人感到愉快的地方，在浓浓的音乐氛围之中，感受一顿丰盛的晚餐带给你的乐趣。食物的价格也很实惠，超乎预料的美味，总让你乐此不疲地再次光顾。

地址：Tolmacheva St, House 23
电话：343-2280059

· Tanuki

　　干净、明快往往是这家餐厅给人的第一感觉。这是家连锁餐厅，在俄罗斯有很多分店，拥有非常好的用餐氛围，提供各种小吃、饮料以及甜点。

地址：ulitsa Chelyuskintsev, 106
电话：343-3723790
网址：www.tanuki.ru

· SeaZone

这是叶卡捷琳堡最受欢迎的餐厅之一，有意大利、希腊、土耳其等众多国家的菜肴。这里的食物都是最新鲜的，并且价格适中，其服务和美食都值得你竖起大拇指。推荐梭鲈、烤奶酪酱、辣番茄牛肉汤。

地址：ulitsa Malysheva, 74
电话：343-2162800
网址：www.restoraciya.ru

· Coffee House

这家亮丽的咖啡厅，拥有一个令人感到舒适的环境和良好的氛围。虽然空间不大，不过丝毫不会影响这里的食物在当地人心中的地位。咖啡厅总是推出一些特色小菜，还有一些折扣，这也是其受欢迎的一大原因。

地址：Prospekt Lenina 46
电话：343-3508119
网址：www.coffeehouse.ru

· Dolce Vita

这家餐厅提供正宗的意大利美食，其中的蟹沙拉尤其值得推荐。餐厅的氛围很好，并且拥有专业的服务。假如你想在这个城市吃到地道的意大利美食，那么就一定要到这里来尝一尝。

地址：ulitsa Rozy Lyuksemburg, 4
电话：343 365-87-80
网址：www.weda.ru

· Uralsykiye Pelmeni

这家时尚的自助餐厅，在叶卡捷琳堡一家酒店里，很受当地人欢迎。不仅仅是因其舒适的环境，更因为实惠的价格而受到人们的青睐，在这里常常只需花上200卢布便可享受一顿美味的午餐。

地址：pr Lenina 69/1

地址：ul Malysheva 36
电话：343-3598366

· Paul Bakery

想要在叶卡捷琳堡找到一个喝咖啡、吃快餐的好去处，这家咖啡厅是你不错的选择。在柜台处点餐后，随便找个座位坐下，好好享受一顿咖啡加快餐的美食。

叶卡捷琳堡购物

在叶卡捷琳堡市中心的Vaynera St有很多小商铺，你可以在那里挑选很多有纪念价值的物品。此外，你也可以到中国市场，这里有上百家室外小摊贩，销售各种物美价廉的小商品。在这里，你可以很好地感受中国风情，也可购买些与众不同的东西，还可以到专门的商店寻找特定的商品。总之，在这里逛逛，说不定你能收获不少的惊喜。

购物场所推荐			
名称	地址	电话	网址
Detskiy Mir	ulitsa 8 Marta, 46	343–2535409	www.detmir.ru
Trial Sport	ulitsa Kraulya, 63	343–2420680	www.trial–sport.ru
Ecco	ulitsa Posadskaya, 28 a	343–2357902	www.ecco–shoes.ru
Gavrosh	ulitsa Lunacharskogo, 48	343–3880314	www.u–gavrosh.ru
Mirra–lyuks, IP Niskovskikh A.V.	ulitsa Mamina–Sibiryaka 137	343–3550807	www.mirra.ru
Refinery	ulitsa Krasnoarmeyskaya 37	343–3573232	www.refinerystore.net
Soyuz–mebel'	ulitsa Blyukhera	343–3452714	www.souz–mebel.ru
Konplott	Malisheva St. 16 Hermes Plaza	343–3782806	www.konplott.com

叶卡捷琳堡娱乐

叶卡捷琳堡的文化生活丰富多样，有歌剧院、芭蕾舞剧院、音乐剧院、话剧院等专业的剧院。此外，还有乌拉尔爱乐乐团、乌拉尔交响乐团、国家合唱团等音乐团队均闻名于国内外。叶卡捷琳堡新的文化活动正逐步展开，一些新型俱乐部相继在城市中诞生。此外，叶卡捷琳堡还是一座体育之城，拥有15座体育场，乌拉罗奇卡、SKA等运动队在乌拉尔地区十分出名。这里为市民和国外游客提供了良好的休憩条件，你可以在优雅的剧院中静静地品味一场戏剧表演，也可以在电影院中静静地看场电影，度过一个美妙的夜晚。

·歌剧和芭蕾舞剧院

这是伊尔库茨克的一家赫赫有名的夜总会，也是当地最主要的娱乐活动场所之一。这家综合娱乐场所，不仅有迪斯科舞厅及酒吧，还有保龄球场等娱乐设施。在夜晚来临之际，到这里来感受当地的娱乐风情。

地址：pr Lenina 45A
电话：343-3508057
票价：500卢布起
网址：www.uralopera.ru

·爱乐音乐厅

爱乐音乐厅（Philharmonic）是叶卡捷琳堡顶级的古典艺术演出场所，通常举办一些指挥家和独唱家的访问演出，此外还有著名的乌拉尔学院管弦乐队定期前来演出。假如你想感受真正的音乐艺术，那么这里是不可错过的地方。

地址：ul Karla Libknekhta 38
电话：343-3714682

·Prem'er-zal Znamya

这个电影院中有三个大厅，每个大厅都有很多舒适的椅子以及一个巨大的屏幕，还有必备的投影设备、立体声音响、空调等。电影院主要播放时尚、流行、备受关注的电影，其中有很多世界电影中的经典之作也在这里放映。此外，在每个工作日18:00之前，儿童、老者及学生，都会享有一定的折扣。

地址：ulitsa Kirovgradskaya
电话：343-3721770
网址：www.premierzal.ru

其他购物场所推荐			
名称	地址	电话	网址
Alibi Bootlegger's Booze Bar	ulitsa Malysheva 74	343–3500690	www.alibibar.ru
Tele–Club	ulitsa Karyernaya, 16	912–6094444	www.tele–club.ru
Havana Club	ulitsa Mamina–Sibiryaka, 36	343–3559414	www.clubhavana.ru
Kolizey	Lenina Ave, 43	343–3710828	www.kinomax.ru
URAL	ulitsa Studencheskaya, 3	343–3602020	www.ckural.ru
Kolyada Theater	ulitsa Turgeneva, 20	343–3598022	www.kolyada–theatre.ru

叶卡捷琳堡住宿

叶卡捷琳堡市有经济型酒店、中档酒店、高档酒店等。在市中心，你可以很容易地找到一家符合你需求的旅馆，不过价钱便宜的经济型旅馆比较少，为了住得舒适，你可以选择价钱较高的酒店。

经济型宾馆

名称	地址	电话	网址
Grand Hall Hotel	ulitsa Gagarina, 30	343–2701701	www.ghhotel.ru
Green Park Hotel	ulitsa Narodnoy voli, 24	343–2220024	www.greenhotel.ru
Chetyre Sezona Hotel	ulitsa Radishcheva, 33	343–3797652	www.sezon4.ru
City Hotel	ulitsa Serafimy Deryabinoy, 32	343–2162535	www.cityhotel–ekb.ru
Izumrud Hotel	trakt Moskovskiy, 8	343–2343590	www.izumrudhotel.ru
Hotel Guru	ulitsa Repina, 22	343–2285065	www.salon.gurucentre.ru
Park Vista	ulitsa Vostochnaya, 45	343–2164244	www.parkvista.ru

中档酒店

名称	地址	电话	网址
Onegin Hotel	ulitsa Rozy Lyuksemburg, 49	343–3103838	www.hotelonegin.com
Chekhov	ulitsa 8 Marta, 32	343–2829737	www.chekhov–hotel.ru
Moskovskaya Gorka Hotel	Moskovskaja oelitsa, 131	343–3100030	www.mosgorka.ru
Park Inn Ekaterinburg	ulitsa Mamina–Sibiryaka, 98	343–2166000	www.parkinn.com
Viz'avi Hotel	ulitsa Tatishcheva, 86	343–3815027	www.vizavi–hotel.ru
Richmond Hotel	ulitsa Malysheva, 136	343–3681560	www.richmondhotel.ru
Oktyabrskaya Hotel	ulitsa Kovalevskoy, 17	343–3741595	www.hotel–okt.ru
Novotel Yekaterinburg Centre	ulitsa F. Engelsa, 7	343–2535383	www.novotel.com

高档酒店

名称	地址	电话	网址
Hyatt Regency Ekaterinburg	8 Borisa Yeltsina Street	343–2531234	www.ekaterinburg.regency.hyatt.com
Angelo Airporthotel Ekaterinburg	55a, Bakhchivandzi Street	343–2726555	www.angelo–ekaterinburg.ru
Ramada Yekaterinburg	15, 10th km of the highway Ekaterinburg	343–2593537	www.ramadayekaterinburg.com

《去俄罗斯终极实用版》编委会

本书主编：付春琳

编写成员： 单 雪 影　尹　　浩　陈 玉 兰　聂 宝 菊　李 玉 佳
　　　　　　朱　　兰　董　　蕾　吴 丹 丹　岳 会 博　汪 婷 婷
　　　　　　朱 五 红　刘　　芬　靳　颖　李 来 阳　陈　龙 嫚
　　　　　　王　　磊　许　　红　文　章　李 莉 莉　黄　嫚 钢
　　　　　　魏 亚 男　常 美 玲　刘 春 洁　郑 晓 小　尹 晓 厚
　　　　　　陈　　艳　姚 章 琳　李 兴 华　刘 萌 萌　王 春 晓
　　　　　　王 永 军　刘 佳 辉　褚 小 璇　姜　薇　王 曾 祥
版式制作： 缪 利 军　江　　豪　薄　静　顾 传 营

技术总监：李彩燕